Julius Rathgeber

Elsässische Reformationsgeschichte - ein evangelisches Hausbuch

Julius Rathgeber

Elsässische Reformationsgeschichte - ein evangelisches Hausbuch

ISBN/EAN: 9783743429642

Hergestellt in Europa, USA, Kanada, Australien, Japan

Cover: Foto ©Lupo / pixelio.de

Manufactured and distributed by brebook publishing software (www.brebook.com)

Julius Rathgeber

Elsässische Reformationsgeschichte - ein evangelisches Hausbuch

Martin Buker.

Elsässische
Reformationsgeschichte.

Ein evangelisches Hausbuch

von

Julius Rathgeber

Pfarrer zu Neudorf bei Straßburg.

Viel lieber gestritten und ehrlich gestorben
Alß Freyheitt verloren und Seele verdorben.
Alter Straßburger Reimspruch).

Straßburg
C. F. Schmidt's Universitätsbuchhandlung
Friedrich Bull.
1885.

Vorwort.

Die Darstellung der evangelischen Reformationsgeschichte des Elsaß bietet, gleichwie die politische Geschichte des Landes, eigenthümliche Schwierigkeiten dar. Wie das Elsaß in politischer Beziehung niemals einen einheitlichen Staat bildete, sondern ein Miniaturgemälde des heiligen römischen Reiches war, getheilt in vieler Herren Scepter und Krummstab, so bildete auch die elsässische evangelische Kirche von den Zeiten der Reformation an bis zur französischen Revolution nie eine zusammengehörige Landeskirche, sondern eine Reihe von kleinen Territorialkirchen. Dazu kommt noch der Umstand, daß die Reformation in den verschiedenen Theilen des Landes je nach den Zeitumständen und der Gunst der Verhältnisse, bald früher, bald viel später Boden gewann und sich ausbreitete. Während in Straßburg und in den ritterschaftlichen Besitzungen des Unter-Elsaß die Reformation gleich nach Luthers glaubensmuthigem Auftreten in Wittenberg ihren Siegeslauf hielt und das Werk der Kirchenerneuerung schon um das Jahr 1529 seinen Abschluß fand, gelangte es in der Grafschaft Hanau-Lichtenberg und im Ober-Elsaß erst in der zweiten Hälfte des sechzehnten Jahrhunderts zur Herrschaft. Ja noch mehr! Als der dreißigjährige Krieg mit seinen Schrecknissen ausbrach, war auch im Elsaß die Sache des Evangeliums höchst gefährdet und nur durch die Ankunft und das siegreiche Vordringen der Schweden

wurden in vielen Gegenden des Elſaß die evangeliſchen Gemeinden
gerettet. Auch nach dem weſtfäliſchen Frieden, als das Elſaß unter
franzöſiſche Oberhoheit kam, drohten der evangeliſchen Kirche in
Folge der Unduldſamkeit Ludwigs XIV. und der Umtriebe der
Jeſuiten, große Gefahren. Mancher Poſten ging unwiederbringlich
verloren, mancher andere wurde nur durch die Opferwilligkeit und
Glaubenstreue der Evangeliſchen gerettet. Erſt mit dem Abſchluß
des Ryßwickiſchen Friedens im Jahre 1697, welcher den bisherigen
Eroberungskriegen Ludwigs XIV. ein Ziel ſetzte, wurde der Beſitz-
ſtand der evangeliſchen Kirche des Elſaß ein geſicherter.

Darum beginnen wir auch in dieſem Werke die Darſtellung
der elſäſſiſchen Reformation mit dem Jahre 1517 und ſchließen
unſere Arbeit, welche die Ereigniſſe zweier Jahrhunderte — Reformation und Gegenreformation — umfaßt, mit dem Jahre 1697 ab.

Eine beſondere Schwierigkeit bot die Gruppirung des geſchichtlichen Stoffes dar. Wie das Land, ſo war auch, wie ſchon erwähnt,
die evangeliſche Kirche des Elſaß, vielfach zerriſſen und zerſtückelt.
Es iſt demnach nicht eine einheitliche Darſtellung, welche wir hier
bieten, ſondern vielmehr die geſchichtliche Geſtaltung des Refor-
mationswerkes in den verſchiedenen Gebietstheilen des Elſaß, welche
wir dem geiſtigen Blicke des Leſers vorführen. Es ſoll bei dieſer
Darſtellung keine Gegend und kein größerer Ort unerwähnt bleiben,
ſondern des Verfaſſers Abſicht iſt vielmehr die, daß der Land-
mann wie der Städter, einen klaren und faßlichen Ueberblick des
Ganges der Reformation in ſeiner heimatlichen Gegend gewinne.
Daß dieſelben Männer, vom Geiſte der Reformation beſeelt,
dieſes Gotteswerk im ganzen Elſaß theils ſelbſt, theils durch ihre
Schüler und Freunde zu Stand und Weſen gebracht haben, ſoll
freilich als geſchichtlicher Grundgedanke in dieſer Arbeit hervorgehoben werden. Deßwegen hat der Verfaſſer auch, um der Darſtellung mehr Farbe und Leben zu geben, in dieſelbe neben der
Erzählung der geſchichtlichen Thatſachen Lebensbilder treuer Glaubenszeugen aus dem Zeitalter der Reformation und des dreißigjährigen Krieges einzuweben geſucht.

Der Verfaſſer hat bei ſeiner Arbeit hauptſächlich die Schriften
der bekannteſten elſäſſiſchen Kirchenhiſtoriker benutzt, evangeliſcher-

seits: A. Jung, Tim. W. Röhrich, W. Baum, Karl Schmidt, Julius Rathgeber, Rudolf Reuß, A. Erichson; katholischerseits: Theod. von Bussierre, Moßmann, Kanonikus Hunckler, Dagobert Fischer, Joseph Glöckler. Für das Einzelne verweisen wir auf die besonderen Monographien dieser Schriftsteller.

Wenn wir die Vorgeschichte der elsässischen Reformation nicht ausführlich behandelt haben, so geschah es hauptsächlich aus dem für uns maßgebenden Grunde, weil die Regierungszeit Ludwigs XIV., welche wir in unsere Darstellnng aufnehmen wollten, von viel größerer Wichtigkeit und Aktualität ist, als die Periode Geilers und Wimphelings, welchen verdienstvollen Männern wir übrigens einige Worte dankbarer Erinnerung widmen.

Es erübrigt dem Verfasser noch dem Herrn Professor der Theologie, Dr. Eduard Cunitz von Straßburg, hier öffentlich seinen tiefgefühlten ehrerbietigen Dank auszusprechen für das freund= liche Wohlwollen, mit welchem er das Manuscript dieser Arbeit durchgegangen, sowie für die einsichtsvollen Rathschläge und Anlei= tungen, welche er die Güte hatte ihm zu ertheilen. Die Darstellung der elsässischen Reformationsgeschichte hat dadurch an Abrundung, Klarheit und Genauigkeit wesentlich gewonnen, wofür der Leser wie der Verfasser dem verehrten Herrn Professor sicherlich Dank wissen werden.

So möge denn das evangelische Volks= und Hausbuch, welches die herrlichen Glaubensthaten sowie die Kämpfe und Leiden unserer Vorfahren um das theure Kleinod des Evange= liums schildert, seinen Lauf in die Oeffentlichkeit antreten! Möge es den Alten einen Spiegel evangelischer Glaubenstreue vorhalten, die in unserer Zeit so noth thut, der Jugend aber eine Zeugen= wolke edler christlicher Vorbilder vorführen und sie dadurch zur Nachahmung im christlichen Bekenntniß und Wandel auffordern. Allen aber, den Alten wie den Jungen, wird dadurch die aposto= lische Mahnung bedeutungsvoll: „Gedenket an eure Lehrer, die Euch das Wort Gottes gesagt haben, welcher Ende schauet an und folget ihrem Glauben nach" (Hebräer 13, 7).

Der Verfasser.

Der Charakter der elſäſſiſchen Reformation.

Das Jahr 1517, in welchem Dr. Martin Luther ſeine welt=
berühmten 95 Sätze wider den Ablaß an die Wittenberger Schloßkirche
anſchlug, wird gewöhnlich als der Anfang der deutſchen Reformation
bezeichnet.

Auch im Elſaß war ſchon längſt der Boden für dieſe große
geiſtige Bewegung bereitet. Die Waldenſer, die durch ihre Fröm=
migkeit und ihren Eifer um die Bibelverbreitung ſich auszeichneten,
zählten in Straßburg viele Anhänger, desgleichen die Gottes=
freunde, die den berühmten Prediger Johann Tauler (1290 bis
1361) zu den Ihrigen zählten und ſpäter fanden die Huſſiten
auch im Elſaß Freunde und Geiſtesverwandte. Drei Männer haupt=
ſächlich kann man als die elſäſſiſchen Bahnbrecher der Reformation
bezeichnen: Geiler von Kayſersberg, Jakob Wimpfeling
und Sebaſtian Brant. Johann Geiler (1445—1510) war ein
gewaltiger Bußprediger, der in volksthümlicher Weiſe die Mißbräuche
der römiſchen Kirche rügte und angriff. Jakob Wimpfeling (1450 bis
1521) war ein berühmter Gelehrter, der als Mann der Schule
namentlich auf die Jugend wirkte und ſie zum fleißigen Leſen der
heiligen Schrift ermahnte. Wimpfelings bedeutendſter Schüler war
der nachmalige Straßburger Stättmeiſter Jakob Sturm von Sturmeck.

Sebaſtian Brant (1458—1521) iſt als Satiriker bekannt; er
gab 1494 zu Baſel ſein berühmtes Gedicht: Das Narrenſchiff
heraus, in welchem der witzige und geiſtvolle Mann die Gebrechen

1

seiner Zeitgenossen mit unerbittlicher Strenge rügte. Das Narrenschiff fand einen ungemeinen Beifall und wurde ein äußerst volksthümliches Buch, besonders als Doktor Geiler im Jahre 1498 im Münster darüber predigte. Das große Verdienst Geilers, Wimpfelings und Brants bestand darin, daß sie mit unerschrockenem Glaubensmuthe die Gebrechen und Nothstände in Kirche, Schule und unter dem Volk aufdeckten, und durch Wort wie durch Schrift besseren Zuständen vorarbeiteten. Man kann also mit vollem Rechte diese drei Männer Vorkämpfer der Reformation im Elsaß nennen.

Eine hervorragende Stellung im Elsaß nahm in der Reformationszeit die Stadt Straßburg ein. Zwar besaß sie nicht die Macht eines Kurfürsten von Sachsen oder eines Landgrafen von Hessen, aber als freie Reichsstadt zählte sie doch zu den geachteten Ständen des Deutschen Reichs. Handel und Gewerbe blühten in Straßburg; eine reiche, aufgeklärte und freiheitliebende Bürgerschaft lebte in ihren Mauern. Die Verfassung der Stadt erregte die Bewunderung der Zeitgenossen; mehrere Rathskollegien (Dreizehner, Fünfzehner, Einundzwanziger) leiteten die Geschäfte; an der Spitze des gemeinsamen Großen Raths stand ein bürgerlicher Ammeister; unter ihm vier adelige Stättmeister. In Straßburg lebte ein einflußreicher Adel, der mit der Bürgerschaft sich verschmolzen hatte und thätigen Antheil am öffentlichen Leben nahm. Reiche Stifte mit zahlreichen geistlichen Orden, auch adelige Häuser blühten in Straßburg und machten diese Stadt mit Köln zu einem der Lieblingssitze der sog. „Pfaffengasse" des schönen Rheinthals.

Bereits in der zweiten Hälfte des fünfzehnten Jahrhunderts hatten mehrere Umstände dazu mitgeholfen den Boden für die Reformation zu bereiten. Die Erfindung der Buchdruckerkunst in Straßburg (1440), die Gründung der Schlettstadter Schule (1450), die dem Elsaß viele gelehrte Männer lieferte, das Aufblühen der alten Sprachen (Humanismus), das neue Bildungselemente mit sich brachte und das geistige Leben weckte, trugen an ihrem Theile mächtig dazu bei die Gemüther für die Erneuerung der Kirche günstig zu stimmen.

Die Grundzüge und Merkmale der elsässischen Reformation sind, neben dem Festhalten an der evangelischen Wahrheit, eine edle christliche Weitherzigkeit. Das Elsaß nahm im Zeitalter der Reformation eine vermittelnde Stellung ein zwischen dem lutherischen Sachsen und der reformirten Schweiz. Das Elsaß war gleichsam die Grenzmark, wo die deutsche, die französische und die schweizerische

Reformation zusammenstießen. Von der reformirten Schweiz (Basel und Zürich) erstreckte sich die erste reformatorische Bewegung über das Elsaß. Die meisten elsässischen Reformatoren hatten auf den Universitäten Freiburg und Basel studirt und hatten Zwingli's und Oekolompad's Ansichten angenommen. Waren doch die Elsässer Leo Judä aus Gemar und Konrad Pellikanus aus Rufach, Zwingli's Gehülfen und Mitarbeiter in Zürich! Daher kommt es, daß die evangelische Kirche im Elsaß in der ersten Hälfte des sechszehnten Jahrhunderts mehr das Gepräge der reformirten Schweiz als des lutherischen Wittenberg an sich trägt. In Lehre und Cultus waren die Evangelischen im Elsaß reformirt. Viele kirchlichen Gebräuche, welche noch jetzt in Norddeutschland vorkommen, haben im Elsaß nie Eingang gefunden z. B. die Kerzen in den Kirchen, das Zeichen des Kreuzes, der liturgische Gottesdienst. Der evangelische Cultus trägt bis auf den heutigen Tag mehr das Gepräge der reformirten Einfachheit als denjenigen des strengen Lutherthums. Luther, der das Elsaß nie persönlich besucht hat, wurde hauptsächlich durch seine Schriften dort bekannt. Sie wurden in Hagenau, Straßburg und Colmar nachgedruckt. Erst um das Jahr 1536, als die politischen Zustände sie dazu zwangen, schlossen sich die elsässischen Reichsstädte und Herrschaften enger an die lutherischen Stände Deutschlands an und nahmen in Folge dessen die Augsburgische Confession als das Bekenntniß ihres Glaubens an.

Das Elsaß war zur Zeit der Reformation die Zufluchtsstätte Tausender von Flüchtlingen, besonders französischer Zunge, welche um des Glaubens willen ihr Vaterland hatten verlassen müssen. In Straßburg entstand eine französische Gemeinde, welche über 1500 Mitglieder zählte; Johann Calvin war ihr erster Prediger; drei Jahre (1538—1541) lebte und wirkte er in Straßburg.

Die Reformation errang in den meisten elsässischen Reichsstädten erst in der zweiten Hälfte des sechzehnten Jahrhunderts den Sieg. So in Weißenburg 1560, in Hagenau 1565, in Colmar und in Münster im Gregorienthal 1575. Dasselbe war der Fall in vielen Herrschaften z. B. in den Grafschaften Rappoltstein (1563) und Hanau-Lichtenberg (1545 und 1570).

Viele Gebiete blieben katholisch. Die Machtstellung beider Religionsparteien im Elsaß war ungefähr dieselbe. Im Ober-Elsaß war das Haus Oesterreich, das katholisch blieb, die vorherrschende Macht und hemmte vielfach den Gang der Reformation, welche in Mülhausen

und Colmar und an den Herren von Rappoltſtein und von Reichen=
weyer ihre Hauptſtütze fand. Im Unter=Elſaß war die Reichsſtadt
Straßburg mit der Grafſchaft Hanau=Lichtenberg der Haupthort der
Evangeliſchen gegen die Macht der Fürſtbiſchöfe von Straßburg und
von Speyer.

Eie letzter Grundzug der elſäſſiſchen Reformation iſt die geord=
nete, geſetzmäßige Weiſe wie die Kirchenerneuerung im Elſaß ſtattfand.
Ein Hauptverdienſt dabei gebührt dem edlen Straßburger Stättmeiſter
Jakob Sturm von Sturmeck.

II

Der Gang der Reformation in Straßburg.

Gleich bei dem Beginn der Reformation fand dieselbe zu Straß=
burg eine mächtige Stütze an den einsichtsvollsten Mitgliedern des
Raths. Die bedeutendsten Rathsherren der Stadt: Ludwig Bock
von Böcklinsau, ein alter verständiger Herr; Egenolf Röder
von Diersburg, ein Held aus der Zeit der Burgunderkriege;
Jakob Sturm von Sturmeck, der größte unter Straßburgs
Stättmeistern; Klaus Kniebs, der verständige Ammeister; Da=
niel Mieg, ein Mann von ungewöhnlichem Scharfsinn und großer
Klugheit; Matthis Pfarrer, ein durch Studien hervorragender
und durch Reisen vielseitig gebildeter Staatsmann, lasen eifrig gleich
nach ihrem Erscheinen Luthers Schriften und zählten bald zu seinen
Verehrern und treuen Anhänger.

Es war auch damals zu Straßburg ein Kreis gelehrter Männer,
welche den Anbruch der Reformation mit Begeisterung begrüßten und
derselben durch Wort und Schrift die wichtigsten Dienste leisteten. Die
namhaftesten unter denselben sind: der Rechtsgelehrte Nikolaus
Gerbel aus Pforzheim, ein gründlich gelehrter Mann und dem
Lutherthum von Herzen zugethan. Ihm hauptsächlich ist der Nachdruck
sowie die Verbreitung der Schriften Luthers im Elsaß und in der
benachbarten Schweiz zu verdanken. Ferner der fromme Arzt Otto
Brunfels aus Mainz, welcher die Schriften von Johann Huß
herausgab. Dieselben waren damals selten und wenig verbreitet. Auch
im Hohen Stift zählte die Reformation Gönner, vornämlich den edlen
Domdechanten Sigmund von Hohenlohe, den Verfasser des

„Kreuzbüchleins", einer kleinen, viel gelesenen Trost= und Erbauungs=
schrift.

Die beiden ersten Priester, welche in Straßburg anfingen in
evangelischem Sinn und Geist zu predigen, waren: Peter Philippi,
Leutpriester an der Stiftskirche zum Alten St=Peter und der Karme=
litermönch, Bruder Tilmann van Lyn, ein Niederländer. Beiden
wurde von der geistlichen Behörde das Predigen untersagt. Glücklicher
in seinen Bestrebungen war Matthäus Zell, der bald der
volksthümlichste Prediger der Stadt wurde und nachher an Martin
Butzer, Wolfgang Capito und Kaspar Hedio, drei
treffliche Gehülfen am Werke Gottes fand. Diese vier Männer sind
die eigentlichen Reformatoren von Straßburg.

Aber auch die alte Kirche hatte ihre Vertheidiger, welche allen
Neuerungen abhold, die geistige Bewegung des Jahrhunderts aus allen
ihren Kräften und mit allen Mitteln, die ihnen zu Gebote standen,
zu hemmen suchten. Drei Männer besonders, traten, in Gemeinschaft
mit dem größten Theil der Stiftsherren und dem Bischofe, als unver=
söhnliche Gegner der Reformation in Straßburg auf. Es sind dies:
Thomas Murner, Konrad Treger und Hieronymus
Gebwiler.

Thomas Murner ward zu Oberehnheim 1475 geboren. Da er
einen mächtigen Trieb zum Lernen hatte, trat er in die lateinische
Schule des Barfüßerklosters von Straßburg und später ganz in den
Orden ein. Zu seiner weiteren Ausbildung besuchte er die damaligen
berühmtesten Hochschulen. Er veröffentlichte nach seiner Rückkehr nach
Straßburg mehrere satirische Schriften, deren bekannteste die Narren=
beschwörung ist, ein Seitenstück zu Brant's Narrenschiff. Murner's
Gaben waren groß; ebenso groß aber auch sein Ehrgeiz und sein
Hochmuth; dabei führte er ein ausschweifendes Leben, so daß er alle
Achtung bei den Bessergesinnten verlor. Vom Jahre 1519 an trat
Murner als Vertheidiger der römischen Kirche auf und schrieb nach
einander eine Reihe von Streitschriften wider Luther. Die bekannteste
ist betitelt: „Von Doktor Martin Luthers Leren und Predigen. Das
sie arg wenig seint und nit gentzlich glaubwirdig zu halten."

Konrad Treger stammte aus Freiburg in der Schweiz; er be=
kleidete das Amt eines Provinzials des Augustinerordens. Seit dem
Jahre 1519 trat er immer feindseliger gegen Luther auf; auch ver=
öffentlichte er heftige Streitschriften gegen die Reformation. Murner
und Treger wurden später beide aus Straßburg ausgewiesen.

Hieronymus Gebwiler war 1473 in Horburg bei Colmar geboren. Er leitete anfänglich die Schlettstadter Schule; nachher stand
er der Münsterschule in Straßburg vor. Dieselbe gelangte unter
ihm zu einer hohen Blüthe. Gebwiler war ein sehr fruchtbarer Schriftsteller. Er huldigte zuerst den Grundsätzen der Reformation, in der
Folge kehrte er zu den alten Anschauungen zurück und wurde eine
der Säulen der katholischen Kirche in Straßburg. Im Jahre 1524
nahm er einen Ruf an der St.-Georgschule in Hagenau an. Dort
wirkte er bis zu seinem 1545 erfolgten Tode, ganz im Sinne des
katholischen Glaubens.

Am 4. September 1524 brach in Straßburg ein Sturm gegen
die Mönche aus, welche, trotzdem daß die Stadt damals schon beinahe
ganz evangelisch geworden war, nicht aufhörten, die Bürger durch ihre
Schmähreden zu verletzen und zu reizen. In diesem übrigens schnell
vorübergehenden Sturm wurden einige Mönche, unter anderen Konrad
Treger, gefangen genommen und ihre Zellen durchsucht. In Folge
davon wurden Murner und Treger aus Straßburg ausgewiesen. Beide
zogen sich in die Schweiz zurück, wo sie auch starben.

Die nächsten Jahre bis 1529 wurden mit Unterhandlungen des
Raths mit den Stiften und Klöstern der Stadt ausgefüllt, die schließlich damit endeten, daß der Rath sich gütlich mit den geistlichen Häusern abfand, den austretenden Ordensleuten lebenslängliche Pensionen
ausstellte und die Verwaltung der Klostergüter übernahm, deren Gefälle zu Gunsten der evangelischen Kirche und Schule verwendet
werden sollten. Diese Bestimmung erhielt besonders das St.-Thomas-
stift.

Der Bischof von Straßburg, Wilhelm III. von Hohenstein,
war ein gemäßigter und dabei sehr kluger Herr. Er stand wegen
seiner Geschäftskenntniß in hohem Ansehen bei dem Kaiser. Er richtete
ein Schreiben an Karl V., um sich bei demselben wegen der unruhigen
Auftritte des Jahres 1524 zu beklagen. Allein der kluge Kaiser, der
wußte, daß französische Unterhändler das Elsaß durchzogen, um die
Städte und insbesondere Straßburg für seinen Nebenbuhler den König
Franz I. von Frankreich zu gewinnen, beschloß mit seiner „lieben und
getreuen" Stadt glimpflich zu verfahren. Er zeigte deswegen eine
ausnehmende Milde und Nachsicht gegen die Stadt, und das mag,
unter andern Ursachen, auch ein nicht unwesentlicher Umstand gewesen
sein, warum in dieser Reichsstadt sich die Reformation so frei und
ungehindert entwickelte und warum die Unterhandlungen mit den

geiſtlichen Behörden eine ſo befriedigende Löſung für die Stadt ge=
wannen.

Am 20. Februar 1529 wurde die Reformation auf ganz geſetz=
mäßige Weiſe in Straßburg eingeführt. Es fand eine feierliche Ab=
ſtimmung der dreihundert Schöffen oder Zunftmeiſter ſtatt. Dieſelben,
als der Ausdruck der Volksvertretung, erklärten in großer Mehrheit,
„daß man das Meßopfer ſolle abthun, biß daß bewieſen, daß die
„Meß ein gottgefällig Werk ſey.“ Dadurch erlangte die evangeliſche
Kirche von Straßburg einen geſicherten und geſetzmäßigen Beſtand.

Die Straßburger Reformatoren und an ihrer Spitze der weit=
herzige Martin Butzer ſahen es als die Aufgabe ihres Lebens an,
zwiſchen Wittenberg und Zürich zu vermitteln, denn mit richtigem
Blick erkannten ſie, daß die Reformation nur dann zum Sieg gelangen
könnte, wenn alle Evangeliſchen ſich wie Glaubensbrüder anſähen und
wenn Sachſen und Schweizer treu zuſammenhielten. Dieſe Anſicht
theilten der Stättmeiſter Jakob Sturm und der edle Landgraf Philipp
von Heſſen. Der denkwürdige Reichstag von Speyer (1529), wo die
Evangeliſchen im Namen des Wortes Gottes und ihres Gewiſſens
feierlich proteſtirten (Proteſtanten) wider alle Gewaltmaßregeln in
Glaubensdingen, offenbarte allen Einſichtigen die Nothwendigkeit treu
zuſammen zu halten gegen den gemeinſamen Feind. Da die Witten=
berger und Züricher hauptſächlich in ihren Anſichten über die Abend=
mahlslehre auseinander gingen, veranſtaltete der Landgraf im Oktober
1529 ein Religionsgeſpräch auf ſeinem Schloſſe zu Marburg, um
eine Annäherung zwiſchen Luther und Zwingli zu Stande zu bringen.
Butzer und und Hedio wohnten derſelben bei. Bekanntlich war dieſer
Verſuch der Einigung ein vergeblicher.

Von jener Zeit an bemühte ſich Martin Butzer in jahrelanger
vergeblicher Arbeit eine theologiſche Formel zu finden, welche beide
Theile befriedigte. Es gelang ihm nicht die Gegenſätze auszufüllen.
Wenn eine Union aber eine unmögliche Sache war, ſo wäre es doch
im Intereſſe der Ausbreitung der Reformation geweſen, wenn man
im Geiſte gegenſeitiger Anerkennung ſich die Bruderhand gereicht
hätte und das Bündniß einer evangeliſchen Conföderation gegen
Rom geſchloſſen hätte.

Auf dem Reichstag von Augsburg (Juni 1530) reichten die
Straßburger ein beſonderes Glaubensbekenntniß, die ſog. Tetrapolitana
(Bekenntniß der vier Städte), in Gemeinſchaft mit den Städten Con=
ſtanz, Lindau und Memmingen, dem Kaiſer ein. Später jedoch ſahen

die Straßburger Staatsmänner die Nothwendigkeit ein sich an die Sachsen näher anzuschließen und gaben allmälig ihre vermittelnde Stellung auf. Sie schlossen daher 1536 die sog. Wittenberger Concordie mit Luther; Butzer verfaßte diese Einigungsformel, durch welche die Straßburger die lutherische Abendmahlslehre, wenn auch mit einigen Einschränkungen, annahmen. Dieser Schritt war sowohl in politischer als in kirchlicher Beziehung von großer Wichtigkeit; denn hierdurch trat die Stadt Straßburg in den Schmalkaldischen Bund, d. h. in den Verband mit den lutherischen Ständen Deutschlands ein und theilte fortan deren Schicksale.

Straßburgs Antheil am Schmalkaldischen Kriege (1547) war ein geringer. Die Stadt erkaufte den Frieden mit einer nicht sehr beträchtlichen Geldsumme; der Kaiser hatte gewichtige Gründe mit Straßburg glimpflich zu verfahren; denn an Frankreich hatte Straßburg einen mächtigen Rückhalt; mehrmals bot der König von Frankreich Geld und Truppen an, sowie Hülfe in der Noth.

Das berüchtigte Interim, das Karl V. (1550) „einstweilen" (daher der Name Interim) herausgab, bis eine allgemeine Kirchenversammlung die religiösen Angelegenheiten geregelt hätte, ward in Straßburg nur theilweise eingeführt. Das Interim erlaubte den Evangelischen die Priesterehe und den Gebrauch des Kelchs im heiligen Abendmahle; im Uebrigen behielt es die katholischen Ceremonien bei. Drei Stiftskirchen in Straßburg, das Hohe Stift des Münsters, sowie die Stifte Jung- und Alt St=Peter, wurden dem katholischen Gottesdienste wieder geöffnet.

Wichtig war die Interimszeit insofern, als von diesem Zeitpunkte an, der in die Mitte des sechzehnten Jahrhunderts fällt, die Straßburger Kirche eine veränderte Gestaltung erhielt. Das Gepräge des reinen Lutherthums wurde an ihr immer sichtbarer. Butzers Geistesrichtung, das heißt diejenige der weitherzigen christlichen Liebe, welche früher vorherrschte, verschwand immer mehr. Die neuen Prediger, meist aus den mit Straßburg befreundeten Städten Oberschwabens, Ludwig Rabus, Johann Marbach und Johann Pappus, das sind die namhaftesten unter ihnen, hatten einen andern Geist, denn die früheren Reformatoren. Die gemäßigte Richtung des milden Melanchthon und die früheren Vermittlungsversuche Butzers im Interesse des kirchlichen Friedens, schienen diesen Männern gefährlicher als die Angriffe Roms. Mit gewohnter Umsicht benutzte die katholische Kirche diesen Umstand und der Jesuitenorden, der um das Jahr 1580

in's Elsaß drang, machte in der Stille Eroberungen, welche die Herzen
der Evangelischen mit tiefer Trauer erfüllten. Nach Außen hin son=
derte die lutherische Kirche sich immer mehr ab, um die Errungen=
schaften der Väter zu erhalten und die Kirche im Sinne der sächsischen
Reformatoren innerlich auszubauen. Dies war das Bestreben Marbachs;
dies brachte Pappus in der Lehre zu Stande. Durch die S t r a ß =
b u r g e r K i r c h e n o r d n u n g von 1598 gelangte das strenge
Lutherthum in Straßburg zur Herrschaft. Der Cultus dagegen ent=
behrte aller liturgischen Elemente und behielt die reformirte Einfach=
heit. Das Jahr 1598 bildet den Abschluß der Straßburger Refor=
mation.

Drei Perioden sind in derselben zu unterscheiden. Die erste ist
die Zeit der h e i l i g e n B e g e i s t e r u n g, da man um die höchsten
geistigen Güter, um den reinen Glauben und um die christliche Frei=
heit kämpfte. Auf diese Zeit folgten die Jahre des d a n k b a r e n
G e n u s s e s der erworbenen Güter und zuletzt, als die Früchte des
Sieges der Reformation durch des Kaisers Gewalt und das verhaßte
Interim ernstlich gefährdet wurden, folgte die Periode des ä n g s t l i c h e n
F e s t h a l t e n s am Besitze der früheren Errungenschaften. Straßburgs
Ruhm im sechzehnten Jahrhundert ist es treu gekämpft zu haben für
die gute Sache und mit Recht prangt Straßburgs Wappen auf dem
Lutherdenkmale in Worms und steht sein Name in dem ehrenden
Verzeichniß der vier und zwanzig Reichsstädte, welche am meisten
gelitten und gestritten haben um den Triumph der Reformation in
deutschen Landen herbeizuführen.

Matthaeus Zell.

III

Die Straßburger Reformatoren.

Matthäus Zell und Frau Katharina.

Matthäus Zell wurde am 21. September (Matthäitag) 1477 im alterthümlichen Städtchen Kaysersberg geboren. Seine Eltern waren schlichte Rebleute, welche ihren Sohn in der Furcht Gottes aufzogen. Da der kleine „Matthis", wie man ihn nannte, einen aufgeweckten Kopf hatte, schickte man ihn zuerst in die lateinische Schule und später auf die Universität.

Mit dem Schulwesen hatte es in jener Zeit eine eigene Bewandt= niß. Die Hauptstätten der Gelehrsamkeit waren die Hochschulen oder Universitäten; da aber die meisten Schüler mittellos waren, so schickten sie ihre Eltern, nur mit dem Nothdürftigsten versehen, dahin ab. Schaarenweise zogen die „fahrenden Schüler" mit einander; ihren Lebensunterhalt mußten sie sich durch Singen vor den Thüren bei kirchlichen Feiern (an Festtagen, bei Hochzeiten und Beerdigungen) verdienen. Das Lernen litt darunter sehr noth.

Auch Matthäus Zell zog als fahrender Schüler zuerst nach Straßburg, wo noch Dr. Geiler wirkte, hierauf nach Mainz, zuletzt nach Erfurt in Thüringen. Er blieb dort einige Jahre auf der Uni= versität und ergriff hierauf den Wanderstab um zu Fuß das südliche Deutschland und Italien zu durchreisen und den Schatz seines Wissens zu vermehren. Zurückgekehrt in die Heimath, begab er sich noch auf die Universität Freiburg im Breisgau, um dort seine theologischen Studien zu vollenden. Er befreundete sich dort mit Jakob Sturm von

Sturmeck, der zu seiner nachmaligen Berufung nach Straßburg nicht wenig beitrug. 1516 wurde Zell Professor an der Freiburger Universität.

Gegen Ende des Jahres 1518 richtete das Hohe Stift von Straßburg einen Ruf an Zell, um ihm die Stelle eines Leutpriesters am Münster anzubieten. Zell nahm denselben freudig an. Neben dem Predigtamt hatte er noch das Beichtamt im Namen des Bischofs auszuüben; dadurch bekam er vielfach Gelegenheit den schweren geistigen Druck wahrzunehmen, der auf dem Volke lastete.

Matthäus Zell wurde bald in Straßburg ein beliebter Volksprediger. Seine Predigtweise war einfach und populär, dabei streng biblisch. Durch das Lesen von Luthers Schriften war er nämlich immer tiefer in die Bibel hineingeführt worden. Nach derselben prüfte er die Lehren und Ceremonien der römischen Kirche und erkannte immer deutlicher wie dieselbe, im Laufe der Zeiten, von Gottes Wort abgewichen sei.

Meister Matthis, wie das Volk Zell zu nennen pflegte, bekam bald einen großen Zulauf. In kurzer Zeit war die Lorenzenkapelle wo er predigte, zu klein um die Menge der Zuhörer zu fassen. Die Bürgerschaft begehrte daher für ihn die sog. „Doktorskanzel", welche einst für Dr. Geiler errichtet worden war. Allein das Hohe Stift willigte in dies Begehren nicht ein und ließ sogar die Doktorkanzel verschließen. Da ließen die Bürger einen hölzernen, tragbaren Predigtstuhl verfertigen und denselben jedesmal, wenn Meister Matthis predigte, im Münster aufschlagen.

Zell's freimüthige evangelische Predigten zogen ihm viele Feinde zu. Bei dem Bischof von Straßburg wurden vier und zwanzig Klagepunkte gegen ihn eingereicht. Daraufhin veröffentlichte Zell 1523 eine „Christliche Verantwortung", welche auf seinen Ankläger, den bischöflichen Fiskal, Gervasius Sopher, einen so tiefen Eindruck machte, daß er die reine Lehre des Evangeliums annahm.

Bald darauf that Zell einen weiteren Schritt; nach dem Vorgang seines Amtsbruders Anton Firn, Leutpriester zu St-Thomä trat er am 23. Dezember 1523 in den Ehestand. Seine Ehe mit Katharina Schütz, einer ehrsamen Bügerstochter wurde im Münster eingesegnet. Fünf andere Geistliche thaten in Straßburg nach einander den gleichen Schritt. Der Bischof Wilhelm von Hohenstein that sie hierauf in den Bann. Am 3. April 1524 wurde der Bannbrief an das große Münsterportal angeschlagen. Noch am nämlichen

Abend versammelten sich die sieben excommunicirten Priester in Zell's Pfarrhaus und verfaßte letzterer in deren Namen eine **Appellation**, d. h. eine Vertheidigungsschrift, worin sie ihren Schritt mit biblischen Stellen und aus Gewissensgründen rechtfertigten.

An seiner Ehefrau Katharina Schütz hatte Zell eine thätige und treue Gehülfin gefunden. Sie war zu Straßburg 1497 geboren. Sie stammte aus einer ehrsamen Bürgersfamilie. Katharina war ein reich= begabtes, aufgewecktes Mädchen mit hellem Geiste und warmfühlendem Herzen. In ihrem sechs und zwanzigsten Lebensjahre reichte die edle Jungfrau ihre Hand dem trefflichen Reformatoren Matthäus Zell. Sie war ihrem Gatten eine treue Gehülfin in seinem geistlichen Amte. Im Wohlthun, in Aufnahme der um des Evangeliums willen ver= folgten und vertriebenen Glaubensgenossen, in Werken christlicher Liebe und Barmherzigkeit war sie unermüdlich und leuchtete allen Straß= burger Frauen durch ihren opferfreudigen Sinn vor. Die geräumige Pfarrwohnung Zell's wurde bald eine Herberge der Gerechtigkeit. Hunderte von Flüchtlingen fanden dort gastliche Aufnahme und tröst= lichen Zuspruch. Im Jahre 1524 wurden die evangelischen Bürger der Stadt Kenzingen im Breisgau aus ihrem Ort vertrieben, indem der Erzherzog von Oesterreich sie mit List aus der Stadt locken, die= selbe durch seine Truppen besetzen ließ und den Bürgern die Rückkehr in die Stadt wehrte. Wochenlang beherbergte Frau Katharina 60 bis 80 dieser Unglücklichen und wurde in diesem Liebeswerk von den Straßburger Frauen auf das Treulichste unterstützt. Zell und seine Gattin waren nicht ohne Vermögen; zu Freiburg besaß Zell ein Haus mit einem Garten, die er aber in den späteren Kriegsunruhen verlor. Vor dem Fischerthor in Straßburg hatte er ein kleines Land= gut, wo er an schönen Sommerabenden ausruhte von des Tages Last und Hitze. Zell lebte höchst einfach und war allem Prunk und allem Aufwand abhold.

Vom Jahre 1524 an tritt Zell mehr und mehr vom öffentlichen Schauplatz ab, um einzig und allein seiner Gemeinde zu leben. Von jener Zeit an bis zu seinem Tode nimmt Zell keinen hervorragenden Antheil mehr an der Straßburger Reformation; dagegen verkehrten er und Frau Katharina mit den bedeutendsten Männern ihrer Zeit. Als Zwingli und Oekolampad 1529 nach Marburg zum bekannten Religionsgespräch reisten, hielten sie sich zwei Wochen in Straßburg auf, wo sie, wie sie sich ausdrückten, „unsäglich Zucht und Ehr" erfuhren und die edelste Gastfreundschaft in Zell's Hause genossen.

Zweimal besuchten Zell und seine Frau ihre Schweizerfreunde in Basel und in Zürich; Zell hielt in beiden Städten mehrere Predigten, ebenso in Constanz, wo er im Hause des schwäbischen Reformators Ambrosius Blaurer, auf das Herzlichste aufgenommen wurde.

Auch mit Luther und den Wittenbergern standen Zell und Frau Katharina in den freundlichsten Beziehungen. Luther schätzte den theuren Gottesmann hoch; seine Gattin wechselte mit dem sächsischen Reformator mehrere Briefe, welche im Druck erschienen sind. Im Jahre 1538 unternahm Zell, auf Luthers herzliche Einladung, die Reise nach Wittenberg. Dieselbe ging glücklich von statten und die Straßburger Gäste brachten in Luthers geräumiger Wohnung im ehe= maligen Augustinerkloster gesegnete Tage zu, deren Erinnerung nie aus ihrem Gedächtniß schwand.

Gegen die Sektirer, welche man damals vielfach verfolgte, bewies besonders Frau Katharina edle christliche Duldung. Sie ging von dem Grundsatz aus, daß den Verirrten gegenüber die christliche Liebe oft mehr am Platz ist als ein Eifern mit Unverstand. So nahm sie den schlesischen Edelmann Kaspar von Schwenkfeld, der um seiner Ansichten wegen sein Vaterland hatte verlassen müssen, auf das Gastfreundlichste auf.

Zell's Lebensabend war ein trüber. Nach Luthers Tode (18. Fe= bruar 1546) brach der Schmalkaldische Krieg aus, dessen unglückselige Folgen auch die Stadt Straßburg verspürte. Mehr als einmal seufzte Meister Matthis über die schweren Zeiten und wünschte bald erlöst zu werden aus diesem Jammerthale. Am 8. Januar 1548 hielt er seine letzte Predigt. Zwei Tage darauf wurde er von heftigen Brustbeschwerden befallen. Bald stellten sich die Vorboten des letzten Kampfes bei ihm ein. Schon mit dem Tode ringend, betete der Ster= bende noch mit lauter Stimme für die evangelische Kirche: „O Herr! laß dir dein Volk befohlen sein! Sie haben mich lieb gehabt, hab' du sie auch lieb und gib ihnen keine Treiber, daß der Bau, so ich auf dich gesetzt hab', nit wiederum verwüstet wird! Bleib' du der Erzhirt über sie!" Zwei Stunden nachher, bald nach Mitternacht, holte der Herr der Kirche seinen treuen Diener heim.

Zell's Sterbetag war der 10. Januar 1548. Am folgenden Tage fand die Beerdigung unter dem Zulauf einer großen Volksmenge, bei 5000 Menschen, statt. Martin Butzer hielt dem Freunde die Grabrede. Frau Katharina bewies bei dem Begräbniß eine große Seelenstärke; an der offenen Gruft hielt sie, nach dem Zeugniß der Zeitgenossen, eine trostreiche und glaubensvolle Rede. Der Rath von Straßburg gestattete ihr noch über zwei Jahre in der Pfarrwohnung des Münsters zu bleiben. Im Jahre 1550 bezog sie ein stilles Wittwenstüblein „bei dem Mauerhof" unweit des Judenthors.

Frau Katharina litt viel durch die Einführung des Interims in Straßburg. Die alten Freunde ihres heimgegangenen Mannes, Martin Butzer und Paul Fagius, sah sie scheiden. Ein neues Geschlecht von Predigern, dem sie innerlich entfremdet war, sah sie in Straßburg aufkommen. Mehr noch schmerzte die würdige Frau der große Undank des Dr. L u d w i g   R a b u s, des Superintendenten von Ulm, eines früheren Schülers und Hausgenossen Zell's. Derselbe griff nach seinem Weggang von Straßburg, die Reformatoren dieser Stadt mit der größten Rücksichtslosigkeit an. Auch gegen Meister Matthis, dem er so viel Dank schuldig war, sprach er sich öffentlich aus. Frau Katharina stellte ihn darüber in einem Schreiben zur Rede; Rabus beantwortete dasselbe auf eine eines christlichen Theologen wenig würdige Weise. Frau Zell gab 1557 eine öffentliche   V e r a n t w o r t u n g   heraus, welche sie an die Straßburger Bürgerschaft richtete. In derselben vertheidigte sie mit Gefühl und Wärme die früheren Reformatoren. Diese Schrift ist eine Ehrenrettung der Straßburger Reformation, insbesondere des trefflichen Matthäus Zell.

In ihren letzten Lebensjahren hatte Katharina Zell noch mit allerlei Entbehrungen, selbst mit leiblicher Noth zu kämpfen. Als Martin Butzer und Paul Fagius nach England gingen, ließen sie ihr einige Goldstücke zurück. Trotz ihrer eigenen Bedrängniß theilte die edle Frau diese Gabe mit einer armen, um des Glaubens willen aus ihrer Heimath vertriebenen Predigerfamilie.

Das Todesjahr der Frau Katharina Zell ist nicht bekannt; aller Wahrscheinlichkeit nach starb sie um das Jahr 1563, alt und lebensmüde. Ihr Grabstein auf Erden ist schon längst verschwunden, wie derjenige ihres Gatten; allein Beider Gedächtniß lebt in der evangelischen Kirche des Elsaß im Segen fort.

IV.

Die Straßburger Reformatoren.

Martin Butzer.

Der bedeutendste unter den Straßburger Reformatoren ist unstreitig Martin Butzer gewesen. Das Licht der Welt erblickte er zu Schlettstadt, am 11. November 1491. Sein Vater, Nikolaus Butzer, war ein ehrsamer Handwerker; seine Mutter Eva, eine Hebamme. Sie wohnten am Marktplatze, im alterthümlichen Hause der Groß= eltern. Später siedelte die Familie nach Straßburg über; der fünf= zehnjährige Martin blieb bei den Großeltern. Er besuchte die berühmte lateinische Schule seiner Vaterstadt, welche damals unter der Leitung des gelehrten Hieronymus Gebwiler stand. Butzer zeichnete sich durch Fleiß und Begabung von seinen Mitschülern aus. Mit fünf= zehn Jahren trat er in das Predigerkloster von Schlettstadt ein. Er glaubte dort in den Studien gefördert zu werden und an der Gott= seligkeit zuzunehmen, wurde aber bitter enttäuscht. „Von dem Leben, das ich bei den Mönchen gelehrt worden bin", schreibt er später, „sag' ich nit mehr, denn Gott erbarme sich über sie und mich, verzeihe uns und lehre uns ein besseres!"

Wegen seiner Kenntnisse und seiner Lernbegierde wurde Butzer Lector (Vorleser und Lehrer) der jüngeren Mönche ernannt. Er machte auch im Auftrag seines Ordens mehrere Reisen; in Heidelberg lernte er auf einem Convent (geistliche Versammlung) den Augustiner= mönch Martin Luther aus Wittenberg kennen. Dieser machte auf ihn einen tiefen Eindruck und trieb ihn zum Studium der heil. Schrift an.

Auch mit anderen herorragenden Persönlichkeiten trat Butzer in Verbindung; er wechselte Briefe mit Zwingli, Spalatin, Capito, Ulrich von Hutten und Anderen. Das Klosterleben mit seinem geistlosen Treiben gefiel ihm je länger je weniger. Mit Hülfe einflußreicher Freunde erlangte er 1521 die Vergünstigung, daß er seiner Klostergelübbe, die er als unreifer Knabe abgelegt hatte, entbunden wurde.

Bereits im Monat März 1521 finden wir Butzer auf der Ebernburg, der „Herberge der Gerechtigkeit“, wie man diese Zufluchtsstätte der evangelischen Flüchtlinge nannte. Dort traf er Johann Oekolampad und Johann Schwebel, die nachmaligen Reformatoren von Basel und Zweibrücken. In der Kapelle der Ebernburg wurde ein evangelischer Gottesdienst in deutscher Sprache gehalten. Butzer blieb etwas über ein Jahr in diesem stillen Asyle; im Mai 1522 wurde er im sickingischen Orte Lahnstall als Pfarrer angestellt. Hier verheirathete er sich mit Elisabeth Pallas.

Bei dem Ausbruch der sickingischen Fehde mußte Butzer bei dem Heranrücken der feindlichen Heere seine Pfarrei verlassen. Er floh mit Weib und Kind nach Weißenburg, wo er durch die freundliche Vermittlung des Leutpriesters Heinrich Motherer eine Stelle als Hülfsprediger an der St-Johanneskirche erhielt. Motherer war evangelisch gesinnt; Butzer fand bei dem Rath und der Bürgerschaft der Stadt in kurzer Zeit Anklang. Die Barfüßer- und die Predigermönche griffen ihn leidenschaftlich an. Der Bischof von Speyer that ihn in den Bann. Als die Kriegsheere auch Weißenburg bedrohten, fand der Rath es für klüglich, die beiden Prediger zu entlassen, bis wieder bessere Zeiten kämen.

Um Pfingsten 1523 langte Martin Butzer mit seiner Familie, von Allem entblößt, als ein armer Flüchtling in der Reichsstadt Straßburg an. Matthäus Zell nahm ihn in brüderlicher Weise in seinem gastfreundlichen Pfarrhause auf. Butzer wurde sein Helfer im Amte; er predigte abwechselnd mit Zell im Münster und hatte bald großen Zulauf. Das Domkapitel wollte ihn daran hindern und reichte eine Klage bei dem Bischof ein, weil er ein verheiratheter Priester war. Butzer rechtfertigte seinen Schritt bei Einem Ehrsamen Rath von Straßburg und erlangte von demselben das Bürgerrecht und dadurch der Stadt Schutz und Schirm.

Um die Osterzeit des Jahres 1524 erhielt Butzer eine Pfarrstelle, die Gartnerzunft erwählte ihn zum Pfarrer an die St-Aurelienkirche. Neben seinem pfarramtlichen Wirken, das nicht unbedeutend war, hielt

2

Butzer öffentliche Vorlesungen für Theologiestudirende und Geistliche über den Römerbrief, die Psalmen und einige prophetischen Bücher. Butzer trug viel zum Sieg der Reformation in Straßburg bei; er war wohl die hervorragendste Persönlichkeit unter den Straßburger Reformatoren.

In dem sog. „Sakramentstreit" über die Lehre des heil. Abend= mahls, welcher im Jahre 1524 zwischen Luther und den Schweizern ausbrach, suchte Butzer eine vermittelnde Stellung einzunehmen und predigte Frieden und Eintracht. Er betheiligte sich 1529 an dem erfolglosen Religionsgespräche von Marburg, wohin er mit Zwingli und Oekolampad, in Begleitung des Stättmeisters Jakob Sturm und des Rathsherrn Matthis Pfarrer und des Predigers Kaspar Hedio reiste.

Martin Butzer ist auch der Verfasser der Tetrapolitana oder des Vierstädtebekenntnisses gewesen, welche die Abgeordneten der Reichs= städte Straßburg, Constanz, Lindau und Memmingen gemeinschaftlich zu Augsburg im Juni 1530 überreichten. Dieses Bekenntniß („Unsere Confession", wie die Straßburger sie nannten), weicht wesentlich, besonders in der Abendmahlslehre, von der Augsburgischen Con= fession ab.

Die schweren Schicksale der Reformation in Frankreich, Italien und Spanien, sowie die Verfolgungen der Waldenser, erfüllten Butzers Seele mit Wehmuth und tiefem Mitgefühl. Viele Flüchtlinge aus diesen Ländern fanden bei Butzer gastliche Aufnahme und erhielten durch seine Verwendung eine Anstellung in Straßburg. Ueberhaupt zeichnete sich Butzer und mit ihm die übrigen Straßburger Reforma= toren durch eine edle Weitherzigkeit aus.

Martin Butzer wurde vielfach auswärts berufen, um das Kirchen= wesen zu erneuern. So wirkte er in reformatorischem Sinne in Süd= deutschland, in Frankfurt a./M., Augsburg, Eßlingen u. a. Der Kurfürst Herrmann von Wied, Erzbischof von Köln, der zur evangelischen Kirche übergetreten war, berief Butzer und Melanchthon nach Bonn, um im Kurfürstenthum den Boden für die Ausbreitung des reinen Evangeliums zu bereiten. Zu diesem Zwecke verfaßte Butzer, 1543, die sog. Kölner Kirchenordnung oder Refor= mation. Leider traten dieser evangelischen Bewegung solche große Hindernisse entgegen, daß der edle Kurfürst, durch feindliche Gewalt schwer bedroht und von den Freunden nicht gehörig unterstützt, die Kurwürde niederlegen mußte und sein Land verließ.

Der Straßburger evangelischen Kirche gab Butzer eine feste Gestal-

tung. Er nahm den regsten Antheil an der Gründung der Straßburger Hohen Schule, an welcher er Jahre lang als Lehrer wirkte;
desgleichen half er das Studienstift St=Wilhelm errichten. Er gab ein
evangelisches Gesangbuch heraus und veröffentlichte zwei Katechismen,
einen größern für die Pfarrherren und einen kleinen für die liebe
Jugend. Er veranlaßte auch die Vereinigung der evangelischen Geist=
lichkeit der Stadt in einen sog. Kirchenkonvent (1531—1793).
Martin Butzer war dessen erster Präses oder Vorsteher.

Die Religionsangelegenheiten der evangelischen Kirche veranlaßten
Butzer zu vielfachen Reisen. Namentlich lag ihm die Einigung der
Lutheraner und der Reformirten am Herzen. Als seine Versuche
scheiterten, brachte er wenigstens eine Annäherung der süddeutschen
Evangelischen, die in der Abendmahlslehre mehr zwinglisch als luthe=
risch waren, mit den strengeren Sachsen zu Stande. Dies geschah
1536 durch die Wittenberger Concordie. Die Schweizer
jedoch nahmen dieselbe nicht an.

Mit gewohntem Scharfblick sah Butzer den Ausbruch des Schmal=
kaldischen Krieges, des ersten Religionskrieges in Deutschland,
aber auch dessen kläglichen Ausgang für die Evangelischen voraus.
Als Kaiser Karl V., 1548, das berüchtigte Religionsedikt, das sog.
Interim, herausgab, weigerte sich Butzer auf das Entschiedenste
dasselbe zu unterschreiben. Ja er that noch mehr; er warnte in seinen
Predigten die Straßburger Bürgerschaft vor der Annahme desselben;
der Kaiser begehrte deßhalb seine Entlassung; der Rath, eingeschüchtert
durch das Schicksal der Stadt Constanz, welche es gewagt hatte dem
kaiserlichen Befehl zu widerstehen und in Folge dessen alle ihre Frei=
heiten verlor, entließ unter den ehrenvollsten Ausdrücken, ihren ver=
dienstvollen Reformatoren und mit ihm dessen jüngern Freund und
Amtsbruder Paul Fagius.

Am 23. März 1549 hielten beide Pfarrer ihre letzte öffentliche
Vorlesung zu Straßburg; sie brachten hierauf noch einige Tage im
Hause der Frau Katharina zu, um ihre persönlichen Angelegenheiten
in Ordnung zu bringen. Sie reisten alsdann über Lothringen und
durch das nördliche Frankreich nach Calais, welches damals eine
englische Stadt war. Dort schifften sie sich ein und langten glücklich
schon am 25. April zu London an, wo sie bei dem Erzbischof
Thomas Crammer die brüderlichste Aufnahme fanden. Auf
seinen Wunsch unternahmen Butzer und Fagius eine lateinische Bibel=
übersetzung, die aber unvollendet blieb.

Bereits im November 1549 starb Fagius am Heimweh. Butzer fuhr dagegen fort mit unermüdlichem Eifer der Sache der Reformation alle seine Zeit und Kraft zu widmen. Er arbeitete die noch heute in der anglikanischen Kirche gebräuchliche Gotttesdienstordnung (Common-Prayer-Book) aus und faßte die Grundzüge der Reformation in einer gehaltvollen lateinischen Schrift: Vom Reiche Christi, zusammen. Die Schilderung derselben nahm der König Eduard VI. an; diese Schrift wurde in mehrere Sprachen übersetzt. Dieses Buch ist die Beschreibung eines Staates, in welchem das Reich Christi mit seinen Gnadenkräften durchgedrungen ist; es enthält zwei Theile; in dem ersten beschreibt Butzer das Reich Christi, in dem zweiten entwirft er die Schilderung eines Landes, in welchem dieses Reich zur Herrschaft gekommen ist.

Diese verdienstvollen Arbeiten hatten die Ernennung Butzers zum Professor der Theologie an der Universität Cambridge zur Folge; er erhielt auch den Ehrentitel eines Doktors der Theologie. Allein die ungewöhnlichen Aufregungen, die er durchgemacht, das rauhe Klima und die ungewohnte Lebensweise, das Gefühl der Fremde, das Butzer schmerzlich empfand, trotzdem daß seine Frau und Kinder ihm nach= gekommen waren, das Alles zehrte an der Lebenskraft des Reformators. Er hielt noch einige Vorlesungen im Januar 1551, dann aber erkrankte er ernstlich. Er genoß sowohl von den Seinigen als von seinen eng= lischen Freunden die sorgfältigste und treueste Pflege. Die verwittwete Herzogin von Suffolk, deren Söhne Butzer unterrichtete, wachte mehrere Nächte hindurch an seinem Lager und die englischen Prediger Haddon und Bradford beteten inbrünstig mit ihm. Als Butzer fühlte, daß seine Tage gezählt seien, bestellte er als ein treuer Hausvater sein Haus und brachte alle seine irdischen Angelegenheiten in Ordnung. Am 28. Februar ging der unermüdliche Streiter Christi in seine Ruhe ein; unter den deutschen Hausgebeten, die er einst selbst verfaßt hatte, und welche die Seinigen an seinem Sterbebette laut vorbeteten, hauchte er still und friedlich seine Seele aus.

Martin Butzers Begräbnißtag war ein Tag allgemeiner Trauer für das evangelische England. Seinem Leichenzuge folgten über 3000 Menschen aus allen Ständen nach. Hunderte von Inschriften und Leichengedichten schmückten, nach der Sitte jener Zeit, wenige Tage nachher seine Gruft.

Die Noth der Zeit lastete damals so schwer auf Straßburg, daß Butzers Tod daselbst den Eindruck nicht hervorbrachte, den man hätte erwarten sollen. Konrad Hubert, einer der Straßburger Freunde des Reformators, nahm sich vor, Butzers sämmtliche Werke herauszugeben, allein verschiedene Ereignisse und zuletzt der Tod vereitelten sein Unternehmen. Es kam nur ein Band heraus, der unter dem Namen des Englischen Bandes (Tomus Anglicanus) bekannt ist. Die Rückkehr der Familie Butzers in's deutsche Vaterland war eine traurige und mühselige. Die Wittwe des Reformators, Wibrandis Rosenblatt, zog nach Basel, wo sie im Jahre 1564 starb. Butzers Geschlecht starb im Jahre 1618, zu Anfang des dreißigjährigen Krieges aus. Butzer war zweimal verheirathet; seine erste Frau, Elisabeth Pallas, starb 1541 zu Straßburg, an der Pest; die zweite Gattin, Wibrandis Rosenblatt, stammte aus Colmar; sie war die Wittwe zweier Reformatoren des Johann Oekolampad aus Basel und des Wolfgang Capito aus Straßburg, als sich Butzer mit ihr vermählte. Butzer hinterließ mehrere Kinder, meist Töchter und nur einen Sohn, der aber geistig wenig begabt war. Irdische Güter ließ er wenige zurück; seine reiche Bibliothek blieb in England.

Selbst die Ruhe des Grabes fand Butzer nicht; denn unter der Regierung der blutigen Maria wurden die Gebeine Butzers und Paul Fagius' ausgegraben und durch des Henkers Hand verbrannt. Später, als die hochherzige Elisabeth den Thron bestieg, fand eine feierliche Ehrenrettung „der theuren Märtyrer Martin Butzer und Paul Fagius" statt, und den Nachkommen Butzers wurde das englische Bürgerrecht ertheilt. Martin Butzer selbst hatte ein höheres Bürgerrecht erlangt; es war an ihm in Erfüllung gegangen, was er sich als Losung erwählt hatte: „Mein Vaterland ist der Himmel."

V

Die Straßburger Reformatoren.

Wolfgang Capito und Kaspar Hedio.

Eine der bedeutendsten Reichsstädte des Elsaß, der einstige Sitz der kaiserlichen Landvögte, war die im „heiligen Forste" gelegene Stadt Hagenau. Dort erblickte Wolfgang Capito, im Jahre 1478, das Licht der Welt. Sein Vater, der eigentlich Köpfel hieß, war ein frommer Hufschmied und ehrsamer Rathsherr. Da er das ungeistliche Leben der damaligen Priester vor Augen sah, wollte er nicht, daß sein Sohn in den Dienst der Kirche träte, sondern ließ ihn Arzneikunde studiren. Der junge Wolfgang brachte einige Jahre in Pforzheim zu und besuchte die von dem berühmten Johann Reuchlin geleitete Schule. Dort nahm er, nach der Sitte der Zeit, den Namen Capito an. Von Pforzheim begab sich der Jüngling nach der Universität Freiburg im Breisgau.

Im Jahre 1500 wurde Capito zu seinem schwer erkrankten Vater nach Hagenau berufen. Trotz seiner Kenntnisse in der Arzneikunde und der aufopferndsten Pflege, sah Capito seinen Vater mit raschen Schritten dem Tode entgegen gehen und stand mit erschüttertem Herzen an dessen Sterbelager. Dasselbe war sehr erbaulich, denn Capito äußert sich folgendermaßen darüber: „Ich hab' an meinem lieben Vater seeligen gesehen, daß Gott bei den verzagten Gewissen ist. Denn als ihm ein Mönch, der noch in Hagenau wohnt, die Oelung anstrich und zu ihm sagte: Lieber Meister Hans, gedenkt an alle eure gute Werk, die Ihr je gethan habt, da wendet er sich zum

Wolfgang Capito.

Kreuz, das über dem Bette an der Wand hieng und sprach: Was guter Werk hab' ich gethan? O mein Herr und Gott! sey mir armem Sünder gnädig!"

Des Vaters Tod brachte einen Wendepunkt in Capitos Leben hervor. Er gab das Studium der Medizin auf, um sich zuerst der Rechtskunde und später der Theologie zu widmen. Er wurde Doktor der heiligen Schrift und hielt an der Universität theologische Vorlesungen.

Im Jahre 1512 erhielt er von dem Bischof von Speyer einen Ruf als Kanonikus (Stiftsherr) und Prediger in dem damals speyerischen Städtchen Bruchsal. Dort wirkte er drei Jahre; allein seine amtliche Wirksamkeit ließ ihm keine Zeit zum Studiren übrig, so daß er 1515 einen Ruf nach Basel mit Freuden annahm. Der Bischof Christoph von Uttenheim, ein frommer und gelehrter Herr, bot ihm eine Stelle als Münsterprediger und als Professor der Theologie an der Universität an. In Basel trat Capito sowohl mit Luther als mit Zwingli in schriftliche Verbindung. Er forderte die Basler Buchdrucker zum Nachdruck von Luthers Schriften auf und trug auf diese Weise viel zu deren Verbreitung in der Schweiz bei. Capito neigte der Reformation zu, ohne noch zu ihr überzutreten, doch half er derselben den Boden in Basel bereiten.

Im Jahre 1520 erhielt Capito einen Ruf nach Mainz. Es wurde ihm von dem Erzbischof Albrecht von Mainz die Würde eines Kanzlers und kurfürstlichen geistlichen Raths angeboten. Capito nahm diese Stellung mit dem geheimen Wunsche an, am Hofe des ersten Kirchenfürsten in Deutschland, für die Sache der Reformation wirken zu können. Diese Hoffnung erwies sich als eine eitle. Es gelang ihm nicht den Kurfürsten für das Werk der Reformation zu gewinnen. Capitos Plan, daß der Erzbischof sich an die Spitze der evangelischen Bewegung stellen und eine deutsche Nationalkirche gründen sollte, rührte von der irrigen Ansicht her, daß er die Reformation mehr als ein Menschenwerk, denn als eine Gottesthat ansah. Wäre sie das Erstere gewesen, so hätten die Kardinäle, die Bischöfe und die Prälaten der römischen Kirche dieselbe bei einigem guten Willen wohl zu Stande gebracht; dadurch aber, daß Gott sich eines geringen Mönches als Werkzeug bediente, wollte er der erstaunten Welt offenbaren, daß die Reformation einen göttlichen Ursprung habe.

Während seines Aufenthaltes in Mainz wandte Capito all' seinen Einfluß auf, um den Kurfürsten zur Milde gegen Luthers Auftreten zu bewegen. Wenn Albrecht nicht gleich zu strengen Maßregeln gegen den Augustinermönch von Wittenberg schritt, so ist dies hauptsächlich den Bemühungen Capitos zuzuschreiben. Auch die evangelische Bewegung im kurmainzischen Gebiete gewann an Capito einen beredten Fürsprecher. Allmälig aber ward Capito des Hoflebens müde und sehnte sich nach einer andern Thätigkeit. In der ehrenvollsten Weise entließ ihn der Kurfürst. Im Mai 1523 begab sich Capito nach Straßburg als Propst des St=Thomasstifts.

Es war damals eine bewegte Zeit in Straßburg. Die religiösen Fragen erfüllten alle Gemüther. Der gelehrte Propst von St=Thomä, einst Zells Studiengenosse, hörte über die Predigten von Meister Matthis die verschiedensten Urtheile. Er suchte ihn in seiner Pfarrwohnung auf, in der Absicht ihn zur Besonnenheit und zur Mäßigung zu ermahnen. Zell aber rechtfertigte sich vor seinem Freunde mit so klaren Stellen aus der heiligen Schrift, daß Capito zuletzt verstummte und von der Stunde an für die Sache der Reformation entschieden gewonnen wurde. Er trat selbst als ein treuer Glaubenszeuge in den Riß. Auch ließ er sich in der Stadt Schutz und Schirm aufnehmen, was die wenigsten Stiftsherren thaten, weil sie dadurch einen Theil ihrer geistlichen Vorrechte verloren und sich unter die bürgerlichen Gesetze stellten. Zum großen Erstaunen des Volkes bestieg Capito auch den Predigtstuhl; denn es war damals etwas Unerhörtes, wenn ein in Ehren und Würden stehender Stiftsherr sich zur Predigt herabließ.

Bei der Ankunft Martin Butzers in Straßburg, schloß Capito mit ihm treue Freundschaft. Beide Männer waren mehr Gelehrte als Männer des Volks. Wie Matthäus Zell, so zeichnete sich auch Capito durch große Gastfreundlichkeit aus; besonders der französischen Flüchtlinge nahm er sich in brüderlicher Weise an. Die geräumige Propstei von St=Thomä beherbergte eine Zeit lang Wilhelm Farel, den Reformator der französischen Schweiz, Gerhard Roussel, den Freund der edlen Königin von Navarra, Margaretha von Valois, Lambert von Avignon, den hessischen Reformator. Capito sah mit Freuden zu Straßburg eine französische Flüchtlingsgemeinde entstehen und schätzte Johann Calvin, der von 1538 bis 1541 in Straßburg lebte, hoch. Calvin hielt theologische Vorlesungen an der Hohen Schule und war zugleich der erste Prediger der Straßburger französischen Gemeinde. Auch mit der edlen Königin von Navarra, der Beschützerin der französischen Reformirten, mit Margaretha von Valois, stand Capito in

regem Briefwechsel. Er widmete derselben seine 1527 erschienenen
Vorlesungen über die zwölf kleinen Propheten.

An den geistigen Kämpfen seiner Zeit nahm Capito den regsten
Antheil. In dem Abendmahlsstreite theilte er die Ansichten Butzers.
Gegen die irregeleiteten und verblendeten Wiedertäufer empfahl er
Schonung und Milde. An der Berner Disputation (Januar
1528), deren Ausgang der Sieg der Reformation in der deutschen
Schweiz war, betheiligte er sich in der entschiedensten Weise mit seinem
Freunde Butzer. Auch als theologischer Schriftsteller, besonders als
scharfsinniger Ausleger der heiligen Schrift, erwarb sich der gelehrte
Propst des Thomasstifts einen geachteten Namen.

Capitos Familienleben war ein glückliches. Er war zweimal ver=
heirathet; in erster Ehe vermählte er sich, 1524, mit Agnes Röttel,
der Tochter eines Straßburger Rathsherrn. Nach dem Tode derselben,
verehelichte er sich im Jahre 1532, mit Wibrandis Rosenblatt, der
Wittwe seines Basler Freundes, Johann Oekolampad. Beide Ehen
waren mit Kindern gesegnet.

Das Jahr 1541 war für Straßburg ein verhängnißvolles. Im
Herbste brach die Pest aus und raffte in kurzer Zeit Tausende dahin.
Auch Capitos Haus ward schwer heimgesucht. Ein Töchterlein starb;
drei andere Kinder erkrankten bedenklich; endlich legte sich auch Capito
nieder. Nach kurzem Krankenlager wurde er ein Opfer der Pest; er
starb mit kindlicher Ergebung in den Willen Gottes im November
1541, in seinem drei und sechzigsten Jahre. Sein Verlust wurde nicht
nur in Straßburg, sondern auch in Süddeutschland und in der Schweiz
tief empfunden. Mild und menschenfreundlich, demüthig und bescheiden,
trotz seines reichen Wissens, war der edle Mann gewesen, eine ächte
Friedensgestalt in sturm= und kampfbewegter Zeit. In der evangelischen
Kirche von Straßburg ließ er eine tiefe Lücke zurück.

Kaspar Hedio, der vierte unter den Straßburger Reforma=
toren, wurde, 1494, zu Ettlingen in der Markgrafschaft Baden geboren.
Er studirte auf den Universitäten Freiburg und Basel; dort schloß er
sich innig an den gelehrten Capito an; durch denselben ward er mit
Ulrich Zwingli bekannt und trat mit ihm in eifrigen Briefwechsel.
Zwingli war damals Prediger in der Abtei Maria Einsiedeln;
Hedio besuchte ihn daselbst, hörte ihn mehrmals predigen und wurde
durch seine feurige Beredsamkeit ganz hingerissen. Hedio erhielt hierauf
eine Anstellung als Vikar an der St=Theodorskirche in Basel; später
wurde er zum Kaplan an St=Martin ernannt. In beiden Gemeinden

predigte er das reine und lautere Evangelium. Hedio half auch seinem Freunde Capito Luthers Schriften in Basel und in der übrigen Schweiz verbreiten. Dadurch kam er mit dem großen Gottesmanne von Wittenberg in persönliche Verbindung.

Als Capito einen Ruf als kurmainzischer Hofprediger erhielt und Basel verließ, fühlte sich Hedio vereinsamt. Kurze Zeit darauf, 1520, nahm er gleichfalls einen Ruf nach Mainz an, wohin ihn Capito empfohlen hatte. Hedio wurde Doktor der Theologie dort ernannt. Als Capito seine Stelle niederlegte, um nach Straßburg zu gehen, wurde Hedio sein Nachfolger. Er machte aber dieselben traurigen Erfahrungen wie sein Vorgänger. Als ihm das Hohe Stift in Straßburg die Stelle eines Dompredigers anbot, nahm sie Hedio mit Freuden an.

In Straßburg trat Hedio völlig zur Reformation über. Ein inniger Freundschaftsbund verband ihn für das ganze Leben mit Wolfgang Capito, Matthäus Zell und Martin Butzer. Die vier treuen Glaubenszeugen wirkten in einem Sinn und Geist und verhalfen der Reformation in Straßburg zum völligen Sieg. Hedio war ein beliebter und volksthümlicher Prediger. Seine Münstergemeinde hing mit großer Liebe an ihm. Seine Persönlichkeit erinnert vielfach an diejenige von Meister Matthis. Hedio und Zell nahmen auch, 1543, einen hervorragenden Antheil an der Errichtung des Studienstifts St-Wilhelm.

Auch durch seine Schriften suchte Kaspar Hedio für die Sache der Reformation zu wirken. Er widmete sich vornämlich dem Studium der Geschichte. Er übersetzte die Kirchengeschichte des Eusebius, Bischofs von Cäsarea und etliche Schriften des heiligen Augustinus. Im Jahre 1537 gab er Predigtsummarien über die alten Evangelien und Episteln des Kirchenjahrs in lateinischer Sprache heraus. Es erschien auch von ihm 1539 eine Teutsche Chronik, welche eigentlich eine Uebersetzung des lateinischen Geschichtwerkes des Abtes Konrad von Lichtenau ist. 1545 gab er eine Kirchengeschichte heraus. Hedio starb zu Straßburg am 17. Oktober 1552, an der Pest, wie sein Freund Capito. Er trat am letzten von den Straßburger Reformatoren vom irdischen Kampfplatze ab und erwies sich bis an's Ende als ein guter und getreuer Streiter Jesu Christi.

VI

Die Greuel des elſäſſiſchen Bauernkriegs.

Das Jahr 1525 iſt in den Annalen der Reformationsgeſchichte ein unheilvolles geweſen; denn in demſelben brach der verhängnißvolle Bauernkrieg aus, welcher der Ausbreitung der Reformation in Deutſchland mehr Schaden brachte, als alle Macht und Gewalt ihrer äußeren Feinde.

Der Zuſtand der Bauern oder „Hörigen" (von hören, ſo viel als gehorchen) war im ſechzehnten Jahrhundert ein ſehr gedrückter. Es laſteten auf dem armen Landvolk eine Menge von Abgaben und läſtigen Frohndienſten. Vergeblich waren die Bemühungen der Bauern geweſen, um bei den Herren einige Erleichterungen zu erlangen; ihre Wünſche wie ihre Beſchwerden blieben unberückſichtigt. Da traten insgeheim die Bauern zuſammen und errichteten, bereits zu Ende des fünfzehnten Jahrhunderts, Bündniſſe, welche unter dem allgemeinen Namen Bundſchuh bekannt ſind. Der Bundſchuh oder Schnürſchuh (von binden) war, im Gegenſatz zum Ritterſtiefel, das Sinnbild des Bauernſtandes. Es iſt eine durchaus falſche und unbegründete Anklage, welche der geſchichtlichen Wahrheit widerſpricht, wenn die Gegner der Reformation, dieſelbe für die Greuel des Bauernkrieges verantwortlich machen wollen. Die Reformatoren hatten nur im Namen des Evan=geliums die geiſtige Freiheit eines Chriſtenmenſchen, welche der rö=miſche Stuhl ſeit Jahrhunderten den Gliedern der Kirche vorenthielt, zurückbegehrt. Die ſchon ſo lange im Zuſtand der Leibeigenſchaft ſchmachtenden Bauern nahmen die gute Botſchaft der chriſtlichen Frei=

heit mit Begeisterung auf; zugleich aber verlangten sie auch Erleich=
terungen im bürgerlichen Leben und vornämlich die unveräußerlichen
Menschenrechte, welche ihnen seit Jahrhunderten vorenthalten waren.
Die Herren jedoch verweigerten auf das Hartnäckigste jede, noch so
billige Forderung, und in Folge davon brach, freilich angeregt durch
die mächtige geistige Bewegung, die von Wittenberg ausging, der
unselige Bauernkrieg aus.

Zu Anfang März des Jahres 1525 fing der Aufruhr im Sund=
gau, in einer ganz katholischen Gegend, an. Ein Priester aus der
Umgegend von Altkirch, Johann Berner, regte durch seine leiden=
schaftlichen Reden das Volk mächtig auf und bald standen einige
hundert Mann unter den Waffen. Gleich einer Lawine, deren Größe
und Gewalt in ihrem Laufe zunimmt, also wuchs auch der Aufstand
von Tag zu Tag. Allenthalben im Lande wehte die Bundesfahne, das
„Fähnlein der Gerechtigkeit“ der Bauern. Auf demselben war zu
sehen das Bild des Gekreuzigten; auf der einen Seite war ein Bund=
schuh, auf der andern ein kniender Bauer abgebildet, mit den Wor=
ten: „Nichts, denn die Gerechtigkeit Gottes!“ Ueberall ertönte der
dumpfe Ton der Kriegstrommel und heulte unheimlich die Sturm=
glocke, eine Mahnung an die Bauern ringsum sich aufzuraffen und
ihre Rechte mit bewaffneter Hand zu fordern.

Bald war das ganze obere Elsaß, mit Ausnahme weniger
Städte, in der Gewalt der Aufrührer. Der österreichische Landvogt,
Herr Wilhelm von Rappoltstein, der seinen Sitz zu Ensisheim
hatte, konnte den Bauern nicht genug Mannschaft entgegenstellen, um
sie auf offenem Felde zu bekämpfen; daher beschränkte er sich auf die
Vertheidigung der befestigten Städte und Burgen. Thann, Gebweiler
mit der Abtei Murbach, Reichenweyer, Rappoltsweiler und Kaysers=
berg fielen in kurzer Zeit in die Hände der Aufständischen, welche
Alles plünderten und verheerten; die Städte Mülhausen, Ensisheim,
Colmar und Münster im Gregorienthal dagegen leisteten den Bauern
kräftigen Widerstand.

Auch im Unter=Elsaß regte sich der Geist des Aufruhrs. Am
Fuße des Odilienbergs fing die Bewegung an. Clemens Ziegler,
ein Gärtner aus Straßburg, ein höchst leidenschaftlicher und unruhiger
Charakter, hielt aufregende Reden und forderte in denselben die
Bauern auf, die Priesterschaft auszurotten. Erasmus Gerber aus
Molsheim und Ittel Jörg (Georg Ittel) von Rosheim sammelten
zwei Haufen, an deren Spitze sie sich stellten. Die hanauischen Bauern

vereinigten sich mit den Unterthanen des Bischofs. Sie bemächtigten sich zusammen der unweit Dorlisheim gelegenen Abtei Altdorf, aus welcher sie die Mönche vertrieben und woselbst sie ihr Hauptquartier aufschlugen.

Um die Mitte des Aprilmonates 1525 sah es im Elsaß höchst unheimlich aus. Der Geist der Empörung loderte in hellen Flammen empor; die verblendeten Landleute hatten sich eidlich verbunden nicht eher auseinander zu gehen, bevor sie ihre Rechte und Freiheiten erlangt hätten. Ihre Forderungen hatten sie in den sog. Zwölf Artikeln zusammengestellt. In demselben begehrten sie freie Verkündigung des Evangeliums, Abschaffung des Zehnten, freie Fischerei und Jagdrecht, Wahl der Amtleute, freie Benutzung der Allmenden und Abschaffung der großen Kirchengebühren, namentlich bei Sterbfällen.

· Der Straßburger Rath genoß bei den Bauern eines großen Zutrauens; denn das Stadtregiment war ein weises und mildes. Es ist auch bemerkenswerth wie gerade die Gemeinden des straßburgischen Gebiets still und friedlich sich verhielten, während der Aufstand in den österreichischen Besitzungen, im bischöflichen Gebiet und im Hanauer Lande am mächtigsten entbrannte. Der Rath von Straßburg schickte Abgeordnete nach Altdorf; dieselben wurden kaum vorgelassen und kurz abgewiesen. Um so mehr war der Rath der Stadt erstaunt, als er am Ostermontag 1525 aus dem Lager von Altdorf zwei Schreiben erhielt, deren eines an „Einen Ehrsamen Rath", das andere an die „christlichen Prediger" der Stadt gerichtet war. In letzterem Schreiben begehrten die „christlichen Regenten" (Bauernobristen), daß die Prediger sich zu ihnen begeben sollten „um dem armen Volk eynen christlichen Trost und beystand zu thun und das wort Gottes vor den einreißenden zuckenden Wölfen zu verfechten, die solches Ketzerey schelten".

Dieser Aufforderung zufolge baten Zell, Capito und Butzer den Rath um die Erlaubniß sich nach Altorf begeben zu dürfen, um die Bauern zum Gehorsam und zur Rückkehr zur gesetzlichen Ordnung zu ermahnen. Ungern gab der Rath die erbetene Einwilligung; wußte er doch, daß die drei wackeren Männer ihr Leben auf das Spiel setzten.

In der Morgenfrühe des Osterdienstags ritten die drei glaubensmuthigen Prediger gen Dorlisheim. In der dortigen Johanniterkomthurei hatten sie eine Unterredung mit den zwei straßburgischen Abgeordneten, welche vom Lager der Bauern soeben zurückkamen; sodann begaben sie sich nach der benachbarten Abtei Altorf, wo sie von den

Bauern unter großem Jubelgeschrei empfangen wurden. Sofort ertönte
der dumpfe Schall der Trommel; die Bauern bildeten einen Ring
(Kreis) um die drei Prediger und sprachen ihnen Muth zu. Hierauf
schleppten sie einige gefangene Priester und Mönche herbei, welche
mehr todt als lebendig waren und ermahnten dieselben unter wildem
Drohen und Schelten zu einer Disputation mit den „Prädikanten"
(evangelischen Predigern). Mit hohem Ernst traten die Straßburger
Reformatoren auf und erklärten sie seien nicht gekommen, um zu dis=
putiren, dazu wären Zeit noch Ort geeignet, sondern um den Bauern
aus der Schrift zu beweisen, daß sie auf sündlichem Wege sich befänden.

Es trat nunmehr eine große Stille ein. Dr. Wolfgang Capito,
Magister Zell und Martin Butzer ergriffen nach einander das Wort.
Sie richteten an die bethörte Menge die eindringlichsten Ermahnungen;
allein Alles war vergeblich. Wohl schienen die Reden der Prediger
Eindruck auf einen Theil der Bauern zu machen; die meisten jedoch
hörten die treugemeinten Rathschläge der Reformatoren mit Unwillen
und Murren an. Die Aufregung wuchs zusehends, so daß die Prediger
es für rathsam hielten sich zurückzuziehen. Auf dem Heimritte kehrten
die drei Straßburger Prediger bei dem evangelischen Pfarrer von Entz=
heim ein, wo sie sich nochmals mit einander beriethen und dann ein
bewegliches Schreiben an Erasmus Gerber und „an die Regenten der
Versammlung zu Altorf" richteten. Ein reitender Bote brachte dies
Schreiben dem evangelischen Pfarrer von Dorlisheim, Andreas
Preunlin, der es den Anführern der Bauern selbst überbrachte.
Diese muthige Handlung kostete ihm Freiheit und Leben.

Die geistlichen und weltlichen Herren des Elsaß sahen wohl ein,
daß sie zu schwach wären, um den Aufstand zu bewältigen, deßwegen
suchten sie auswärtige Hülfe. Der Bischof von Straßburg und der
kaiserliche Landvogt wandten sich an verschiedene Fürsten, die aber
alle selbst mit dem Aufruhr zu kämpfen hatten; zuletzt baten sie, und
diesmal mit Erfolg, den Herzog von Lothringen um seinen Beistand.
Herzog Anton, ein harter, finsterer Mann, hatte selbst einige Be=
sitzungen im Ober=Elsaß, nämlich die Hälfte des Leberthales und das
Städtchen St=Pilt, am Fuß der Hohkönigsburg. Zudem fürchtete er,
die Reformation möchte, wenn die Bauern siegten, auch in seine Lande
eindringen; darum entschloß er sich nach kurzem Bedenken zu einem
Kriegszuge in's Elsaß. Dieser Zug ist einer der schauderhaftesten
welchen die Geschichte kennt; denn in einer einzigen Woche verloren
dabei über 20,000 Menschen das Leben.

Das lothringische Heer versammelte sich zu Anfang Mai 1525 in
Nancy. Es bestand zumeist aus Abenteurern und fremden Kriegsleuten,
die nach der Schlacht von Pavia, welche der König Franz I. von
Frankreich gegen den deutschen Kaiser Karl V. verloren, aus Italien
zurückgekehrt waren und neue Kriegsdienste suchten. Am 11. Mai war
das Heer vollzählig; es bestand aus 14,000 Mann, meist Reiterei.
Unter den fürstlichen Herren, die es befehligten, sind die namhaftesten.
die beiden Brüder des Herzogs, Claudius von Guise und Ludwig
von Vaudemont, sowie die Grafen von Nassau, von Lei=
ningen, von Solm und von Bitsch.

Die Lothringer setzten sich langsam in Bewegung; sie nahmen
ihren Weg über Dieuze und Saarburg nach Zabern. In Saarburg
erfuhr man, daß die Bauern in Eilmärschen nach Zabern, dem Schlüssel
des Gebirgspasses der Vogesen, gezogen seien, und daß die Bürger
dieser dem Bischof von Straßburg gehörigen Stadt ihnen die Thore
geöffnet.

Herzog Anton hielt nun Kriegsrath; man berieth, ob es rathsam
wäre, die wohlbefestigte Stadt, die von 20,000 Bauern besetzt war,
zu belagern. Die Ansichten waren getheilt; unter den Kriegsobersten
riethen die Einen zur Rückkehr, die Andern zum Angriff. Der Herzog
entschied sich für das Vorrücken und noch in derselben Nacht brach das
Heer auf. Mit Sonnenaufgang erschien der Vortrab der Lothringer
auf den nächsten Höhen vor Zabern und besetzte sogleich das wichtige,
von den Bauern nicht gehörig vertheidigte Schloß Hohbarr. Am
Mittag langte der Herzog mit der Hauptmacht an; er sandte sofort
einen Herold mit einem Trompeter in die Stadt, um sie zur Ueber=
gabe aufzufordern. Die übermüthigen Bauern empfingen sie mit Flin=
tenschüssen. An demselben Tage fielen noch einige Scharmützel vor
und die leichte Reiterei, welche die Gegend durchstreifte, machte einige
Gefangene, welche der Herzog Angesichts der Stadt aufhängen ließ.

Am andern Tage wurde das grobe Geschütz gegen die Stadt
gerichtet, allein ohne sonderlichen Erfolg. Da um die Mittagsstunde
kündigte man dem Herzog an, man sähe von dem Schlosse Hohbarr
aus einen großen Haufen Bauern, welche vor dem Dorfe Lupstein,
zwei Stunden von der Stadt, ihre Mahlzeit einnähmen, und allem
Anschein nach, den Belagerten von Zabern zu Hülfe eilen wollten.
Der Herzog schickte alsobald die Grafen von Guise und von Vaude=
mont mit 2000 Reitern gegen diesen Haufen. Bei der Ankunft des
Feindes verschanzten sich die Bauern in eine Wagenburg, die aber

bald erobert wurde. Hierauf zogen sich die Bauern in guter Ordnung nach Lupstein zurück und besetzten dort besonders den Kirchthurm, von welchem aus sie ein mörderisches Feuer gegen die Lothringer richteten. Letztere umringten nun das Dorf und steckten es in Brand. Viele Hunderte von Bauern verloren dabei das Leben.

Von Zabern aus hatten die Belagerten die Schreckensscene angesehen; die Herzen wurden mit Entsetzen erfüllt und eine wahre Todesangst bemächtigte sich vieler Gemüther; ein furchtbares Gewitter, das in derselben Nacht ausbrach, vermehrte die allgemeine Furcht. Erasmus Gerber und die übrigen Hauptleute hielten einen Kriegsrath im bischöflichen Schlosse und hier wurde die Uebergabe der Stadt beschlossen, welche noch in derselben Nacht erfolgte. Gerber jedoch handelte dabei nicht ehrlich; seine Absicht war nur Zeit zu gewinnen und die Bauern des Schwarzwald in das Elsaß zu rufen. Die Bedingungen der Uebergabe Zaberns waren folgende: Die Bauern sollten die Waffen niederlegen und alsdann unbehelligt nach Hause gehen. Hundert Geiseln blieben in der Gewalt des Herzogs, bis zur Erfüllung des Vertrags.

Am 17. Mai in der Morgenfrühe zogen die Bauern, weiße Stäbchen in der Hand, aus der Stadt. Vor dem Thore legten sie die Waffen nieder und begaben sich dann in die Nähe eines Berges, der später der Marterberg genannt wurde; lothringische Landsknechte geleiteten die Wehrlosen. Nun begab sich's, daß ein Streit ausbrach zwischen einem Landsknecht und einem Bauern, dem jener den Beutel nehmen wollte. Während des Wortwechsels erscholl plötzlich der wilde Ruf: „Schlagt drauf, der Herzog erlaubt es." Das war das Zeichen zur Schlächterei. Es begann hierauf ein unbarmherziges Morden, das einige Stunden dauerte. Die wehrlosen Bauern wurden ohne Mitleid außerhalb und innerhalb der Stadt erschlagen. Wenige nur konnten dem Tod entrinnen. Einige indem sie das lothringische weiße Kreuz an den Arm banden. Erst nach Mittag hörte die Blutarbeit auf. Ob dieser Treubruch des gegebenen Worts auf Befehl des Herzogs Anton geschah oder nicht, ist bis jetzt nicht ermittelt; eins aber steht fest: der Herzog ließ seine Landsknechte gewähren und that nichts, um dem Gemetzel Einhalt zu thun. Nach zuverlässigen Angaben sollen an jenem Tage etwa achtzehntausend Menschen das Leben verloren haben.

Die Hauptleute der Bauern mit Erasmus Gerber hielten sich im bischöflichen Schlosse versteckt; dort wurden sie bald entdeckt. Noch denselben Abend verhörte sie der Herzog. Gerber zeigte eine große

Dreiſtigkeit und ſagte unter Anderm zu Herzog Anton und deſſen Gefolge: „Ha, ihr Herren, es iſt Euch gut, daß ich hier bin; denn ich gebe Euch mein Wort, daß wenn ich heute durchgekommen wäre, ſo hätte ich Euch einen Streich nach meiner Art geſpielt; darum macht jetzt mit mir, was Ihr wollt.“ Der Herzog ließ ihn an ein Pferd binden, ſchleifen und zuletzt aufhängen. Die anderen Anführer theilten ſein Loos.

Das Blutbad von Zabern erregte einen Schrei des Entſetzens im ganzen Elſaß. Die oberländiſchen Bauern wurden dadurch ſo empört, daß ſie dem Herzog von Lothringen blutige Rache ſchworen.

Am Tage nach der Schlächterei brach Herzog Anton mit ſeinem Heere auf, um bei Schlettſtadt durch das Weilerthal in ſein Land zurückzukehren. Sein Rückzug durch das Elſaß dauerte zwei Tage. Bei Benfeld bemerkten die lothringiſchen Reiter auf der Landſtraße und in der Ferne große Staubwolken, die von einem zahlreichen Heere herzurühren ſchienen. Einige Stunden weiter aufwärts zeigte ſich bei dem Dorfe Scherrweiler, unweit Schlettſtadt, ein ganzes Heer von bewaffneten Bauern, welche den Eingang des Weilerthales beſetzt hielten und am Gebirgsabhang eine ſtarke Stellung eingenommen hatten.

Zuerſt wollte der Herzog, weil der Abend heranrückte und die Kriegsleute vom langen Marſch ermüdet waren, die Bauern am andern Tage angreifen; allein auf das Anrathen eines deutſchen Hauptmanns, auf welchen der Herzog große Stücke hielt, ließ er den Soldaten Brod und Wein austheilen und zum Angriff blaſen. Mehrmals ſtürmte der Graf von Guiſe gegen das Dorf Scherrweiler, das er endlich nach heißem zweiſtündigem Kampfe eroberte. Allein der Sieg war damit noch nicht entſchieden, denn ein großer Haufe Bauern hatte ſich in dem nahen Dorfe Keſtenholz geſammelt und wehrte ſich daſelbſt mit dem Muthe der Verzweiflung. Der Herzog ließ ſein Geſchütz gegen das Dorf richten und die Kugeln lichteten gewaltig die Reihen der Bauern; dieſe ſchlugen ſich bis um zehn Uhr Abends mit unausſprechlicher Erbitterung. Ein Reiterangriff entſchied endlich den Ausgang der Schlacht und in wilder, regelloſer Flucht zerſtreuten ſich die Bauern in allen Richtungen.

Die Einwohner von Schlettſtadt ſtanden an jenem verhängniß- vollen Abende mit ſchreckensbleichen Geſichtern auf den Thürmen und Wällen der Stadt und ſchauten auf das Schlachtfeld; ſie ſahen die beiden Orte Scherrweiler und Keſtenholz in Flammen aufgehen, und mit schwerem Herzen und düsteren Ahnungen kehrten die evangelischen Bürger in ihre Wohnungen zurück. Ihre Besorgniß war nicht unbegründet; denn der Tag von Scherrweiler war der Sterbetag der Reformation in Schlettstadt.

Es sollen an jenem verhängnißvollen Samstag, den 20. Mai 1525, ungefähr z e h n t a u s e n d Menschen in der Gegend von Scherrweiler das Leben verloren haben. Noch lange nachher nannte man den Platz des Schlachtfeldes das „gräsfe (blutige) Feld".

Den andern Tag zog der Herzog von Lothringen mit seinem Heere in sein Land zurück. In Nancy hielt er einen wahren Triumphzug und ließ zum Dank gegen Gott, der ihm den Sieg über die Ketzer gegeben, ein feierliches Hochamt halten. Mit reicher Beute beladen kamen die Soldaten aus dem Elsaß zurück und lebten eine Zeitlang in Saus und Braus. „Während einigen Wochen, sagt ein Zeitgenosse, glich die Stadt einem großen Markt, und fand man Niemanden darin, als Spieler und Säufer, Käufer und Verkäufer."

Der elsässische Bauernkrieg hatte die schlimmsten Folgen für die Reformation. In den österreichischen und bischöflichen Landestheilen wurde vom Jahre 1525 an die Reformation mit Feuer und Schwert verfolgt und ausgerottet, und durch den Einfluß der Landvögte von Ensisheim und von Hagenau konnte sie sich in den evangelisch-gesinnten Reichsstädten des Ober- und Unter-Elsaß nicht mehr frei entfalten.

Ein unseliges Vorurtheil entstand auch von jener Zeit an bei den Herren vom Adel. Sie bildeten sich nämlich ein, die R e f o r m a t i o n sei gleichbedeutend mit R e v o l u t i o n, und meinten, daß wo die kirchlichen Neuerungen eindrängen, da litten die alten bürgerlichen Ordnungen Noth. Dieses Vorurtheil hielt manchen Grafen und Ritter zurück, zur Reformation überzutreten, und von 1525 an sind die Uebertritte des elsässischen Adels zur evangelischen Kirche sehr selten. Dieselben waren auch schwieriger geworden. Denn das Haus Oesterreich stand nach dem Bauernkriege gewaltiger da, denn je zuvor und übte auf das ganze Land einen schweren, geistigen Druck aus. Nur die freie Reichsstadt Straßburg bot ihr ein Gegengewicht und blieb von da an der starke Hort des Protestantismus im Elsaß.

VII.

Die Märtyrer der elſäſſiſchen Reformation.

Wie in den erſten Jahrhunderten der chriſtlichen Kirche viele treuen Bekenner Chriſti für ihren Herrn Gut und Blut, Leib und Leben freudig dahingaben, ſo iſt auch die Zeit der Reformation reich an Märtyrern geweſen. Solche Blutzeugen gab es im ſechzehnten Jahrhundert in allen Landen, wo die Reformation eindrang; denn der „alt böſe Feind", von welchem Dr. Luther ſingt, daß „groß Macht und viel Liſt, Sein grauſam Rüſtung iſt", ruhte und feierte nicht, ſondern wüthete mit Feuer und Schwert gegen die Bekenner der evangeliſchen Wahrheit. Auch das Elſaß zählt eine namhafte Reihe von treuen Glaubenszeugen, die ihr Leben dahingaben für ihren Herrn.

Die meiſten evangeliſchen Märtyrer weiſt das Ober-Elſaß auf. Dort, im öſterreichiſchen Gebiet, wo die reine Predigt des Evangeliums durchaus nicht geduldet wurde, verfolgte das Haus Habsburg mit unachſichtlicher Strenge jede evangeliſche Regung.

Die Reihe der elſäſſiſchen Märtyrer eröffnet Simſon Hillner. Derſelbe war Stadtpfarrer zu Kayſersberg. Er las Luthers Schriften und fing an im Sinne des reinen Evangeliums, unter dem Wohl-gefallen der Bürgerſchaft, zu predigen; er nahm auch etliche Aende-rungen im Gottesdienſte vor. Darüber erſchrack der Rath, der noch großentheils dem alten Glauben ſtreng anhing und wo man auch das mächtige Haus Oeſterreich fürchtete. An einem Sonntag Vormittag, eben als der muthige Prediger von der Kanzel herabſtieg, wurde er auf das Rathhaus beſchieden. Dort war der Rath verſammelt und

warf ihm seine Ketzerei vor; als Hillner das Wort ergriff, um sich zu
vertheidigen, wurde er ohne Weiteres zum Tod verurtheilt. Man hieß
ihn abtreten und das grausame Urtheil wurde sogleich im Rathhaus
selbst vollzogen. Hillner wurde heimlich aus Furcht vor dem Volke,
das ihm äußerst zugethan war, enthauptet. Sein Leichnam wurde in
nächtlicher Stunde an einem abgelegenen Ort vor der Stadt begraben.
Durch diese strenge Maßregel wurde die Reformation zu Kaysersberg
in ihren Anfängen erstickt.

Mehr Aufsehen noch erregte im Ober=Elsaß der Tod des Predigers
Wolfgang Schuch. Es war dies ein frommer und gelehrter Mann,
welcher als Pfarrer in dem damals zum Herzogthum Lothringen
gehörigen Städtchen St=Pilt angestellt war.

Schuch war der Nachfolger des bekannten Leo Judä, des
Freundes und Mitarbeiters Zwingli in Zürich. Bereits Judä hatte
in St=Pilt in evangelischem Geiste gewirkt und dort den Boden für
die Reformation vorbereitet. Schuh that ein Gleiches; er las eifrig
Luthers Schriften und verkündigte ohne Menschenfurcht, daß der Mensch
gerecht werde ohne Verdienst der sog. guten Werke, allein durch den
Glauben an Jesum Christum. Er schaffte allmälig und in der Stille
die Fastenübungen, die Bilderverehrung, die Anrufung der Heiligen
und die römische Messe ab. Kaum drang die Kunde davon an den
lothringischen Hof, so war Schuch ein verlorener Mann. Der Beicht=
vater des Herzogs Anton, ein roher und unwissender Barfüßermönch,
schilderte dem Fürsten die ganze Bewegung in St=Pilt, nicht nur als
eine ketzerische, sondern auch als eine aufrührerische.

Der hart angeklagte Prediger richtete hierauf unter dem Datum
des 11. Januar 1525 eine Rechtfertigungsschrift an den Herzog von
Lothringen, worin er sowohl in seinem eigenen Namen, als in dem=
jenigen der Bürgerschaft von St=Pilt den Gehorsam gegen die von
Gott eingesetzte Obrigkeit betheuerte und seine bisherige seelsorgerische
Thätigkeit in folgenden schönen Worten schilderte: „Er habe seine
Gemeinde, seiner heiligen Amtspflicht gemäß, auf Christum allein
hingewiesen; durch diesen Mittler allein hoffe er selig zu werden; er
habe das reine Wort Gottes, wie es die Apostel lehrten, ohne mensch=
lichen Zusatz verkündigt und sich beflissen zu haben beides, ein gutes
Gewissen gegen Gott, wie gegen die Menschen." Das Schreiben
Schuchs schloß mit herzlichen Segenswünschen für den Herzog Anton
und das Haus Lothringen.

Als Antwort auf sein Schreiben erhielt Wolfgang Schuch den

Befehl sich unverzüglich nach Nancy zu begeben, zu einer Disputation mit dem Beichtvater des Herzogs. Als ein dem Tode Geweihter nahm Schuch Abschied von seiner Gemeinde, die er nicht mehr wiedersehen sollte und reiste, das Herz voll banger Ahnungen, in die lothringische Hauptstadt. Er that hauptsächlich diesen glaubensmuthigen Schritt, um schweres Unheil von St=Pilt abzuwenden. Kaum zu Nancy ange= kommen, so wurde der arme Prediger in ein finsteres und feuchtes Gefängniß geworfen; dort schmachtete er mehrere Monate lang. Statt einer Disputation mußte er ein Verhör bestehen, in welchem er mit einer Menge falscher Anklagen und gemeiner Schimpfreden überhäuft wurde. Er blieb aber muthig und unerschrocken und bekannte mit unerschütterlicher Standhaftigkeit seinen evangelischen Glauben. Die Verkläger, hauptsächlich unwissende Mönche, entrissen dem treuen Wahrheitszeugen seine theure Bibel, welche er mit zahlreichen eigen= händigen Anmerkungen versehen hatte und verbrannten das heilige Buch im Klosterhofe der Barfüßermönche. Dem Herzog Anton wurden 31 Artikel, entnommen aus Schuchs Predigten und aus dem Zusammen= hang herausgerissen, überreicht und als ketzerische Irrlehren bezeichnet. Der Herzog ließ diese Artikel zur Prüfung nach Paris an die S o r = b o n n e (Pariser Hochschule) senden, wo dieselben sammt und sonders verworfen und als Ketzereien bezeichnet wurden. Daraufhin wurde Wolfgang Schuch zum Feuertode verurtheilt. Als er den Richterspruch vernommen, betete er mit lauter Stimme den 122. Psalm: „Ich freue mich deß, das mir geredet ist, daß wir werden in's Haus des Herrn gehen" u. s. w. An der Richtstätte angelangt, stand der Märtyrer zuerst dem Feuer gegenüber. Man fragte ihn hierauf ob er nicht um ein milderes Urtheil bitten wolle, worauf er erwiderte: „Der treue Gott, der mir bisher beigestanden, wird mich in der letzten Noth nicht verlassen." Dann betete er mit lauter, andächtiger Stimme den 51. Psalm: „Gott, sei mir gnädig nach deiner Güte und tilge meine Sünden nach deiner großen Barmherzigkeit." Als er den Scheiter= haufen bestiegen, fuhr er fort mit vernehmlicher Stimme Gott zu preisen und zu beten, bis der Rauch seine Stimme erstickte und die Flammen ihn völlig umgaben. Sein Todestag war der 21. Juni 1525.

Auch der unselige Bauernkrieg forderte seine Opfer. Mehrere evangelische Geistliche starben als Märtyrer, so der schon erwähnte Pfarrer von Dorlisheim, A n d r e a s P r e u n l i n, den die Bauern auf Befehl des Erasmus Gerber, im Lager von Altorf an einen Nuß=

baum aufhingen, so daß nach Capitos Ausdruck „der theure Gottes=
mann durch den Strick des grausamen Tyrannen dem Herrn geweiht
wurde".

Ueberhaupt brachten die Ereignisse des Jahres 1525 den Evan=
gelischen im Elsaß schwere Verfolgungen. Nach der Unterdrückung des
Bauernaufstandes nahmen die Herren grausame Rache an den ver=
blendeten Menschen. Die gute Sache des Evangeliums litt viel.
Namentlich in Ensisheim, dem Sitze der österreichischen Regierung,
fanden zahlreiche Hinrichtungen statt. Hier einige Beispiele unter
vielen.

Felix Ulsenius, ein junger hoffnungsvoller Prediger des
Evangeliums, ein Schüler und Freund Capitos, wurde auf Befehl des
österreichischen Landvogts, des Herrn Wilhelm von Rappolt=
stein, eines strengen Katholiken, im Jahre 1525 gefangen genommen
und auf die Folter gespannt, damit er seinen Glauben verläugne.
Umsonst verwendete sich Capito für seinen jüngeren Freund. Derselbe
wurde so grausam mißhandelt, daß er dahin siechte und bald darauf,
in Folge der Folterqualen, in der Blüthe seiner Jahre starb.

Die beiden Leutpriester (katholischen Pfarrer) von Illzach und
von Brunnstatt bei Mülhausen, predigten im Sinne der evange=
lischen Wahrheit; dies war bekannt. Plötzlich werden Beide in der
Nacht in ihren Pfarrhäuser heimlich überfallen, nach Ensisheim geschleppt
und dort, ohne Fug und Recht, mit dem Schwert hingerichtet. Das
Dorf Illzach gehörte zum Gebiet der freien Stadt Mülhausen, lag
also außer dem Bereiche der österreichischen Gerichtsbarkeit. Der Rath
von Mülhausen protestirte zwar gegen diese Gewaltthat, allein die
Stadt war dem österreichischen Landvogt gegenüber machtlos.

Als der wackere Basler Chirurg Sigmund, ein Schweizer
Bürger, welcher auf einer Reise durch das österreichische Gebiet
begriffen war, wurde er, wider alles Völkerrecht festgenommen und
nach Ensisheim in's Schloß geführt, wo er unter den fürchterlichsten
Qualen zu Tod gemartert wurde. Er blieb jedoch der evangelischen
Wahrheit treu bis an's Ende.

Der evangelische Pfarrer von Niedersteinbrunn im Ober=
Elsaß, Johann Hofer, ein geborner Mülhauser, wurde in der
Nacht von einem Trupp österreichischer Reiter in seiner Pfarrwohnung
überfallen, aus dem Bett gerissen, in leichter Bekleidung in den Hof
geschleppt und auf ein Pferd angebunden. Da sprang ein Hündlein
an ihm hinauf und leckte sein zur Erde herabhängendes Gesicht.

Daraufhin faßte der Gefangene neuen Muth und merkte, daß Freunde in der Nähe wären. Und so war es auch. Es gelang den Freunden im Modenheimer Walde unbemerkt den Gebundenen seiner Fesseln zu entledigen und ihm zur Freiheit zu verhelfen. In seine Gemeinde aber wagte Hofer nicht zurückzukehren. Der Erzherzog Ferdinand von Oesterreich entblödete sich nicht, den Geretteten von dem Rath von Mülhausen zurück zu fordern, erhielt aber eine ablehnende Antwort.

Im Jahre 1526 wurden zu Ensisheim vier Priester an den nämlichen Baum aufgehängt und mehrere evangelische Bürger ent= hauptet; Anderen wurden die Augen ausgestochen oder die Zunge abgeschnitten. Bereits im Januar 1526 schrieb Capito mit betrübtem Herzen an seinen Freund Zwingli in Zürich: „Die Ensisheimer fahren fort die Frommen zu tödten." Paul Volz, Abt von Hugshofen im Weilerthal, der später zur Reformation übertrat, nennt die Stadt Ensisheim geradezu die Metzig des Elsaß. Viele Evangelische flohen daher aus dem österreichischen Gebiet und suchten eine Zuflucht in der reformirten Schweiz. Als Zwingli und Oekolampad im Oktober 1529 zu dem bekannten Religionsgespräch nach Marburg reisten, wagten sie es nicht an Ensisheim vorbeizureisen, sondern schifften sich zu Basel auf einem Waarenschiff auf dem Rhein ein und langten auf diese Weise unerkannt und unbehelligt in Straßburg an. Auf der Rückreise vermieden es die schweizerischen Reformatoren wiederum, das österreichische Gebiet zu betreten.

Der Fürstabt von Murbach im Gebweilerthale zeigte sich nicht minder grausam als die österreichische Regierung. Ein Zeitgenosse berichtet von ihm: „Er ließ die lutherischen Bürger der Murbachischen Besitzungen auf sein Schloß zu Hugstein bringen und dort lebendig verbrennen."

Im Unter=Elsaß fanden weniger Grausamkeiten statt, denn die Reformation war dort siegreicher durchgedrungen als in den oberen Gegenden des Landes. Doch ließ der Graf Rudolf von Sulz (unterm Wald), am Martinstag, 10. November 1525, den evangelischen Pfarrer von Cleeburg, Johann Rebmann, welcher zwei Jahre hindurch Vikar in der bischöflichen Stadt Zabern gewesen war und bereits dort in evangelischem Sinne gewirkt hatte, festnehmen und auf sein Schloß Küssenberg bringen. Dort wurden ihm beide Augen aus= gestochen und unter Spott und Hohn wurde der arme Prediger in's Elend gestoßen.

Das Elsaß hat nicht nur eine stattliche Reihe von Glaubenshelden und treuen Bekennern des Evangeliums im sechzehnten Jahrhundert aufzuweisen, sondern zählt auch mehr denn einen Blutzeugen, und reiht sich in dieser Beziehung ebenbürtig anderen evangelischen Landeskirchen an. Die Asche der elsässischen Märtyrer wurde in alle vier Winde zerstreut; ihre Namen aber stehen aufgezeichnet im Buche des Lebens.

VIII

Das unheimliche Treiben der Wiedertäufer.

Gleichzeitig mit dem Aufstande der Bauern trat im Reformations=
zeitalter ein zweiter Feind auf, der gleich einem verderblichen Nacht=
frost das Wachsthum der zarten Pflanze des Evangeliums bedrohte
und der Reformation unendlichen Schaden brachte. Wir meinen damit
das unheimliche Treiben der Wiedertäufer.

Der Name Wiedertäufer ist im sechzehnten Jahrhundert
gleichbedeutend mit Separatist oder Sektirer. Martin Luther
nennt sie in seiner kernigen Sprache kurzweg „Schwarmgeister“. Die
namhaftesten Irrlehren der Wiedertäufer bestanden darin, daß sie die
Kindertaufe verwarfen, das heilige Abendmahl gering schätzten, vom
Worte Gottes wenig hielten und an dessen Stelle besondere Offen=
barungen setzten, welches sie als inneres Licht bezeichneten. Die
Wiedertäufer fanden, daß die Reformatoren zu langsam zu Werke
gingen; mit einem Male wollten sie, nach ihrem Ausdruck, den
römischen Sauerteig ausfegen. Ihr Bestreben war darauf gerichtet in
in falsch verstandener Frömmigkeit ein „Reich der Heiligen“, das
heißt eine Gemeinde von Auserwählten auf Erden zu gründen. Sie
lehrten, daß alle Standesunterschiede aufgehoben werden müßten, alle
Menschen seien vor Gott gleich, darum sollten alle Vorrechte abge=
schafft und der gemeine Mann frei werden. Die neuen „himmlischen
Propheten“, wie in stolzer Selbstüberhebung sich ihre Häupter nannten,
drückten sich meist in bildlichen Ausdrücken und in der Sprache der
Propheten des Alten Testaments und der Offenbarung Johannis aus.

Durch ihre Reden und ihre Schriften trugen die Schwarmgeister nicht wenig zum Aufstande der Bauern bei. Auch durch ihr ungeistliches Leben und ihr ärgerliches Treiben gaben die Wiedertäufer großen Anstoß. Viele unter ihnen waren geistliche Müssiggänger. Das ist die Klage des elsässischen Ritters Eckard zum Treubel, eines religiösen Schriftstellers aus der Reformationszeit, der die Wiedertäufer genau kannte und ihr Treiben also schilderte: „So man ihrer zur leiblichen Hülfe und zur Arbeit bedarf, so fliehen sie fern, als ob Arbeit ein Ketzerey wär! Sie kommen in Nöthen weder Vieh noch Menschen zu Hülfe, und wenn Nachtheil oder Schaden daraus erfolgt, sagen sie, der Herr wolle es also haben, so es doch ihrer Faulheit und ihres viehischen Lebens Schuld ist. Sie gehen nebenweg, wie Priester und Levit, fliehen brüderliche Liebe, alle Arbeit, Dienst, Gehorsam mehr als Faulheit und Müssiggang, welches doch des Teufels Anrichten ist. Denn Faulheit und müssig Brodessen ist wider Gottes Gesetz und Liebe der Welt. In den Winkeln, am Warmen, über den armen Brüdern, so noch etwas Nahrung haben, zu sitzen, und so derselbige verarmt, von einer Gemeinde zu der andern umzuziehen, wie die Zigeuner und mit leerem Geschwätz großer Gottseligkeit andern Leuten den Seckel zu dem Gelde, ja Schweiß und Blut abessen; dies wäre ein rechter Bruder, weil er dartrüge und dazu immer Amen sagte."

Viele flüchtige Wiedertäufer fanden anfänglich, besonders nach dem Ausgang des Bauernkriegs eine willige Aufnahme in Straßburg und hätten daselbst unangefochten leben können, hätten sie nicht ihre in mancher Hinsicht gefährlichen Irrlehren zu verbreiten gesucht. Der Straßburger Rath verfuhr sehr milde gegen Andersdenkende; er ertheilte ohne Schwierigkeit das Bürgerrecht allen denen, welche sich der Obrigkeit fügten und den Eid der Treue leisteten. Die Prediger der Stadt waren gleichfalls weitherzig; sie glaubten die Wiedertäufer eher auf dem Weg der Güte und der Ueberzeugung, als durch Gewaltmittel zu gewinnen.

Dieser Sinn der Duldsamkeit und der christlichen Milde lockte viele Wiedertäufer nach Straßburg. Hätten dieselben sich still und ruhig verhalten und das Gastrecht nicht mißbraucht, so wäre der Rath niemals gegen sie eingeschritten; allein das war der Fall nicht und gerade mit den Wiedertäufern machten die Straßburger die bittersten Erfahrungen. Hätte der Rath die meisten dieser Schwarmgeister gewähren lassen, so wären ähnliche Zustände wie zu Münster in Westfalen an den Tag getreten.

Die bekanntesten Wiedertäufer, welche in den Jahren 1524 bis 1530 ihr Wesen in Straßburg hatten, waren: Nikolaus Storch, Andreas Carlstadt, Balthasar Hubmaier, Kaspar Schwenkfeld, Sebastian Frank, Johann Denk, Ludwig Hätzer und Melchior Hoffmann.

Nikolaus Storch, einer der sog. „Zwickauer Propheten", war ein Freund von Thomas Münzer; er war ein Mann voller Anmaßung; so trat er in Wittenberg auf, wo er eine Unterredung mit Luther hatte, der ihn zurechtwies. Der Kurfürst von Sachsen verwies ihn des Landes. Im Jahre 1524 kam er nach Straßburg; da er aber dort seine schwärmerischen Ansichten ebenfalls zu verbreiten suchte, so ließ ihn der Rath festnehmen, in's Gefängniß werfen und verbannte ihn aus der Stadt.

· Andreas Carlstadt (eigentlich von Bodenstein), gebürtig aus dem Städtchen Carlstadt bei Würzburg, war ein ehemaliger Lehrer der Hochschule Wittenberg. Durch sein ungestümes, leidenschaftliches und unbesonnenes Wesen und Gebahren gerieth er immer mehr vom einfachen Worte Gottes ab und versank immer tiefer in die Schwärmerei.

Balthasar Hubmaier war der frühere evangelische Prediger der Stadt Waldshut im obern Schwarzwald. Er hatte sich am Bauernkrieg persönlich betheiligt und den offenen Aufruhr gepredigt. Mit genauer Noth entrann er dem Tod und kam als armer Flüchtling nach Straßburg (1525). Dort verfaßte er einige mit großer Leidenschaftlichkeit geschriebene Schriften, die im Druck erschienen; dadurch ward die Aufmerksamkeit des Raths auf ihn gelenkt, der den gefährlichen Mann aus der Stadt verwies. Drei Jahre nachher wurde Hubmaier, welcher inzwischen eine täuferische Gemeinde zu Nikolsburg in Mähren gegründet hatte, in Wien vor Gericht gestellt und verbrannt, sowie sein Weib ertränkt (10. März 1528).

Kaspar Schwenkfeld von Ossing (geboren 1490) war ein schlesischer Edelmann, der eine sorgfältige Erziehung erhalten hatte. Er studirte in Köln und hielt sich nachher an verschiedenen deutschen Fürstenhöfen auf. Von besonderm Einfluß auf seine künftige Wirksamkeit war sein Aufenthalt an dem Hofe des Herzogs Karl von Münsterberg. Dieser war ein Enkel des Königs Podiebrad von Böhmen und huldigte den hussitischen Ansichten. Schwenkfeld wurde nachher Domherr zu Liegnitz, verlor aber seine Stelle als er zur Reformation übertrat. Später stiegen Bedenken über die luthe-

rische Abendmahlslehre bei Schwenkfeld auf, weßhalb er 1525 nach
Wittenberg reiste, um sich darüber mit Luther zu besprechen. Er hatte
mehrere Unterredungen mit ihm; zu einer Verständigung kam es
nicht, allein beide Männer schieden im Frieden von einander.

Auch in Bezug auf die Kindertaufe, die er als unbiblisch ver=
warf, wich Schwenkfeld von der Lehre der Reformatoren ab. Von der
Bibel sagte er aus, sie sei nicht das eigentliche Wort Gottes, sondern
nur ein Zeugniß von dem innern Worte, dem Geiste Gottes, dem
Christus in uns. Das wahre christliche Wesen bestehe daher nicht
darin, das äußere Wort zu hören und an dasselbe zu glauben, son=
dern alle Ceremonien, alle Sakramente als Nebendinge zu betrachten.
Die Hauptsache sei, daß Christus in unserm Herzen wohne. Von den
Verirrungen der Wiedertäufer auf dem bürgerlichen und staatlichen
Gebiete, blieb Schwenkfeld frei. Er fand in Schlesien viele Gesinnungs=
genossen und Anhänger; allein der Herzog Friedrich von Liegnitz
verwies ihn 1527 des Landes. Nachdem er zwei Jahre in verschie=
denen Städten Deutschlands sich aufgehalten hatte, kam er 1529 nach
Straßburg, wo er eine Freistätte fand und fünf Jahre in stiller Ver=
borgenheit zubrachte.

Schwenkfeld war eine liebenswürdige Persönlichkeit. Er war von
Herzen fromm, dabei gelehrt und höchst bescheiden. Bei Matthäus
Zell fand er eine wahrhaft brüderliche Aufnahme; besonders Frau
Katharina schwärmte für ihn. Später nahm Capito den schlesischen
Edelmann in die Propstei von St=Thomä auf; er neigte sogar
Schwenkfelds Ansichten zu; doch kam er später davon zurück.

Schwenkfeld führte zu Straßburg ein stilles eingezogenes Leben,
gewann aber nichtsdestoweniger nach und nach einen Anhang in der
Stadt. Er hielt Versammlungen und gründete eine „Gemeinde der
Heiligen"; in derselben herrschte der Geist des Separatismus und der
Geringschätzung der Kirche. Schwenkfelds Stellung zu den Straß=
burger Predigern wurde daher immer schwieriger, so daß er zuletzt
Straßburg verlassen mußte.

Einer der bedeutendsten, aber auch der merkwürdigsten Separa=
tisten der Reformationszeit, der sich ebenfalls in Straßburg eine Zeit
lang aufhielt, war Sebastian Frank. Ueber sein äußeres Leben
ist wenig bekannt. Er war zu Donauwörth in Schwaben um das
Jahr 1500 geboren. Ueber seine Jugend weiß man nichts Näheres.
In den zwanziger Jahren hielt er sich in Nürnberg auf, wo er sich
1528 mit einer Bürgerstochter, Ottilia Behaim, verheirathete. Im

Jahre 1530 ging er nach Straßburg, wo er einige Jahre sich aufhielt, dann nach Ulm und in andere Städte. Frank starb 1545.

Der Aufenthalt von Nürnberg hat auf Franks innere Entwicklung einen großen Einfluß gehabt. Denn in dieser Stadt waren die mannig= faltigsten Erscheinungen der Reformationszeit vertreten. Durch die Gründung eines durch Melanchthon, den Lehrer Deutschlands, wie man ihn nannte, eingerichteten Gymnasiums, hatte sich ein Kreis von gelehrten Männern in Nürnberg gesammelt, deren Mittelpunkt der Rathsherr Willibald Pirkheimer war. Der volksthümliche Dichter, Hans Sachs, der damals auf der Spitze seines Ruhms stand, lebte dort. Sämmtliche religiöse Parteien der Reformation hatten in Nürnberg ihre Vertreter. Mit allen stand Sebastian Frank in einem persönlichen Verhältniß. Er selbst war ein höchst gebildeter und gelehrter Mann. Er war ein gereifter, männlicher Geist, der die Folgerungen der Lehren der Reformatoren zog und sie im Leben zu verwirklichen suchte. Dabei war er, neben Luther, wohl der frucht= barste Schriftsteller des Reformationszeitalters. In allen Gebieten des Wissens leistete er Bedeutendes. Er veröffentlichte eine Chronika in drei Theilen; der erste enthält die Geschichte der alten Welt bis auf Christus; der zweite die weltliche Geschichte von Christo bis zur Regierung Karl V und der dritte umfaßt in acht Kapiteln die Kirchen= geschichte. Das dritte, höchst interessante Kapitel behandelt die Historie der Ketzer. Außerdem gab Frank eine Sammlung deutscher Sprüch= wörter heraus. Seine Ansichten sprach er besonders in seinen theolo= gischen Schriften aus, besonders in seinem Buche: Von den Paradoxen (Paradoxa), das 1535 erschien. Christus in uns und die christliche Gesinnung ist für ihn das Ziel des wahren Christenthums. Von der Welt und Natur und ihrem Verhältniß zu Gott hat Frank tiefsinnige Anschauungen. In Straßburg scheint der gelehrte Mann weniger bei dem Volke, als bei den Gebildeten Anklang gefunden zu haben.

Von Nürnberg kam im Jahre 1526 der gelehrte Wiedertäufer Johann Denk nach Straßburg. Er war früher Rektor an der dortigen Schule gewesen, war aber in die separatistische Richtung gerathen und rühmte sich besonderer Eingebungen, die er über das Wort Gottes stellte. Aus Nürnberg vertrieben, hatte er sich in die deutsche Schweiz begeben und war in etlichen Buchdruckereien, zu St-Gallen und zu Basel, angestellt gewesen. Allein auch dort war seines Bleibens nicht lange und so zog er nach Straßburg. Gleich= zeitig mit Denk langte in Straßburg ein weit gefährlicher Mann an, Ludwig Häber. Derselbe war Leutpriester zu Bischofszell im Kanton Thurgau gewesen; er hatte aber einen unruhigen Geist und führte ein unsittliches Leben. Er fiel in Fleischeslust hinein; Oekolampad, der ihn nicht genau kannte, hatte ihn in Basel in seinem Hause beherbergt und ihn seinem Freunde Capito zu Straßburg empfohlen. Capito nahm ihn ebenfalls als Hausgenossen auf. Später kamen seine Verirrungen an den Tag und Häber mußte das Haus seines Gastfreundes, sowie die Stadt Straßburg verlassen.

Mit Johann Denk hatten die Straßburger Prediger, im Dezember 1526, eine öffentliche Besprechung. Sie überzeugten sich aber, daß dieser Mann, bei all' seiner Gelehrsamkeit, höchst gefährliche Lehren habe und Ansichten verbreite, die alle wahre Gottesfurcht untergraben. Nicht nur verwarf er die Kindertaufe, sondern auch allen Gehorsam gegen die Obrigkeit, der man keinen Eid ablegen solle; alle Menschen, sagte er ferner, würden zuletzt selig und selbst der Teufel würde schließlich in Gnaden von Gott angenommen werden. Das war die sogenannte Lehre von der Wiederbringung. Dies Gespräch hatte den Nutzen, daß der Rath der Stadt auf diese Irrlehren aufmerksam wurde, denn hätte er die Schwarmgeister gewähren lassen, so wäre der Geist der Empörung unter den Bürgern genährt worden. Er befahl daher dem Johann Denk, die Stadt augenblicklich zu verlassen.

Im Mai des Jahres 1529 erschien zum ersten Male in Straßburg der nachmals so bekannte Wiedertäufer Melchior Hofmann. Derselbe stammte aus Schwäbisch-Hall und war ein Kürschner. Die erste Anregung zu schwärmerischen Ansichten empfing er durch einen Handwerksgenossen, Heinrich Rink, der ein Schüler der „Zwickauer Propheten" war. Die beiden Freunde reisten zusammen nach Schweden, wo der hochherzige König, Gustav Wasa, eben die Reformation eingeführt hatte. Unterwegs schloß sich an sie ein dritter Gesinnungsgenosse an, Berend (Bernhard) Knipperdolling, ein Kaufmann, der in dem späteren Trauerspiele der westfälischen Stadt Münster zu einer so traurigen Berühmtheit gelangte. In Stockholm fingen die drei Apostel an, ihr neues Evangelium zu predigen und erregten dort einen wahren Bildersturm. In Folge dessen verwies sie der König des Landes.

Hofmann begab sich nun nach Livland und erregte große Unordnung und Zwietracht in Dorpat und Riga. Auch dort war seines Bleibens nicht. Er reiste hierauf nach Wittenberg, wo Luther ihn kühl aufnahm. In Wittenberg verweilte Hofmann ein halbes Jahr; dort gab er seine Hauptschrift: Auslegung des zwölften Kapitels des Propheten Danielis heraus.

Nachdem Hofmann Wittenberg verlassen hatte, begann er auf's Neue seine unstäten Wanderungen. Nach langem Umherirren fand er eine Zuflucht in dem Herzogthume Holstein und verlebte mehrere Jahre in Kiel, wo er gleichfalls seine Ansichten zu verbreiten suchte. Er wurde aber dort 1529 ausgewiesen. Er zog daher mit Weib und Kindern fort und langte im Mai desselben Jahres zu Straßburg an. Dort hielt er sich vorerst nur kurze Zeit auf, reiste aber mehrmals nach den Niederlanden, wo es damals viele Wiedertäufer gab. Es gelang ihm sogar zu Emden in Ostfriesland eine separatische Gemeinde zu gründen, deren Vorsteher er wurde.

. Im Jahre 1532 befahl ein „Prophet aus Emden, durch Einge= bung des Geistes", dem Melchior Hofmann er solle wieder nach Straßburg zurückkehren; dort werde er ein halbes Jahr im Gefängniß zubringen, dann aber die Freiheit wieder erlangen und den ganzen Erdkreis zur rechten Lehre bekehren. Mit hoher Freude vernahm der verblendete Mann diese wichtige Botschaft. Er vernahm daraus, daß im Jahre 1533 das tausendjährige Reich beginnen sollte, dessen Haupt= stadt Straßburg und dessen Messias Melchior Hofmann sein würde. Augenblicklich leistete Hofmannn dem Befehl Gehorsam und kehrte nach Straßburg zurück. Dort trieb er sein Wesen so toll, daß er neun Wochen nach seiner Ankunft, auf Befehl des Raths verhaftet wurde. Als die Ammeisterknechte kamen, um ihn festzunehmen, überließ er sich der ausgelassensten Freude. „Nunmehr", rief er aus, „fähet die Weissagung an in Erfüllung zu gehen, nun ist die Stunde der Schmach gekommen, auf welche aber bald der fröhliche Ehrentag folgen wird." Hut und Schuhe warf er von sich, schnitt die Strümpfe an den Knöcheln der Füße ab, hob seine Hand gen Himmel auf und that den feierlichen Eidschwur, er wolle fürderhin keine andere Speise und keinen anderen Trank mehr zu sich nehmen, als Wasser und Brod, bis er zu seinen Ehren und Würden gelangt wäre und auf denjenigen hinweisen würde, der ihn gesandt habe in die Welt. Mit solchen unsinnigen Reden zog er triumphirend in das Gefängniß ein.

In der Stadt hatte sich eine Partei, die der Hofmannianer, gebildet, unter denen sich besonders der schwärmerische Gartner Clemens Ziegler hervorthat. Es war dies ein Mann von unruhigem Geist, der auf das Volk einen großen Einfluß, durch seine heftigen und leidenschaftlichen Reden, ausübte. In der Ruprechtsau bei Straßburg, die meist von Gartnern und Ackersleuten bewohnt war, wurde Ziegler sogar zum Prediger gewählt, „denn“ sagten die Ruprechtsauer, „Zieglers Stimm', Lehr' und Handel uns gar wohl gefallen.“ Der Rath gab zwar dazu seine Genehmigung nicht, ließ aber Ziegler nach wie vor gewähren und Versammlungen halten.

Als Ziegler die Häupter der Wiedertäufer in Straßburg kennen lernte, fiel er ihren Lehren alsobald zu. 1532 gab er drei Schriften heraus, von denen aber nur eine im Druck erschien. Ziegler behauptete darin: „Der Mensch habe nach dem Tode Nichts, auch keine Strafe mehr zu fürchten; eine ewige Verdammniß gäbe es nicht; es gälte daher gleich, was der Mensch hienieden thue, da er doch einst selig werde; um des Glaubens willen solle Niemand verfolgt werden; Jeder solle das Recht haben zu predigen, der sich dazu fähig fühle“ u. A. m. Ziegler gab auch vor, er wäre von Gott besonderer geheimer Offen= barungen gewürdigt, welche einer seiner Anhänger, ein gewisser Martin Stör, mündlich und schriftlich verbreitete.

Um die Verwirrung in Straßburg noch zu erhöhen, langte im Jahre 1532 ein Mensch dort an, der höchst gefährliche und unsittliche Grundsätze zur Schau trug. Es war dies der berüchtigte Claus Frey, der in Begleitung einer „geistlichen Schwester“ in der Stadt erschien. Dieser gefährliche Schwärmer stammte aus Windsheim in Franken; dort lebte sein Weib mit acht lebendigen Kindern. Durch seine Verbindung mit den Wiedertäufern gerieth er auf gefährliche Abwege und richtete in seiner Vaterstadt viel Unordnung an. Er kam daher in das Gefängniß und widerrief in demselben alle seine Irr= thümer; allein als er aus der Haft entlassen ward und öffentliche Kirchenbuße thun sollte, so verließ er Weib und Kinder und floh aus der Stadt. Seine Frau reiste ihm nach und beschwor ihn unter Thränen, sich dem Gebote der Obrigkeit zu fügen und in die Heimath und die alten Verhältnisse zurückzukehren; allein Frey ließ sich nicht erweichen. Er begab sich nach Nürnberg, wo er mit einer vornehmen Wittwe, Elisabeth Pfersfelder, einer leidenschaftlichen Schwär= merin, bekannt wurde. Diese wurde nun seine „geistliche Schwester“. Seiner rechtmäßigen Frau aber schrieb der verblendete Mann einen Scheidebrief. Im Oktober 1532 kam Claus Frey mit der Pfers= felderin nach Straßburg. Die dortigen Wiedertäufer nahmen ihn zwar auf, billigten aber seine geistliche Ehe nicht und machten ihm darüber ernste Vorstellungen, die aber erfolglos blieben. Bei der Kunde dieser

Vorgänge ließ der Rath den Schwärmer festnehmen; im Gefängniß steigerte sich seine Schwärmerei bis zur Verrücktheit.

In Straßburg säeten die Wiedertäufer bösen Samen aus. Das Konventikelwesen und der damit verbundene Separatismus machten in der Stadt reißende Fortschritte. Die Kirchen wurden immer leerer; der öffentliche Gottesdienst wurde nicht mehr besucht; das heilige Abendmahl immer mehr gering geschätzt, ja die Kindertaufe kam beinahe ganz in Abgang; waren doch ungetaufte Kinder von fünf bis sechs Jahren keine Seltenheit. Bei der Schilderung dieser traurigen kirchlichen Zustände bricht der Reformator Martin Butzer in die schmerzvollen Worte aus: „Die Sekten haben hier das Wort Gottes in solche Verachtung gebracht, als ob es zerbrochen wär'! Gott helf seinem kleinen Häuflein! Man schreibt hier oft um Rath anderen Kirchen, und ist doch keine, die baß (mehr) Rath bedürfte, als eben unsere."

IX

Die gottesdienstlichen und kirchlichen Aenderungen.

In Folge der großen geistigen Bewegung der Reformation wurde in der Kirche Manches verändert. Den Reformatoren schwebte das Vorbild der apostolischen Kirche, als des reinsten Ausdrucks der Gemeinde Christi vor und das Werk der Reformation bedeutete für sie nicht nur Abschaffung der Menschensatzung, sondern Rückkehr zu den Zuständen der apostolischen Kirche. Die Hauptänderungen jener Zeit bezogen sich auf den Gottesdienst, das Kirchenregiment und die Kirchenzucht.

Die erste Aenderung im Gottesdienste, welche die Reformatoren vornahmen, bezog sich auf die bis dahin übliche Kirchensprache. Da die Reformatoren auf eine Anbetung Gottes im Geist und in der Wahrheit drangen, so mußte ihnen vor Allem daran liegen, daß das Volk ein Verständniß der gottesdienstlichen Handlungen erlangte. Daher suchten sie die lateinische Sprache durch die deutsche zu ersetzen. Diese Aenderung wurde zuerst in der Messe vorgenommen. Bereits 1524 las man zr Straßburg sog. „deutsche Messen". Anton Firn, der Leutpriester von St=Thomä, war der erste Geistliche, welcher diese Aenderung unter allgemeinem Beifall seiner Gemeinde vornahm.

Die zweite Aenderung bezog sich auf das heil. Abendmahl. Bisher hatte das Volk in der römischen Kirche bei der Communion nur die Hostie empfangen, während der Kelch ihm entzogen

wurde. Die Reformatoren theilten das Abendmahl in beiden Gestalten aus.

Auch in den Gebeten und Litaneien der Kirche wurden wesentliche
Aenderungen vorgenommen. Die Reformatoren kürzten dieselben ab;
die Anrufung der Mutter Gottes und der Heiligen fiel weg; die
prächtigen Meßgewänder wurden mit dem einfachen schwarzen Chorrock
vertauscht. An die Stelle der vielen Altäre trat ein Altar, hinter
welchem der Geistliche stand und der Gemeinde, im Namen welcher
er vor Gott sprach, das Angesicht zuwandte. Statt der täglichen Communion fand die Feier des heil. Abendmahls in der Reformationszeit
jeden Sonntag, am Schlusse des Gottesdienstes statt.

Schon in den ersten Jahren der Reformation wurden die lateinischen Kirchenlieder in das Deutsche übertragen und auch mehrere
neue deutsche Gesänge für den kirchlichen Gebrauch gedichtet. Luther
dichtete bekanntlich eine Reihe von Kirchenliedern, die bald in allen
evangelischen Gesangbüchern Eingang fanden. In Straßburg wurde
von Anfang der Reformation an die Ausbildung des Kirchenlieds
sorgfältig in's Auge gefaßt. Es lebten damals mehrere Männer dort,
welche als geistliche Liederdichter bekannt sind. Wir nennen unter denselben: Matthäus Greiter, Chorsänger im Münster und später
Diakonus an der Martinskirche. Er ist der Verfasser des Liedes:
„Da Israel aus Egypten zog", und einer dichterischen Uebertragung
des apostolischen Glaubensbekenntnisses. Sein Freund, der Organist
des Münsters, Wolfgang Dachstein, dichtete mehrere Lieder,
unter anderem: „An Wasserflüssen Babylon". Heinrich Vogtherr,
ein Maler, verfaßte mehrere Lieder, die noch in dem alten straßburgischen Gesangbuche von 1571 stehen. Unter den Predigern der
Stadt traten als kirchliche Liederdichter Symphorian Pollio und
Wolfgang Capito auf.

Um das Volk mit den neuen kirchlichen Einrichtungen bekannt zu
machen, verfaßte der Straßburger Prediger Theobald Schwarz
eine Liturgie (Gottesdienstordnung) nach der Weise der früheren
Meßbüchlein. Sie erschien 1524 bei Wolfgang Köpfel in Straßburg
und ist betitelt: „Teutsche Meß und Tauff wie sye jetzund zu Straßburg gehalten werden." In dieser Liturgie kommen auch Veränderungen im Taufformulare vor. Matthäus Zell war der erste,
welcher bei der Taufhandlung der deutschen Sprache sich bediente.
Bald ahmten auch die übrigen Prediger seinem Beispiele nach. Auch
das bei katholischen Taufen übliche Salz, sowie der Chrisam (ge-

weihtes Oel) uud die Kerzen kamen in Wegfall. Ueberhaupt wurden die letzteren, im Gegensatz zu den sächsischen uud norddeutschen Kirchen, wo sie jetzt noch üblich sind, im Elsaß und in ganz Süddeutschland abgeschafft.

In der Taufhandlung wurde zu Straßburg endlich noch 1524 die Ceremonie des Exorzismus oder Austreibung des Teufels durch den Priester und die Entsagung des Teufels Seitens der Taufpathen ebenfalls beseitigt.

In einer 1524 zu Straßburg bei Köpfel erschienenen Liturgie, die Martin Butzer herausgab, erhält man eine klare Vorstellung der Gottesdienstordnung in Straßburg, wie sie zur Zeit der Reformation sich gestaltete. Das Buch ist betitelt: „Grund und ursach auß gotlicher schrifft der neuwerungen an dem nachtmal des herrn, in der gemein Christi, wann die zusammen kompt, durch und auf das wort Gottes, zu Straßburg fürgenommen."

Butzers Schrift zerfällt in fünf Abschnitte: 1) die **Messe** und das **Nachtmal Christi.** 2) Die **Tauff.** 3) Die **Heyligenbilder.** 4) Die **Feyertage.** 5) Die **Gesäng** und **Gebett.**

Die Ordnung des evangelischen Gottesdienstes zu Straßburg war nach dieser Schrift folgende: Zuerst Sündenbekenntniß mit der Absolution oder Retention (Macht die Sünden zu erlassen oder zu behalten), hierauf Gemeindegesang und Gebet, sodann Lesen der sonntäglichen Epistel, hierauf abermaliger Gemeindegesang, Vorlesung des Sonntagsevangeliums und Predigt, Singen des apostolischen Glaubensbekenntnisses, Communion, Schlußgesang der Gemeinde, Dankgebet und Segen durch den Prediger.

Die katholischen Feiertage, d. h. die sog. Marien=, Apostel= und Heiligentage wurden bei dem Beginn der Reformation überall im Elsaß abgeschafft. Um dem Aberglauben zu steuern wurden die Heiligenbilder aus den Kirchen entfernt; doch duldete man bildliche Darstellungen aus der Bibel. Auch die Orgeln verstummten eine Zeitlang in den Kirchen. Dem Doktor Johann Marbach gebührt das Verdienst dieselben um die Mitte des sechzehnten Jahrhunderts in Straßburg wieder eingeführt zu haben.

Katechismen oder Lehrbücher in Frage und Antwort zu Nutz und Frommen der lieben Jugend wurden mehrere geschrieben. Zell und Butzer verfaßten deren für die Straßburger Kinder; doch bürgerte sich bald im ganzen evangelischen Elsaß, mit Ausnahme der reformirten Kirche, welche den **Heidelberger Katechismus** annahm, Dr.

Luthers Kleiner Katechismus ein, der unübertrefflich ist in seiner Art und der bald alle übrigen Lehrbücher verdrängte.

Nach dem Muster und Vorbild der Straßburger Kirche wurde der evangelische Gottesdienst im übrigen Elsaß eingeführt.

Bekanntlich besitzt die römische Kirche eine vollkommen aus= gebildete Hierarchie, das heißt eine geistliche stufenmäßig geglie= derte Aemtereinrichtung. An der Spitze derselben steht der Papst, der Vikar Christi und der Stellvertreter des Apostelfürsten Petrus; unter ihm ist das heilige Collegium, das heißt die Versammlung der Car= dinäle, dann folgen die Erzbischöfe, die Bischöfe, die Erzpriester, die Priester, die Diakonen und die Subdiakonen. Mit dieser ganzen künstlichen Einrichtung und Rangordnung brach die Reformation. Sie erkannte nur das Bischofs= oder Vorsteheramt und das Presbyter= oder Predigeramt der apostolischen Kirche an. An die Stelle der römischen Bischöfe traten die Landesherren oder die Magistrate, diese übten die höchste geistliche Gewalt und verwalteten die Kirche. Den größten Theil ihrer geistlichen Befugnisse übertrugen sie sogenannten Col= legien oder Körperschaften, welche meist aus Geistlichen bestanden. Im Elsaß trugen diese Collegien drei verschiedene Namen, nämlich: Kirchenkonvent, Geistliches Ministerium und Con= sistorium.

In der Reichsstadt Straßburg wurde am 30. Oktober 1530 ein Ehrwürdiger Kirchenkonvent durch den Rath eingesetzt; dem= selben wurde die Verwaltung der straßburgischen Kirche übergeben. Der Kirchenkonvent, dessen Haupt Präses oder Vorsitzender hieß, bestand aus sämmtlichen Geistlichen der sieben Stadtpfarreien und aus einundzwanzig Kirchspielpflegern (drei aus jeder Pfarrkirche). Letztere hatten die Aufsicht über den Wandel und die Amtsführung der Prediger und beriethen mit denselben die Angelegenheiten der Kirche. Der Straßburger Kirchenkonvent bestand bis zum Jahre 1793.

In Colmar und in einigen anderen Städten des Elsaß nannte man die Geistlichkeit Geistliches Ministerium. Dasselbe erkannte gleichfalls den Rath als die höchste kirchliche Behörde an und wirkte im Verein mit den weltlichen Mitgliedern zum Wohl der Kirche.

In den übrigen evangelischen Herrschaften des Elsaß war der Landesherr zugleich Kirchenpatron. Derselbe übertrug einen Theil seiner Rechte einem hochlöblichen und hochwürdigen Consistorium (so in der Grafschaft Hanau=Lichtenberg, in der Herrschaft Reichen=

weier u. a.). Dasselbe besorgte die kirchlichen Angelegenheiten und die Verwaltung.

In Bezug auf Kirchenzucht hatten die elsässischen Reformatoren strenge Grundsätze. Sie folgten hierin dem Vorgang der schweizerischen Reformatoren. Martin Bußer wollte in Straßburg eine scharfe Kirchenzucht einführen; namentlich die Sitten und der öffentliche Wandel der Bürger sollten einer genauen Aufsicht unterworfen sein. Im Jahre 1535 kam sogar eine Straßburger Disciplinarordnung heraus, welche alle Verhältnisse des bürgerlichen Lebens im Geist der Kirche regelte. Von demselben Jahre an fanden auch im Straßburger Stadtgebiete, nach dem Vorgange der sächsischen Reformatoren, Kirchenvisitationen statt. Die Visitatoren waren nebst dem Präses des Kirchenkonvents, gewöhnlich einige Rathsherren und der Amtmann des Orts, wo die Visitation gehalten wurde. Nach vorläufiger Anmeldung kamen die Visitatoren in den Ort. Zuerst wurde der Pfarrer vernommen, der seine Beschwerden und Wünsche vortrug; dann kam die Reihe an die Ortsvorsteher, welche über die Lehre und den Wandel ihres Predigers befragt wurden; endlich versammelte sich die ganze Gemeinde in der Kirche; dort wurde die Jugend examinirt und über den Katechismus befragt, dann theilten die Visitatoren den fleißigen Kindern kleine Preise aus und schlossen ihre Visitation dadurch, daß sie an die ganze Gemeinde noch einige Ermahnungen richteten. Das Ergebniß jeder Visitation wurde zu Protokoll gebracht und ein Bericht darüber dem Rath eingereicht. Bei dem Ausbruch des dreißigjährigen Krieges gingen die Kirchenvisitationen allmälig ein.

In der zweiten Hälfte des sechzehnten Jahrhunderts erschienen im Elsaß eine Anzahl von Kirchenordnungen, welche von nun an den Gang des evangelischen Gottesdienstes regelten und in bestimmte Formen brachten. Unter denselben ist die straßburgische Kirchenordnung von 1598, die 1670 zum vierten Male aufgelegt wurde. Sie besteht aus drei Theilen. Der erste handelt von der Lehre, der zweite von den Ceremonien, der dritte von der Haushaltung Gottes oder von der Verwaltung der Kirche. Die meisten evangelischen Herrschaften im Elsaß nahmen die Straßburger Kirchenordnung an.

Es erübrigt uns ein Wort von den evangelischen Gesangbüchern jener Zeit zu sprechen. Dieselben entstanden durch die Verdeutschung der Meßbücher; bereits im Juni 1524 erschien bei dem Buchdrucker Wolfgang Köpfel in Straßburg eine: Teutsche Meß, die mehrere Auflagen erlebte. Später wurde der Titel in: Teutſch Kirchenampt verändert. Von 1525 bis 1538 erſchienen mehrere Geſangbücher in Straßburg, in welchen Davids Pſalmen mit ihren Melodien und verdeutſchte Hymnen der alten Kirche aufgenommen waren. Mit Luthers Liedern begann die evangeliſche Kirchendichtung. 1541 erſchien in Straßburg das: Groß Kirchengeſangbuch.

X

Das Studienstift St-Wilhelm.

Schon in den ersten Zeiten der Reformation machte sich der Predigermangel lebhaft fühlbar. Die meisten Prediger waren ehemalige
Mönche, deren theologische Ausbildung sehr mangelhaft war. Besonders
Martin Butzer erkannte diesen Uebelstand; in Folge dessen hielt er mit
den übrigen Straßburger Reformatoren im früheren Predigerkloster,
in dessen weitläufige Räume von 1538 an auch das Gymnasium
verlegt wurde, Vorlesungen.

Es hätten sich damals gern viele Jünglinge dem Dienste der
evangelischen Kirche gewidmet, allein sie waren unbemittelt. Nach alter
Schulsitte durchzogen sie als „als arme fahrende Schüler" die Stadt
und erwarben sich ihren Unterhalt mit Singen und Betteln. Abgesehen
von den mancherlei Demüthigungen, die dieser betrübte Broterwerb
mit sich brachte, entstanden dadurch viele Unterbrechungen in den
Studien. Daher ließ der Straßburger Rath den Studenten Beiträge
aus der städtischen Armenkasse reichen; allein diese Unterstützungen
waren nicht hinreichend und zudem waren die jungen Leute ohne
gehörige Aufsicht.

Es war der Ausdruck eines dringenden Bedürfnisses, wenn der
theure Gottesmann Kaspar Hedio in einer Bittschrift au den Rath
darauf antrug, die dem geistlichen Stande sich widmenden Jünglinge
in einem der leerstehenden Klöster zu sammeln und somit auf eine
zweckmäßige Weise für ihr Unterkommen und ihren Unterhalt zu

sorgen. Der Rath ging auf diesen Vorschlag willig ein und ließ ihnen
das in der Krutenau befindliche von den Mönchen verlassene Wilhelmer
Kloster einräumen; der dort noch wohnende aufgeklärte Prior Johann
Rixinger nahm im Jahre 1539 mehrere arme Schüler unentgeltlich
darin auf. Als derselbe 1543 starb fiel das Kloster der Stadt zu.
Hedio wandte sich hierauf mit einer neuen Eingabe an die Scho=
larchen (Schulherren) und bat in derselben: „daß man dem armen
„Christo, in den armen Knaben, die fromm und ehrlich sind, seine
„Ingenia (Anlagen zum Lernen) haben und von denen die Hoffnung
„zu schöpfen, daß mit der Zeit durch sie Kirchen und Schulen wohl=
„gedienet seyn werde, den Platz des Wilhelmerklosters, obgleich es
„von der Schule (dem Predigerkloster) etwas entlegen ist, übergeben
„möge.“ Dieses Gesuch fand bei dem Rath eine geneigte Aufnahme,
denn am 20. Dezember 1543 wurden nach vorhergegangener Prüfung
zwölf auswärtige und zwölf einheimische Knaben, theils unentgeltlich,
theils gegen ein geringes Kostgeld, in das leer stehende Wilhelmer=
kloster aufgenommen.

Zum ersten Vorsteher oder Pädagogen des Wilhelmerstifts
wurde Christoph Söll ernannt. Die beiden Geschwister Hans
und Agnes Zimmermann übernahmen unentgeltlich, „um Christi
willen“, das Amt eines Hausvaters und einer Hausmutter. Viele
Jahre standen sie dem Hauswesen mit großer Treue vor. Namentlich
war es Doktor Hedio, der mit unermüdlicher Ausdauer für die neue
Anstalt wirkte. Er war es, der im Verein mit dem Stättmeister
Jakob Sturm und den Rathsherren Jakob Meyer und Claus Kniebs,
sammt deren edlen Frauen, die innere Einrichtung des Hauses besorgte.
Die Möbel und die Betten, desgleichen das Küchengeräth wurden
meist unaufgefordert von den wenigen Nonnen der Frauenklöster von
Straßburg geliefert. Andere Klöster und Stifte bewilligten Geld und
Früchte. Auch die Straßburger Bürgerschaft legte den löblichsten Eifer
an den Tag. Ueber 400 Ellen Tuch wurden von den Straßburger
Hausfrauen 1543 für die armen Studenten gespendet. Die Familie
des Stättmeisters Sturm verpflichtete sich zu einem jährlichen Beitrag
an Frucht; Jakob Sturm für seine Person gab jedes Jahr 8 bis 12
Viertel Roggen. Die Fruchtbeiträge für das Stift St=Wilhelm erhoben
sich überhaupt auf 150 Viertel Waizen und Korn. Auch Geldbeiträge
flossen in die Stiftskasse. Auf Dr. Marbachs Antrag wurden 1554
Büchsen für die armen Schüler in den besuchtesten der damaligen
Gasthöfe, als da waren der Geist, der Gertenfisch, der Hirzen,

das Spanbett, aufgestellt; diese Büchsen gingen am Mittagstisch bei den Gästen um. Im Jahre 1592 verordnete der Rath in den sieben Pfarrkirchen von Straßburg eine jährliche Steuer für das Studienstift; der Ertrag derselben erreichte bis tausend Thaler.

Doktor Marbach legte 1554 den Grund zur Bibliothek des Wilhelmerstifts. Dieselbe bestand ursprünglich aus Erbauungsschriften und Predigtbüchern, wie Luthers Hauspostille, Veit Dietrichs Hauspostille, Bibelerklärungen von Johann Brenz, Wolfgang Musculus und anderen gelehrten Männern. Die Bibliothek bereicherte sich auch durch seltene Drucke aus der Reformationszeit.

Die Hausordnung des Studienstifts von St=Wilhelm war eine strenge. Um in das Stift, oder wie man zu Straßburg bis in die neuere Zeit sagte, in das Kloster[1] aufgenommen zu werden, mußte man versprechen die Theologie zu studiren und der Kirche und Schule von Straßburg zu dienen. Nur mit Bewilligung der Straßburger Schulherren durften die Alumnen (Zöglinge) nach beendigten Studien einen auswärtigen Kirchendienst annehmen. Die Studenten wurden nach den Erziehungsgrundsätzen der alten Zeit, in scharfer Zucht gehalten. Kein Zögling durfte ohne Erlaubniß des Pädagogen das Kloster verlassen. Wer ohne Entschuldigung bei dem Morgen= und Abendgebet fehlte oder des Sonntags nicht drei Predigten besuchte, sollte mit Ruthen geschlagen werden. Die Zöglinge mußten unter einander lateinisch sprechen. Wer sich an schlechte Gesellschaft hielt oder Streit und Hader anrichtete, sollte ernstlich verwarnt werden; im Falle die Warnung vergeblich blieb, so mußte er das Kloster verlassen. Jeder Student sollte seine Kammer (ehemalige Mönchszelle) sauber fegen, sein Bett selbst machen, dem Hausvater und der Hausmutter mit häuslichen Arbeiten, wie Wasserholen, Holztragen, Feueranzünden und dergleichen an die Hand gehen.

Die Zahl der im Studienstift aufgenommenen Jünglinge belief sich um die Mitte des sechzehnten Jahrhunderts auf ungefähr dreißig. Als die Straßburger Hochschule im Jahre 1566 zu einer Akademie erhoben wurde und 1621 durch den Kaiser Ferdinand I. eine Universität ward, nahm die Zahl der Studenten bedeutend zu. Der Ruf der Straßburger Hochschule wurde immer größer und zog viele Jünglinge, namentlich junge Adelige aus Norddeutschland und Polen

---

[1] Diese Benennung rührt von dem ehemaligen Predigerkloster her.

an. Geräumige Lehrsäle wurden in die weiten Böden und Speicher des Predigerklosters eingerichtet; dort wurden die akademischen Vorlesungen gehalten, während die unteren Räume dem Unterricht für Gymnasialschüler überlassen blieben.

Als die Gebäulichkeiten des Wilhelmerklosters in der Krutenau immer mehr in Verfall geriethen, verlegte man die Wohnung der Studenten ganz in das Predigerkloster neben der Neuen Kirche. Die alten Mönchszellen wurden zu diesem Zwecke den Studenten eingeräumt. Solches geschah im Dezember 1560, doch behielt das Studienstift auch in den neuen Räumen seinen alten Namen: Collegium Wilhelmitanum. Die Liebe der Straßburger Bürgerschaft blieb der Anstalt Jahrhunderte lang treu zugewandt und mit Recht prangte auf der Tafel, welche die Namen der Wohlthäter des Studienstifts enthielt, die biblische Inschrift: „Herr, deine Güte ist täglich neu." (Psalm 52, 3.)

Die Verwaltung des Straßburger Studienstifts war einem städtischen Collegium (Rathsausschuß) übergeben. Mitglieder desselben waren die drei Scholarchen oder Schulherren, einige Professoren der Universität und etliche Prediger.

Die Zeiten des dreißigjährigen Krieges waren verhängnißvoll für das Studienstift, das seine Einkünfte schwinden und die Zahl seiner Zöglinge abnehmen sah. Von da an wurden nur noch zwei und zwanzig Studenten, nämlich zwölf Straßburger und zehn auswärtige aufgenommen.

Das Studienstift St=Wilhelm erlebte im Lauf der Jahrhunderte die verschiedensten Wechselfälle. In den Revolutionsjahren ging es ein; bei der Reorganisirung der Kirche Augsburgischer Confession im Jahre 1804 erstand es in erneuter Gestalt. Im Juni 1860 zerstörte ein gewaltiger Brand die altehrwürdigen Räume des früheren Predigerklosters, welches über drei Jahrhunderte hindurch sowohl das Gymnasium als das Studienstift beherbergt hatte. An der Stelle des ehemaligen Klosters erhebt sich heute der Prachtbau des Straßburger Gymnasiums. Das Studienstift aber wurde in das Thomasstift verlegt und aus dem Collegium Wilhelmitanum ist ein Collegium Thomanum geworden. In demselben erhalten die jungen Leute, welche dem Studium der Theologie sich widmen, Kost, Wohnung und Unterricht. Für diese Anstalt findet alljährlich in allen evangelischen Kirchen Elsaß-Lothringens am Ernte=, Herbst= und Dankfest die sog. Studiensteuer statt, als ein frommes Vermächtniß aus der Väter Zeit.

Von dem Studienstift St=Wilhelm ging viel Segen aus für die evangelische Kirche des Elsaß und Deutsch=Lothringens. Dort verlebten Männer, welche der elsässischen Kirche zur Zierde gereichen und deren Namen einen guten Klang haben, die wichtigsten Jahre ihrer geistigen Entwicklung. Viel edle Saat ward hier ausgestreut und wenn auch manches Samenkorn auf den Weg oder auf harten Felsboden oder unter die Dornen und Disteln fiel, so fand dennoch mehr denn ein Körnlein Eingang in ein gutes Land und brachte reiche Frucht hervor dem Herrn zur Ehre und vielen unsterblichen Seelen zum Heile.

J. Sturm v. Sturmeck.

XI

Der Stättmeister Jakob Sturm von Sturmeck.

In der Straßburger Reformationsgeschichte nimmt der berühmte Stättmeister Jakob Sturm von Sturmeck, den man „die Zierde des deutschen Adels" genannt hat, eine hervorragende Stellung ein. Das adelige Geschlecht der Sturm stammte aus Offenburg (damals ein bischöflich-straßburgisches Städtchen). Des Stättmeisters Eltern waren der Ritter Martin Sturm und Obilia Schott, die Tochter des Ammeisters Peter Schott, durch dessen Anregung einst der bekannte Münsterprediger Johann Geiler von Kahsersberg nach Straßburg berufen worden war; sie gehörten zu einer der angesehensten Straßburger Familien. Sie hatten drei Söhne: Friedrich, Jakob und Peter, welche zu den höchsten Aemtern und Würden ihrer Vaterstadt gelangten.

Jakob Sturm wurde zu Straßburg am 10. August 1489 geboren; er erhielt die sorgfältigste Erziehung. Geiler von Kahsersberg war sein väterlicher Freund; Jakob Wimpfeling, der gelehrte Schlettstadter Schulmann, war sein väterlicher Lehrer. Beide Männer waren tägliche Hausgenossen von Sturms Eltern, die in der Brandgasse ein alter= thümliches Gebäude (das Haus Sengenwald) bewohnten. Frühe schon zeichnete sich der hoffnungsvolle Knabe durch seine Geistesgaben und seinen Eifer im Lernen aus. Für seinen Zögling schrieb Wimpfeling 1505 eine besondere Schrift: Von der Unbescholtenheit, in welcher er dem angehenden Jüngling den Spiegel der Sittenreinheit und eines keuschen gottesfürchtigen Wandels vorhielt. Wimpfelings

Buch ist voll heilsamer Lehren und väterlichen Ermahnungen. Insonderheit fügt darin Wimpfeling eindringliche Warnungen bei, vor dem ärgerlichen Wandel der Priester und Mönche. Er empfiehlt auch das ehelose Leben, als den gottgefälligsten und sichersten Stand, namentlich in den gefährlichen Zeiten, in welchen beide lebten. Jakob Sturm befolgte später seines Lehrers Rath, denn als ihm seine Braut, die Tochter des Ritters Hans von Bock, durch den Tod entrissen wurde, verehelichte er sich nicht. Er führte in Gemeinschaft mit seinen beiden Brüdern und seiner Schwester Margaretha, die gleichfalls unverheirathet blieben, einen stillen und ehrbaren Wandel. Ein Zeitgenosse des edlen Stättmeisters, Sebastian Büheler, nennt das Sturmische Haus einen „Tempel der Zucht und der Ehrbarkeit".

Zu seiner weiteren Ausbildung besuchte Jakob Sturm die Hochschulen Heidelberg und Freiburg, wo er die Rechte studirte. An letzterer Universität wirkte damals der berühmte Rechtslehrer Dr. Ulrich Zasius. In Freiburg schloß sich Sturm an seinen jungen Landsmann, den biedern Matthäus Zell von Kaysersberg an. Auch Dr. Johann Eck, der leidenschaftliche Gegner der Reformation, der damals zu Freiburg studirte, war Sturms Studiengenosse. Dieser begab sich nachher nach den Niederlanden, hielt sich eine Zeit lang in Lüttich auf und begab sich hierauf nach Paris an die dortige Hochschule. Während seines dortigen Aufenthalts bekam Sturm einen Einblick in die französischen Verhältnisse und knüpfte wichtige Verbindungen an, die später seiner Vaterstadt zu gut kamen.

Nach seiner Rückkehr in die Heimath trat Sturm in die Straßburger Gelehrte Gesellschaft ein, die von Wimpfeling 1508 gegründet worden war. Diese Gesellschaft bestand aus einer Anzahl ernster, wissenschaftlich gebildeter Männer, welche jede Woche zusammenkamen um die Tagesereignisse zu besprechen, ihre Gedanken auszutauschen, Arbeiten vorzulesen und in ungezwungenem, geselligem Verkehr einige Abendstunden zu verbringen. Die bekanntesten Mitglieder der Straßburger Gesellschaft waren der Satiriker Sebastian Brant, der Dichter Ottmar Nachtigall, Hieronymus Gebwiler, der Rektor der Münsterschule, der Rechtsgelehrte Nikolaus Gerbel, Otto Brunfels, der Arzt, der gelehrte Buchdrucker Matthias Schürer und andere strebsame Männer. Dieser Kreis übte auf seine Umgebung die wohlthätigsten Wirkungen aus und die meisten Männer, welche dazu gehörten, traten später zur Reformation über.

Jakob Sturms politische Thätigkeit beginnt mit dem Jahre 1524, wo er in den Rath seiner Vaterstadt erwählt wurde. Trotz seiner Jugend, gewann er bald durch seine Einsicht und durch seine staatsmännische Begabung einen immer größeren Einfluß. Während des unseligen Bauernaufstandes von 1525, trat Sturm als Vermittler auf und brachte die überrheinischen Bauern zur Niederlegung der Waffen. Die elsässischen Bauern blieben für seine Rathschläge taub und stürzten sich in ihr Verderben. Nach der Bewältigung des Aufstandes empfahl Sturm den Herren Mäßigung und erhob seine Stimme für die armen Bauern. Im Jahre 1526 wurde Sturm zur Würde eines Stättmeisters erhoben; in Anerkennung seiner bisherigen Dienste, ließ der Rath eine Ehrenmünze mit dem Bildniß Sturms prägen und demselben überreichen.

· Der Stättmeister Jakob Sturm besaß einen ungemeinen Scharfblick; in den schwierigsten Lagen und verwickeltsten Verhältnissen war er nie um Rath verlegen. Durch sein biederes Wesen und seine Aufrichtigkeit, durch sein muthvolles Benehmen und sein entschlossenes Auftreten, durch seine mit Milde gepaarte ruhige Besonnenheit, erwarb er sich das allgemeine Zutrauen; selbst seine Gegner bezeugten ihm die größte Achtung. Bald wurde von dem Rath in Straßburg nicht leicht ein wichtiger Beschluß gefaßt, zu welchem Jakob Sturm nicht sein Wort gegeben, bald nicht eine Gesandschaft ernannt, zu welcher der Stättmeister nicht gehört hätte. Von Jahr zu Jahr wuchs der Einfluß des angesehenen Staatsmannes. Von 1525 bis 1552 vertrat Sturm die Stadt Straßburg ein und neunzig Male als Gesandter. An den Höfen des Kaisers Karl V. und des Königs Franz I. von Frankreich eine gern gesehene und hochgeachtete Persönlichkeit, und dies Ansehen kam seiner Vaterstadt wohl zu Statten. Durch die Persönlichkeit und die ausgezeichneten Eigenschaften ihres Stättmeisters gelangte die Stadt Straßburg zu einer politischen Bedeutung, die sie nach seinem Tode allmälig verlor.

In religiöser Beziehung war Sturm von Sturmeck ein edler weitherziger Christ. Er hielt fest an den Grundwahrheiten des Evangeliums und war ein treuer Bekenner des Glaubens seiner Kirche, wie er Solches bei mehr als einer Gelegenheit vor dem Kaiser und auf den Reichstagen bewies. Allein die theologischen Streitigkeiten waren ihm in der Seele verhaßt. Auf dem denkwürdigen Reichstag von Augsburg von 1530, wo die evangelischen Stände ihr Glaubensbekenntniß überreichten, sah es Sturm als seine Aufgabe an, der

Weisung des Raths von Straßburg nachzukommen, die dahin lautete:
„Vor Allem die Vereinigung der protestirenden Stände zu
„bewirken und dann mit diesen auf ein Concilium (Kirchenversamm=
„lung teutscher Nation zu bringen, dem Kaiser Bericht abzustatten über
„das bisherige Benehmen der Stadt in der Reformationsangelegenheit
„und sie zu rechtfertigen.“

An der Einführung der Reformation in Straßburg nahm Jakob
Sturm einen hervorragenden Antheil. Sein Verdienst war es haupt=
sächlich, daß die Reformation dieser Stadt auf eine durchaus gesetz=
und ordnungsmäßige Weise geschah, und daß die unruhigen Auftritte,
welche bei der Veränderung des Gottesdienstes an so vielen Orten
stattfanden, nicht in Straßburg vorkamen.

Auch für das Schulwesen zeigte der Stättmeister Sturm den
wärmsten Antheil und legte für dasselbe eine ungemeine Thätigkeit an
den Tag. Im Jahre 1528 wurde er zum Scholarchen oder Mitglied
des Schulcollegiums ernannt. Drei Jahre nachher (1531) verehrte Sturm
einen Theil seiner werthvollen Bibliothek dem ehemaligen Prediger=
kloster, zu Nutz und Frommen der Studenten der Theologie, welche in
den weiten Räumen desselben Aufnahme gefunden hatten. Diese Bücher,
kenntlich an den Familienwappen des hochherzigen Gebers, wurden
in einem der Säle des Predigerklosters aufgestellt und bildeten den
Grundstock der nachmaligen Universitätsbibliothek von Straßburg.

Es wird das unvergängliche Verdienst Jakob Sturms bleiben,
daß im Jahre 1538 zum Straßburg ein Gymnasium gegründet
wurde, verbunden mit einer Hohen Schule; dieselbe wurde 1566
zu einer Akademie und 1621 zu einer Universität erhoben.
Durch des großen Stättmeisters Einfluß wurde als Rektor dieser
Anstalt der gelehrte Dr. Johann Sturm aus Schleiden berufen.

So war die Thätigkeit des Stättmeisters Sturm eine in jeder
Beziehung vielseitige. Er war im vollen Sinne des Wortes eine der
edelsten Zierden der Stadt Straßburg. Daher wurde auch sein am
30 Oktober 1553 erfolgter Tod als ein großer unersetzlicher Verlust
für seine Vaterstadt von allen seinen Mitbürgern empfunden. Er starb
an der Pest, welche in jenem Jahre zu Straßburg regierte und zahl=
reiche Opfer forderte. Tausende von Menschen folgten mit trauerndem
Herzen seinem Leichenzuge, denn sie fühlten wohl, daß mit Jakob
Sturms Hinscheiden eine der ruhmreichsten Perioden der politischen
und religiösen Geschichte Straßburgs zum Abschluß gelangt sei.

XII

Die beiden großen Eifelländer.

Unweit der alterthümlichen Stadt Köln erhebt sich auf einer Anhöhe des Eifelgebirgs eine verfallene Ruine, deren Trümmer weithin sichtbar sind. Dort wohnten einst die mächtigen Grafen von Manderscheid, deren Glieder in Staat und Kirche hohe Aemter und Würden bekleideten. Unter den Bischöfen von Straßburg kommt der Graf Johann von Manderscheid vor. Am Fuße der Burg, drunten im Thalgrunde, liegt das Städtchen Schleiden. Dort erblickten zwei Männer das Licht der Welt, deren Namen in der elsässischen Reformationsgeschichte einen guten Klang haben, Johann Sturm, der erste Rektor des Straßburger Gymnasiums und Johann Sleidan, der erste Geschichtschreiber der Reformationszeit. In der Stadt Straßburg, wo beide Männer und Freunde lebten, wirkten und starben, nannte man sie „die beiden Eifelländer".

Johann Sturm wurde zu Schleiden den 1. Oktober 1507 geboren. Sein Vater Wilhelm Sturm war gräflich-manderscheidischer Schaffner; seine Mutter Katharina Hülz stammte aus Köln und gehörte der bekannten Baumeisterfamilie Hülz an. War es doch ein Johann Hülz, der um das Johannisfest 1439 den herrlichen Münsterthurm von Straßburg vollendete!

Schon in seiner Kindheit erhielt Johann Sturm eine ausgezeichnete Schulbildung. Er besuchte zuerst die lateinische Schule seiner Vaterstadt, sodann durfte er an dem Unterrichte theilnehmen, welchen ein Hauslehrer den jungen Grafen von Manderscheid ertheilte. Als

5

diese später das berühmte Hieronymusgymnasium von Lüt=
tich besuchten, das von den Brüdern des gemeinsamen Le=
bens[1] gegründet und geleitet wurde, war Sturm ihr jugendlicher
Freund und Studiengenosse. Er brachte in Lüttich einige Jahre zu
und zeichnete sich sowohl durch seinen Fleiß, als durch sein sittsames
Wesen aus. Im Jahre 1524 begab er sich nach Löwen, um auf
der dortigen Universität seine Studien zu vollenden. In dieser Stadt,
wo die Wissenschaften blühten, gründete Sturm mit einem Freunde
eine Buchdruckerei, welche bald zu einer schönen Blüthe gelangte; in
derselben wurden nur die Schriften der römischen und griechischen
„Klassiker", das heißt der mustergiltigen Schriftsteller des Alterthums,
herausgegeben.

Der Verkauf seiner Druckschriften führte den jungen gelehrten
Sturm 1529 nach Paris, dem Sitze einer berühmten Universität;
dort fand er die ehrenvollste Aufnahme, denn es lebten in der fran=
zösischen Hauptstadt viele gelehrte Männer und der ritterliche König
Franz I. war ein eifriger Beschützer und Förderer der Wissenschaft.
Dem wißbegierigen Jüngling gefiel es in Paris so wohl, daß er sich
daselbst verheiratete und seinen bleibenden Aufenthalt nahm. Er er=
öffnete in seinem Hause eine Lehranstalt für Studirende, welche bei
ihm außer Kost und Wohnung noch seinen vortrefflichen Unterricht
genossen. Bald gelangte Sturms Anstalt zu einem solchen Ruf, daß
die lernbegierige Jugend allerseits herbeiströmte und Sturms Lehr=
säle füllte. Was die Studenten so unwiderstehlich anzog, das war
nicht nur Sturms reiches Wissen und seine gründliche Lehrweise, son=
dern der evangelische Sinn und Geist, der in seinen Vorträgen wehte.
Denn frühzeitig schon hatte der gelehrte Mann die Quelle der ewigen
Wahrheit, die heilige Schrift, gesucht und gefunden und in seiner
stillen Studirstube dem lautern Evangelium sich zugewandt. Er kannte
auch die Schriften Luthers und der übrigen Reformatoren und stand
seit 1533 mit Melanchthon und Martin Butzer in brieflichem Verkehr.
Sein sehnlicher Wunsch war, ganz Frankreich für die Sache der Re=
formation zu gewinnen, was ihm um so leichter schien, als der Boden
in jenem Lande vielfach vorbereitet war und viele einflußreiche

---

[1] Die Brüder des gemeinsamen Lebens waren Schulbrüder,
welche, von der Welt zurückgezogen, unter einer gemeinschaftlichen Regel
klösterlich lebten, die Jugend unterrichteten und dieselbe für das beschauliche
Leben zu erziehen suchten.

Männer, ja der ganze gebildete Theil der Nation, für die neue Lehre
gewonnen waren. Durch Sturms Einfluß auf den König, ließ dieser
den milden Philipp Melanchthon einladen nach Paris zu kommen.
Allein Luther und der Kurfürst von Sachsen widersetzten sich diesem
Vorhaben, da sie und nicht mit Unrecht, dem wankelmüthigen Könige
kein rechtes Zutrauen schenkten.

Im Jahre 1536 bekam Johann Sturm vom Rath von Straß=
burg den ehrenvollen Auftrag, die Leitung des Gymnasiums zu über=
nehmen, das dort gegründet werden sollte. Der Stättmeister Jakob
Sturm hatte bekanntlich den meisten Antheil an der Gründung dieser
Lehranstalt. Mit Freuden nahm Johann Sturm diese Berufung an,
um so mehr als die Verfolgungen gegen die Evangelischen in Frank=
reich von Tag zu Tag heftiger wurden.

Am 14. Januar 1537 langte der Rektor Sturm in Straßburg
an und fand die herzlichste Aufnahme in Butzers gastlichem Hause,
wo er mehrere Wochen zubrachte. Er hielt Berathungen mit den ein=
sichtsvollsten Rathsherren, Predigern und Schulherrn (Scholarchen)
und entwarf endlich einen umfassenden und gründlichen Schulplan.
Nach demselben sollten alle lateinischen Schulen der Stadt in e i n e
Lehranstalten, in das neue G y m n a s i u m aufgehen. Der Gang des
Unterrichts sollte stufenweise sich entwickeln; in jeder Klasse sollten
die Schüler ein Jahr zubringen. Am Ende des Schuljahrs sollte eine
öffentliche Prüfung stattfinden, verbunden mit einer Preisvertheilung
und anderen Feierlichkeiten und zwar in Gegenwart der Eltern, Eines
Ehrsamen Raths und Eines Ehrwürdigen Kirchenkonvents. Ein großes
Gewicht wurde wurde auf das Erlernen, ja sogar Sprechen der latei=
nischen Sprache gelegt. Der Religionsunterricht bildete den Grund
alles Wissens. Das Gymnasium sollte zwei Abtheilungen haben, eine
untere und eine obere. Die erste, das eigentliche Gymnasium, war
auf neun Klassen berechnet; jeder Knabe, vom sechsten Jahre an,
konnte darin aufgenommen werden. Die zweite Abtheilung, die sog.
H o h e S c h u l e, war für Jünglinge bestimmt, welche öffentliche Vor=
lesungen hörten und sich zur Universität vorbereiten wollten. Die
dortigen Lehrkursen sollten fünf Jahre umfassen.

Sturms Schulplan wurde von sämmtlichen Scholarchen gebilligt
und gutgeheißen. Am 22. März 1538 fand die Eröffnung des Gym=
nasiums, unter großen Feierlichkeiten, in den Räumen des ehemaligen
Predigerklosters statt. Johann Sturm wurde zum Rektor der neuen
Anstalt ernannt. Auch die Hohe Schule erhielt eine vollständigere

Gestaltung. Um dieselbe zu heben und tüchtige Lehrkräfte zu gewinnen, beschloß das Kapitel St-Thomä verdienstvollen Lehrern der Hohen Schule, bei Erledigung einer Pfründe, ein Kanonikat zu verleihen. Diese Bestimmung war von großer Wichtigkeit; auf diese Weise ward es möglich, ausgezeichnete Männer zu gewinnen. Sturm erhielt gleichfalls das Rektorat der Hohen Schule. Er machte seinem Amte auch Ehre, denn er gab eine Menge von Lehrbüchern heraus, welche allgemeine Verbreitung fanden. In einer besonderen Schrift spricht er seine Ansichten und Wünsche über das Unterrichtswesen seiner Zeit aus. Alle seine Schriften erschienen in lateinischer Sprache.

Das Straßburger Gymnasium nahm bald einen hohen Aufschwung und galt im sechzehnten Jahrhundert als eine mustergiltige Anstalt. Sturms Ruf wurde ein europäischer. Unter seinen zahlreichen Schülern zählte er viele adelige Jünglinge, selbst Fürstensöhne, unter anderen die Söhne des Landgrafen Philipp von Hessen. Alle seine Zöglinge hingen mit großer Verehrung an ihm.

Johann Sturm war in religiöser Hinsicht sehr weitherzig. Für die Sache der Reformation in Frankreich, für welches Land er eine warme Liebe hatte, war er äußerst thätig. Er nahm sich auf das Treulichste der französischen Flüchtlinge an, fand nicht immer den verdienten Dank und verlor, da er den Reformirten große Vorschüsse machte, die ihm nicht alle erstattet wurden, einen beträchtlichen Theil seines Vermögens.

Die letzten Lebensjahre des Rektors Sturm wurden durch die unerquicklichen Streitigkeiten mit den Vertretern der lutherischen Richtung in Straßburg, besonders mit Dr. Johann Pappus vielfach getrübt. Von beiden Seiten erschienen Streitschriften, in welchen sich beide Gegner auf höchst leidenschaftliche Weise bekämpften. Zuletzt erhielt der Rektor Sturm, wie es hieß „aus Rücksicht auf sein hohes Alter", seine Entlassung vom Straßburger Rath, durfte aber, in Ansehung seiner langjährigen treuen Dienste, seinen vollen Gehalt bis an sein Ende fortbeziehen. In seinen letzten Lebensjahren erblindete er; er zog sich ganz in die Stille zurück. Die Sommermonate brachte er auf seinem Landgute zu Nordheim bei Marlenheim, in ländlicher Abgeschiedenheit zu. Hochbetagt und lebensmüde starb „der letzte Held, der aus dem goldenen Zeitalter der Reformation übergeblieben war", wie ein Zeitgenosse Sturm nannte, zu Straßburg am 3. März 1589. Das Gedächtniß des großen Schulmannes lebt in seiner Stiftung, dem Straßburger Gymnasium, bis auf die Neuzeit fort.

Der zweite Eifelländer, welcher in Straßburg seinen Aufenthalt nahm, war Johann Sleidan. Derselbe wurde, wie Johann Sturm, gleichfalls in Schleiden 1506 geboren. Sein Vater, ein ehrbarer Bürger und Handwerksmann, hieß Philipp; aus diesem Grunde nannte man den jungen Johann anfänglich Philippsohn, welchen Namen er später ablegt, um sich Sleidanus (der von Schleiden Stammende) zu nennen. Bis zu seinem dreizehnten Jahre besuchte er die lateinische Schule seiner Vaterstadt; 1519 begab er sich um dieselbe Zeit wie sein Freund und Landsmann Johann Sturm nach Lüttich, um das Hieronymusgymnasium zu besuchen. Von dort aus ging er nach Köln auf die Universität. In Köln wurde er gefährlich krank; die Aerzte verboten ihm das Studium und empfahlen ihm dringend Schonung. Nachdem er sich erholt hatte, trat er als Hauslehrer in das gräfliche Haus von Manderscheid ein. Dort blieb er drei Jahre und folgte sodann einer Einladung seines Freundes Sturm nach Paris. In der französischen Hauptstadt lernte er die Reformation besser kennen, trat selbst zu derselben über und verkehrte mit den besten und gelehrtesten Männern.

Sleidan verweilte bis zum Jahre 1540 in Frankreich. Er wohnte dem Religionsgespräch von Hagenau (1540) bei, wo ihn der Landgraf Philipp von Hessen kennen und schätzen lernte. Durch die Empfehlung dieses edlen und einsichtsvollen Fürsten wurde Sleidan zunächst für zwei Jahre zum Geschichtschreiber des Schmalkaldischen Bundes ernannt. In Folge dessen zog er 1542 mit seiner Frau (eines Edelmanns Tochter aus Metz) und seinen Töchtern nach Straßburg. Dort wurde er sowohl durch seine amtliche Stellung als durch seine tägliche Beschäftigung zum eingehenden Studium der Anfänge und des Verlaufs der Reformation getrieben. Durch seinen Verkehr mit dem berühmten Stättmeister Jakob Sturm, der ihm alle erwünschte Auskunft geben konnte, weil er selbst eine der handelnden Personen jener wichtigen Zeit war, entstand in Sleidan der Gedanke die Geschichte der Reformation zu schreiben. Jakob Sturm hatte an diesem Entschluß einen nicht geringen Antheil, ja er betheiligte sich selbst an diesem Werke und lieferte dem Verfasser aus dem reichen Straßburger Archiv und aus eigener Erinnerung die wichtigsten Aufschlüsse. Sleidans Buch ist ein bedeutendes Geschichtswerk; es erschien ursprünglich lateinisch, wurde aber bald in's Deutsche übersetzt und fand die größte Verbreitung. Johannis Sleidans Kommentare über die Regierung Karl's V. ist der Titel des 1555 zu Straßburg bei dem Buchdrucker Wendelin Rihel erschienenen Werkes. In sechs und zwanzig Büchern schildert Sleidan die wichtigsten Zeitereignisse auf politischem und religiösem Gebiete vom Jahre 1517 an. Sleidans Reformationsgeschichte ist nicht nur das erste, sondern auch das gründlichste und gediegenste Werk über jene tiefbewegte und wichtige Zeit. Als der Kaiser Karl V. dasselbe las, sprach er seine Bewunderung über die Genauigkeit der Angaben und Mittheilungen desselben in unverholener Weise aus.

Ein Hauptverdienst der Kommentare Sleidans ist, daß dieselben eines der gründlichsten Quellenwerke für die deutsche Reformationsgeschichte bilden. Sleidans Buch wurde in alle Sprachen Europas übersetzt und erlebte über achtzig Auflagen. Die bekannteste deutsche Uebertragung desselben ist diejenige des zweibrückischen Professors der Geschichte Michael Beuther, welcher eine Fortsetzung der Reformationsgeschichte bis zum Jahre 1566 beifügte.

Außer diesem seinem Hauptwerke veröffentlichte Sleidan noch andere Schriften geschichtlichen Inhalts. Er war zwar ein gründlicher Gelehrter, aber kein Mann des Volks; zudem schrieb er nur in lateinischer Sprache. Sleidans Aeußeres war sehr liebenswürdig; im Umgang war er gesellig und angenehm. Er verkehrte mit den bedeutendsten Männern seiner Zeit; der König von Frankreich, Franz I., hielt große Stücke auf ihn. Er schickte ihn verschiedene Male in vertraulichen Sendungen nach Deutschland, weil er sich besonders aus politischen Gründen den evangelischen Fürsten des deutschen Reichs nähern wollte.

Sleidan starb zu Straßburg an der Pest. Sein Todestag war der 31. Oktober 1556. Seine Gattin war ihm ein Jahr zuvor in die Ewigkeit vorangegangen. Er hinterließ drei Töchter, aber keinen Sohn.

Die beiden gelehrten Eifelländer Johann Sturm und Johann Sleidan sind zwei Zierden der Stadt Straßburg im sechzehnten Jahrhundert gewesen.

XIII

Wie die Stadt Straßburg das strenge Lutherthum annahm.

Durch den Tod der alten Glaubenszeugen aus der Reformations=
zeit Capito, Zell, Butzer und Hedio, war in Straßburg um die Mitte
des sechzehnten Jahrhunderts eine neue Zeit angebrochen, deren bedeu=
tendste Repräsentanten Dr. J o h a n n M a r b a c h und Dr. J o h a n n
P a p p u s, zwei eifrige Verfechter des Lutherthums waren. Diese
beiden Männer verhalfen durch ihre unausgesetzten Bemühungen der
lutherischen Richtung zum Siege.

Johann Marbach war 1521 zu Lindau am Bodensee geboren.
Er besuchte die niedere und hohe Schule von Straßburg und begab
sich alsdann auf die Universität Wittenberg, wo er noch Luthers Vor=
lesungen hörte und einer seiner wärmsten Verehrer wurde. Unter
Luthers Vorsitz erlangte Marbach 1543 die Würde eines Doktors der
Theologie. Er wirkte zwei Jahre lang als Prediger in der kleinen
schwäbischen Reichsstadt Jsny und wurde 1545, auf Butzers Empfeh=
lung, als Prediger an die Clauskirche nach Straßburg berufen.
Marbach wurde mit der Zeit der beliebteste Kanzelredner der Stadt;
er besaß eine große natürliche Beredsamkeit und war äußerst volks=
thümlich, dabei aber nicht frei von Hochmuth und Herrschsucht. Als
Butzer seine Antrittspredigt hörte, stieg in ihm die Ahnung auf, daß
mit Marbachs Berufung nach Straßburg ein neuer Geist in die dortige
Kirche kommen würde. Und er täuschte sich nicht.

Während seiner Verbannung in England empfing Butzer nur
wenige Briefe von Marbach und als letzterem der erfahrene Mann

einmal einige Rathschläge geben wollte, so schrieb ihm Marbach zurück, er möge sich künftighin nicht mehr in die Angelegenheiten der straß= burgischen Kirche mischen. Solcher Undank, begleitet von solcher Rück= sichtslosigkeit, von einem ehemaligen Schüler, der ihm seine ganze Stellung in Straßburg verdankte, schmerzten den Reformator auf das Tiefste.

Mit Marbachs Berufung kam ein ganz anderer Geist in die straßburgische Kirche. Die alten Reformatoren hatten gegen die römische Kirche geeifert, aber Milde und Schonung gegen die evange= lischen Glaubensbrüder empfohlen und ausgeübt. Hatte doch einst Matthäus Zell das schöne und wahrhaft christliche Wort gesprochen: „Wer Christum als seinen einigen Herrn und Heiland erkennt, der soll Theil haben an meinem Tisch und Herberg; ich will auch Theil mit ihm haben im Himmel." Dieser edle Geist christlicher Weitherzig= keit verschwand immer mehr aus der evangelischen Kirche; Melanchthon und seine Schüler oder, wie man sie damals nannte, die Philippisten (von Magister Philipp Melanchthon), die von demselben beseelt waren und eine Annäherung mit den Reformirten wünschten, wurden mit verdächtigen Blicken angesehen und mit dem Schimpfnamen Krypto= calvinisten (geheime Calvinisten) bezeichnet. In früheren Zeiten hörte man nur von einer evangelischen Kirche sprechen; jetzt war immer die Rede von einer lutherischen, von Lutherthum und Lutheranern. Die gefährlichsten Feinde der lutherischen Kirche waren, in den Augen der Eiferer, nicht der Papst und die römische Kirche, welche durch den Jesuitenorden immer mächtiger wurden, sondern einerseits die Zwinglianer und die Calvinisten und andererseits die Kryptocalvinisten, das heißt diejenigen unter den lutherischen Geistlichen, welche nicht beständig gegen die Reformirten eiferten und noch einen Zug brüderlicher Liebe zu den Schweizern fühlten. Dieser Geist des blinden Glaubenseifers, das Festhalten am starren Lutherthum und der beschränktesten Engherzigkeit nahm allmälig auch in Straßburg überhand und den ersten Anstoß dazu gab Dr. Johann Marbach.

In Straßburg entstand, bald nach Marbachs Ankunft, ein tiefer Gegensatz zwischen der von dem Rektor Johann Sturm geleiteten und von seiner freieren Geistesrichtung beseelten Hohen Schule und dem Kirchenkonvent, dessen Präses Marbach war und dessen sämmtliche Mitglieder mit der Zeit dem strengen Lutherthume huldigten. Der Angriff des Kirchenkonvents gegen die Hohe Schule nahm seinen Anfang bei der Berufung des Professoren Peter Martyr

Vermigli. Dieser edle Mann, von Geburt ein Italiener, mußte, um seines Glaubens willen, als die Inquisition in Italien gegen die Evangelischen wüthete, sein Vaterland verlassen. Vermigli hatte durch Butzers Vermittlung einen Ruf nach Straßburg erhalten und denselben auch angenommen. Später war er nach England gegangen; allein nach Eduard's VI. Tode, mußte er dieses Land wieder verlassen und wurde zum zweiten Male auf den Vorschlag des Stättmeisters Jakob Sturm 1552 nach Straßburg berufen.

Marbach konnte gegen Vermigli's Gelehrsamkeit und Frömmigkeit zwar nichts einwenden; nur fand er ihn nicht lutherisch genug. Als Vermigli's Gönner, der große Stättmeister starb, machte man dem würdigen Manne in das Leben Straßburg so sauer, daß er 1556 einen Ruf nach Zürich annahm.

Ganz auf dieselbe Weise verfuhr man mit einem anderen italienischen Gelehrten, Hieronymus Zanchi, welcher der beständigen Verdächtigungen und Angriffe Marbachs und seiner Kollegen müde, ebenfalls Straßburg verließ (1563), um eine Anstellung in Chiavenna, in der italienischen Schweiz anzunehmen.

Im Jahre 1563 brachte Marbach die sog. Straßburger Concordien= oder Einigungsformel zu Stande, welche alle Prediger der Stadt unterschreiben mußten, um dadurch Zeugniß ihrer Rechtgläubigkeit abzulegen.

Doktor Marbach hat um die straßburgische Kirche auch manche Verdienste gehabt. Er führte in seiner Pfarrkirche zu „St=Claus" die Konfirmation ein, welche vor ihm zu Straßburg unbekannt war. Desgleichen den kleinen lutherischen Katechismus, der von 1566 an im Elsaß allgemeine Verbreitung fand. Nur wurde die frühere reformirte Eintheilung der zehn Gebote beibehalten und den fünf Hauptstücken als Zusatz ein sechstes beigefügt, das „von der Gewalt der Schlüssel oder dem christlichen Predigtamt" handelte. Dr. Marbach drang auch darauf, daß die Kinderberichte (Kinderlehren) fleißig besucht würden. Eine allgemeine Straßburger Agende (Kirchenbuch) und ein gemeinsames Gesangbuch konnte er jedoch, trotz seiner vielfachen Bemühungen, nicht zu Stande bringen.

Doktor Johann Marbach starb den 17. März in seinem ein und sechzigsten Lebensjahre. Er war der treue Verfechter des reinen Lutherthums in Straßburg. Obwohl es ihm nicht beschieden war, den Sieg desselben in Straßburg zu erleben, so bereitete er doch durch seine Wirksamkeit demselben den Boden. Andere durften ernten, was er gesäet hatte. Marbach hat neben seinen Einseitigkeiten, doch manche Verdienste um die straßburgische Kirche gehabt. Jedenfalls ist er eine viel edlere und würdigere Persönlichkeit gewesen, als sein Nachfolger im Amte, Dr. Johann Pappus.

Derselbe war, wie sein Vorgänger Marbach, zu Lindau am Bodensee 1549 geboren, wo sein Vater die Würde eines Bürgermeisters bekleidete. Pappus machte seine Studien in Straßburg unter der Leitung von Dr. Marbach, dessen Geistesrichtung er völlig annahm. Im Jahre 1570 wurde er als Diakonus nach Reichenweyer, dem Sitze der württembergischen gleichnamigen Herrschaft im Ober-Elsaß berufen. Bald jedoch ließ Marbach den jungen talentvollen und eifrigen Mann nach Straßburg zurückrufen, wo ihm eine Stelle als Professor der hebräischen Sprache an der dortigen Hochschule angeboten wurde. Pappus nahm diesen Ruf gerne an. Die Universität Tübingen ertheilte ihm den Doktorhut. Nach Marbachs Tode folgte ihm Pappus als Präses des Kirchenkonvents nach.

Während seiner amtlichen Wirksamkeit in Straßburg verfolgte Dr. Pappus drei Ziele: zum Ersten die Absetzung des ihm zu freisinnigen Rektors Sturm, zum Andern die Annahme der Concordienformel und zum Dritten die Einführung einer lutherischen Kirchenordnung in Straßburg.

In der zweiten Hälfte des sechzehnten Jahrhunderts bestand nach dem Abtreten der Straßburger Reformatoren Capito, Zell, Butzer und Hedio vom irdischen Schauplatze ein nicht zu leugnender Gegensatz zwischen der Hohen Schule und dem Kirchenkonvent. Erstere, unter dem geistigen Einfluß des gelehrten und dabei äußerst warm- und weitherzigen Rektors Johann Sturm, huldigte einer freieren Richtung, der melanchthonischen, die Frieden mit den Reformirten halten wollte und dieselben als natürliche Glaubens- und Bundesgenossen ansah. Dieser, der Kirchenkonvent, dagegen gerieth in eine immer strengere lutherische Richtung hinein; enger Anschluß an die Glaubensverwandten der Augsburgischen Confession erschien ihm als eine heilige Pflicht. Der Rath von Straßburg theilte mit der Zeit den Standpunkt seiner Prediger, mehr aus politischen Rücksichten als aus innerer Ueberzeugung.

Als die Concordienformel im Jahre 1577 herauskam, hatte der Rektor Sturm darüber einige Aeußerungen fallen lassen, durch welche sich zwei mit Straßburg befreundete deutsche Fürsten beleidigt fühlten. Der eine war der Herzog Ludwig von Württemberg, ein warmer

Verehrer des Doktor Pappus, der andere der Kurfürst Ludwig VI.
von der Pfalz. Letzterer begehrte von dem Rath der Stadt, daß der
Rektor als ein Verläumder bestraft würde. Der Magistrat begehrte
von Sturm, daß er sich wegen dieser Anklage rechtfertige. Dies that
der Rektor in einer Schrift, in welcher er zugestand, daß er, wie einst
Butzer und Melanchthon es gethan, eine warme Zuneigung für die
Reformirten empfinde, allein sich allen Ernstes gegen den Vorwurf
verwahrte, als hätte es in seiner Absicht gelegen, den Kurfürsten belei-
digen zu wollen. Mit der Fassung der Concordienformel aber könne
er sich unmöglich einverstanden erklären, da er manche Lehre anders
auffasse, als deren Herausgeber. Zuletzt beklagte er die Feindseligkeit
der Lutheraner gegen die Reformirten. Trotz dieser Erklärungen
Sturms beharrte der Kurfürst auf seiner Forderung, daß der Rektor
bestraft würde. Um diesem verdrießlichen Handel, in welchen auch
Pappus sich gemischt hatte, ein Ende zu machen, verbot der Rath
beiden Gegnern, dem Rektor Sturm wie dem Doktor Pappus, die
Veröffentlichung weiterer Streitschriften. Allein da der Tübinger
Kanzler, Jakob Andreä, seine Angriffe gegen Sturm in maß-
loser Weise fortsetzte und dieser, um seine Ehre zu retten, darauf ant-
wortete, so benutzte der Ammeister von Straßburg, Michael
Lichtensteiger, ein persönlicher Gegner Sturms, diesen Anlaß,
um den Rektor Sturm, trotz seiner mannigfachen Verdienste, in den
Ruhestand versetzen zu lassen (7. Dezember 1581). Dadurch war der
Widerstand der Hohen Schule gebrochen.

Pappus hatte nunmehr sein erstes Ziel, die Absetzung des verdienstvollen Rektors Sturm, erreicht. Das zweite, die Einführung der
Concordienformel in Straßburg, erlangte er zwar nicht; dazu war
der Rath der Stadt nicht zu bewegen, denn er hatte Ursache mit den
reformirten Schweizern auf freundlichem Fuße zu bleiben, allein hindern konnte er nicht, daß die Straßburger Prediger sich zur Concordienformel und ihren Lehren verpflichteten.

Das dritte Ziel, das Dr. Pappus erstrebte, erlangte er vollständiger. Durch seine unausgesetzten Bemühungen wurde eine strenge
lutherische Kirchenordnung verfaßt, deren Grundzüge bereits
Dr. Marbach entworfen hatte, und welche Pappus weiter ausarbeitete.
Dieselbe bestand aus drei Theilen. Der erste handelte von der Lehre,
der andere von den Ceremonien und der dritte besprach die Haushaltung (Verwaltung) der Straßburger Kirche. Zu Anfang des
Jahres 1598 erschien diese Kirchenordnung im Druck; am 24. März

wurde sie dem Kirchenkonvent überreicht und vom Rath genehmigt. Diese Kirchenordnung stimmte mit den Anschauungen der Verfasser der Concordienformel völlig überein.

Von dem Jahre 1598 an wurde keine Predigerstelle, kein Schul=dienst, kein kirchliches Stipendium mehr vergeben, keine Ehe mehr eingesegnet, kein Gevatter mehr angenommen, ohne daß die Betreffen=den auf diese Kirchenordnung sich ausdrücklich verpflichtet hätten. Durch diese Maßregel gelang es dem Dr. Pappus und dessen Gesinnungs=genossen den alten Geist der weitherzigen Liebe und der weisen Mäßigung, welche einst die alten Reformatoren beseelt hatte, aus der Straßburger Kirche zu verbannen und die gemäßigte melanchthonische Richtung durch das strenge Lutherthum zu ersetzen. Jede freiere evangelische Richtung wurde dadurch erstickt und unterdrückt und die Stadt Straßburg verlor für die gesammte evangelische Kirche die hohe Bedeutung, welche sie einst, im Zeitalter der Reformation, als Mittel= und Bindeglied zwischen Zürich und Wittenberg gehabt hatte [1].

Dr. Johann Pappus segnete das Zeitliche im Jahre 1610.

---

[1] Vgl. des Weitern: Wilh. Timoth. Röhrich, „Geschichte der Reformation im Elsaß und besonders in Straßburg". Straßburg 1830 und Julius Rathgeber, „Straßburg im sechzehnten Jahrhundert (1500 bis 1598)". Reformationsgeschichte der Stadt Straßburg dem evangelischen Volke erzählt. Bevorwortet von Karl Rudolf Hagenbach, Doktor und Professor der Theologie an der Universität Basel. Stuttgart 1871.

XIV

Die Einführung der Reformation im Straßburger Stadtgebiete.

Bis zur Zeit Ludwigs XIV., ja mit einiger Beschränkung ihrer Oberhoheitsrechte bis zur französischen Revolution, besaß die Stadt Straßburg vier Gebiete, in welchen der Magistrat im sechzehnten Jahrhundert gleichfalls die Reformation ganz oder theilweise einführte. Es waren dies die Aemter: Barr, Wasselnheim, Marlenheim und Illkirch mit einer Seelenzahl von ungefähr 15.000 Menschen.

Am Eingang des anmuthigen St. Ulrichsthales am Fuße des Odilienberges, breitet sich das Städchen Barr aus, der Hauptort der gleichnamigen Herrschaft, zu welcher die umliegenden Dörfer Heiligen=stein, Gertweiler, Goxweiler, Burgheim und Mittelbergheim gehörten. Bis zum vierzehnten Jahrhundert war die Stadt Barr ein unmittel=bares Reichslehen; es residirte im dortigen Schloß ein kaiserlicher Reichsvogt. Allein zu verschiedenen Zeiten verpfändeten die deut=schen Kaiser die Herrschaft, welche nach einander an das mächtige Haus Ochsenstein, dann an die Bischöfe von Straßburg und zu=letzt an die pfälzischen Kurfürsten kam. Zu Anfang des sechzehnten Jahrhunderts zog Maximilian I. die Herrschaft Barr wieder an sich und verlieh sie seinem Kanzler dem Edlen Nikolaus Ziegler von Ziegelberg, der aus einem schweizerischen Geschlecht stammte. Im Jahre 1566 erwarb die Stadt Straßburg die ganze Herrschaft Barr von den mittlerweile zurückgekommenen Herren von Ziegler um 88.000 Goldgulden.

Die Reformation fand frühzeitig Eingang bei den freisinnigen und aufgeklärten Bürgern des Städtchens, trotz des Widerstandes des Herrn Nikolaus Ziegler, der streng am katholischen Glauben hing. Die reformatorische Bewegung nahm zu, als im Jahre 1546 das Kloster der h. Odilia abbrannte und ein Theil der Nonnen zur evangelischen Kirche übertrat.

Die beiden Söhne des Herrn Nikolaus von Ziegler, Maximilian und Friedrich, längst schon mit der Stadt Straßburg befreundet, nahmen selbst den evangelischen Glauben an und beriefen noch bevor sie ihre Herrschaft verkauften, einen evangelischen Prediger Johann Philippi nach Barr; derselbe trat später sogar in verwandtschaftliche Beziehungen zu ihnen, da er ihre Schwester zur Ehe erhielt. Philippis Nachfolger war Jakob Herrmann, vormals Pfarrer in Gerstheim. Dieser wandte sich im Jahre 1554 an Einen Ehrwürdigen Kirchenkonvent von Straßburg, um sich von ihm zur völligen Durchführung der Reformation in der Stadt und Herrschaft Barr Raths zu erbitten. Am 15. Dezember 1554 bat auch der Schultheiß von Heiligenstein Hans Riesel den Straßburger Kirchenkonvent um einen evangelischen Prediger. Diesem Wunsche wurde entsprochen und der Rath sandte Johann Kreuz aus Frankfurt dahin. Der Ort Gertweiler folgte bald dem Beispiel der Nachbargemeinde; der dortige erste evangelische Prediger war Wilhelm Exter, dessen Nachfolger Johann Frey (1560) auch die Seelsorge in Goxweiler und Burgheim versah. Diese beiden Orte bildeten aber bereits im Jahr 1564 eine eigene Pfarrei. In Mittelbergheim war die Reformation bereits seit 1545 zum Siege gelangt.

Auch in Andlau regte sich unter der Bürgerschaft der Geist der Reformation. Im Jahre 1570 wurde in der Spitalkirche vor der Stadt evangelischer Gottesdienst gehalten. Allein die Aebtissin des adeligen Frauenklosters unterdrückte mit Hülfe des Bischofs von Straßburg mit unerbittlicher Strenge jede evangelische Regung unter den Bürgern.

Im Städtchen Wasselnheim drang die Sache der Reformation früher durch als in Barr. Bereits im Dezember 1524 sandten Schultheiß, Gericht und Gemeine zu Wasselnheim ein Bittgesuch an den Straßburger Rath und baten darin um einen evangelischen Prediger. Der straßburgische Vogt zu Wasselnheim, Junker Fabian von Eschau, welcher selbst dem neuen Glauben zuneigte, erklärte dem Magistrat, er könne der Bürgerschaft nicht wehren und rieth dem

Begehren zu willfahren. Der Rath von Straßburg berief hierauf den bisherigen Helfer von Alt. St-Peter, Andreas Keller, einen vertriebenen österreichischen Priester, nach Waffelnheim (1525).

Um die Mitte des sechzehnten Jahrhunderts hielt sich zu Waffelnheim ein englischer Flüchtling, Eduard Grindall, auf, welcher sein Vaterland verlassen hatte, um den Religionsverfolgungen der blutigen Maria zu entgehen. Grindall kehrte später nach England zurück und wurde, unter der Regierung der Königin Elisabeth, Bischof von London. Noch in seinem Alter rühmte er die brüderliche Liebe der Straßburger Prediger und gedachte mit dankbarem Herzen an seinen Aufenthalt im stillen Kronthale bei den Freunden zu Waffelnheim, „allwo er,“ wie er sagte, „die deutsche Sprache so gründlich erlernte, daß er in derselben wohl hätte predigen können.“

Auch in der Umgegend von Waffelnheim drang die Reformation allmählig durch, so in Westhofen und in Scharrachbergheim, wo der Junker Jakob von Dettlingen sich im Jahre 1538 von Butzer und Hedio einen evangelischen Prediger erbat. Im Städtchen Wangen welches ein Lehen des straßburgischen Frauenstifts St. Stephan war, gelangte die Reformation nach harten Kämpfen endlich im Jahre 1545 zum Siege. Der erste evangelische Pfarrer von Wangen war Leonhard Volk. Butzer hielt daselbst 1546 die erste Kirchenvisitation.

Das Amt Marlenheim, welches nur theilweise der Stadt Straßburg gehörte, da der Bischof und einige katholische Stifte große Besitzungen in denselben hatten, blieb der Reformation beinahe ganz verschlossen. Der ehrwürdige Rektor der Straßburger Hochschule Johann Sturm hatte in unmittelbarer Nähe des Städtchens Marlenheim, im rebenumgränzten Nordheim, einen freundlichen Landsitz, wo er in stiller Muße die letzten Jahre seines Lebens zubrachte und den Samen des Evangeliums ausstreute. Allein die Hindernisse, welche der Ausbreitung der Reformation im Amte Marlenheim überall entgegen traten, war der Rath von Straßburg außer Stande zu überwinden. Den Evangelischen jenes Amtes, die nach ihrem Glauben im Frieden leben wollten, blieb keine andere Wahl übrig als auszuwandern.

In die Herrschaft Illkirch drang die Reformation trotz des Widerstandes des Herrn Stephan von Kageneck durch, welcher mit der Stadt Straßburg den Ort Illkirch besaß; schon 1526 erhielten die dortigen Bürger auf ihren Wunsch statt des „papistischen,“ einen „christlichen,“ das heißt evangelischen Prediger, wie man deren in Straßburg hatte. In Schiltigheim, das gleichfalls zur Herrschaft gehörte, gelangte die Reformation im Jahre 1530 zum Siege. Der Straßburger Rath sandte dorthin als ersten evangelischen Prediger, den bisherigen Helfer von Jung St-Peter, Wolfgang Schultheiß.

Die Stadt Straßburg besaß auch seit dem Ende des vierzehnten Jahrhunderts die Feste Herrenstein, ein Bergschloß bei dem Städtchen Neuweiler. Die Burg war der Sitz der kleinen Herrschaft Herrenstein, welche aus den benachbarten Orten Dettweiler, Dossenheim und dem in den Stürmen des dreißigjährigen Krieges untergegangenen Dorfe Kleinwiesentau bestand. Auch in jenen Orten war ein sehnliches Verlangen nach der lautern Predigt des göttlichen Wortes erwacht. Als im Jahre 1525, mitten unter den Unruhen des Bauernkrieges, der Magistrat von Straßburg dem Amtmann von Herrenstein, Herrn Wolfgang Füll von Geispolsheim den Auftrag gab, im Namen der Stadt, in diesen schlimmen und gefährlichen Zeitläufen die Bauern in Zucht und Ordnung zu erhalten zu suchen, so gab der wackere Mann darauf die Antwort: Er wüßte kein besser Mittel zum Heil und Frieden als wenn man den Unterthanen der Herrschaft Herrenstein, nach ihrem Verlangen, einen evangelischen Prediger senden würde. Martin Butzer schickte darauf von Zeit zu Zeit seinen Helfer nach Dettweiler, um dort Gottesdienst zu halten. Später berief der Rath von Straßburg Valentin Emmel zum evangelischen Pfarrer von Dettweiler. Weil aber im Orte keine passende Pfarrwohnung vorhanden war, so mußte er in Straßburg wohnen und begab sich von dort aus jeden Samstag in seine Pfarrei. In der Folge wurde der Ort Dettweiler von Dossenheim aus bedient, bis er endlich zu einer selbständigen Pfarrei erhoben wurde.

So war die Reichsstadt Straßburg im sechzehnten Jahrhundert ein starker Hort des evangelischen Glaubens, und eine Segensstätte für seine Unterthanen in Stadt und Land.

XV

Ein Predigerleben aus dem sechzehnten Jahrhundert.

An den anmuthigen Ufern der Seille, eines Nebenflusses der Mosel, breitet sich in einer fruchtbaren Ebene das uralte bis in die Römerzeit hinaufreichende Städtchen Dieuze aus, das durch seine Salzwerke bekannt ist. In demselben wurde am 8. September 1497 Wolfgang Maußlin, oder wie er sich nach der Sitte der Zeit lateinisch zu nennen pflegte, Musculus, geboren. Sein Vater Anton war ein ehrsamer Küfermeister, seine Mutter Angelika eine kluge und gottesfürchtige Frau. Wolfgang zeigte von Kind auf die herrlichsten Anlagen zum Lernen. Er besuchte zuerst die Schule seiner Vaterstadt, wo er sich durch seinen Fleiß und durch seine geistigen Gaben vor seinen Mitschülern auszeichnete. Oft mußten seine Eltern ihn mit Gewalt von den Büchern losreißen.

Als der strebsame Knabe herangewachsen war und in der Schule von Dieuze keine weiteren Fortschritte mehr machen konnte, verließ er das elterliche Haus, um wie so viele lernbegierige, aber arme Jünglinge jener Zeit als „fahrender Schüler“ durch die Welt zu ziehen, das heißt um fremde Schulen zu besuchen und sich durch Singen und Betteln sein Brot zu verdienen. Sein Vater konnte ihm nur einen geringen Zehrpfennig mitgeben. Musculus begab sich zunächst nach dem oberen Elsaß. Hier kam er nach Rappoltsweiler, wo damals im Augustinerkloster eine gute Schule blühte. Bei einer frommen Wittwe fand er, wie einst Luther bei Frau Cotta in Eisenach, freundliche Aufnahme. Durch sein bescheidenes, sittsames Wesen und

6

seinen Fleiß zog er die Aufmerksamkeit des Herrn Wilhelm von
Rappoltstein auf sich, der ihn unterstützte. Doch in Rappoltsweiler
war seines Bleibens nicht lange; den strebsamen Jüngling zog es
mächtig nach Schlettstadt, wo eine berühmte, um die Mitte des fünf=
zehnten Jahrhunderts gegründete Schule blühte, welche damals an
neunhundert Schüler zählte. Hier machte Musculus, namentlich in
der lateinischen Sprache, schöne Fortschritte und versuchte sich auch in
der lateinischen Dichtkunst.

In Schlettstadt brachte Musculus einige Jahre zu und hätte sich
wohl ganz der Wissenschaft gewidmet, wäre nicht ein Ereigniß ein=
getreten, welches einen Wendepunkt in seinem Leben bildete und dem=
selben eine ganz andere Richtung gab. Nach längerer Abwesenheit von
der Heimat wollte der angehende Student seine Eltern besuchen. Auf
seiner Reise durch Lothringen kam Wolfgang durch das im lützelstei=
nischen Gebiete gelegene Dorf Lixheim, wo eine Schwester seiner
Mutter lebte, bei welcher er einkehrte und einige Tage weilen wollte.

In der Nähe des Orts war ein berühmtes Benediktinerkloster;
dahin führte die fromme Base ihren Neffen zur Abendzeit, als die
Mönche eben Vesper sangen. Musculus, von jeher ein guter Sänger,
stimmte mit heller Stimme in den Gesang der Mönche ein; der Prior
des Klosters wurde auf den jungen Fremdling aufmerksam und als
der Gottesdienst beendigt war, redete er ihn freundlich an. Als er
von ihm Stand und Herkunft vernommen, forderte er ihn auf in sein
Kloster einzutreten und versprach ihm freie Aufnahme und väterliche
Fürsorge. Musculus war darüber unschlüssig, was er thun sollte. Doch
seine Base sah in diesem Vorschlage eine höhere Fügung; sie ergriff
das Wort für ihren Neffen und versprach dem Prior zu Wolfgangs
Eltern zu reisen, um ihre Einwilligung einzuholen. Am folgenden
Tage reiste sie wirklich nach Dieuze und berichtete den erstaunten
Eltern die unerwartete Kunde. Diese wollten dem Glück ihres Sohnes
nicht hinderlich sein und begleiteten ihn selbst zurück in das Kloster
von Lixheim. Der edle Prior hielt sein Versprechen treulich und sandte
seinen Günstling nach abgelegtem Noviziat nach Metz, wo Musculus
vom Bischofe die niederen Weihen empfing.

Musculus trat nun als Mönch in den Orden des heiligen Bene=
dikt ein und hoffte als solcher hinter den ruhigen Klostermauern unge=
stört der Wissenschaft leben zu können. Hierin täuschte er sich aber;
denn die Klöster, einst die Mittelpunkte des geistigen Lebens, waren
damals tief entartet. Auch im Kloster Lixheim sah es schlimm aus;

unter den Mönchen herrschte eine erschreckliche Sittenrohheit, genährt durch wilde und ausschweifende Gelage. Vom Studium war bei den meisten Mönchen keine Rede; nicht einmal eine Bibliothek fand Mus= culus vor und wenn er einmal durch Zufall ein brauchbares Buch fand, so war er hoch erfreut. Nichts desto weniger gab er sich weder dem Müssiggang, noch der Schwelgerei hin, sondern lebte still und ehrbar. Am liebsten war ihm die Einsamkeit und die Gesellschaft seiner lieben Bücher. Wenn die anderen Mönche spielten und zechten, so schlich Bruder Wolfgang nicht selten mit einem Buch in der Hand in den nahen Wald. Dort brachte er mit Lesen frommer Bücher und mit gottseligen Betrachtungen seine Zeit zu, bis die Betglocke ihn in's Kloster zurückrief.

· So lebte Wolfgang Musculus als ein Einsiedler mitten in dem geräuschvollen Klostertreiben. Er übte sich auch in der edlen Dichtkunst und in der Musik; er erlernte das Orgelspiel und wurde von seinen Mitbrüdern zum Organisten ernannt.

Um das Jahr 1518 erschienen nach einander eine Reihe von Schriften Luthers. Dieselben wurden vom Adel wie vom Volke, in den Palästen wie in den Hütten, mit wahrer Heilsbegierde gelesen; sie fanden auch ihren Weg in die einsamen Klosterzellen. Eines Tages erhielt Musculus von einem Freunde ein Packet Bücher zugesandt, worunter einige Schriften Luthers. Er las dieselben mit steigendem Interesse, prüfte ihren Inhalt mit der heiligen Schrift und wurde von da an für die Sache der Reformation gewonnen. Er legte Zeugniß für die evangelische Wahrheit zuerst unter seinen Ordensbrüdern ab, von denen etliche seine Ueberzeugungen annahmen. Da er auch ein beliebter Volksprediger war und oftmals in der Umgegend öffentlich auftrat, so erscholl sein Ruf immer weiter und bald war er überall unter dem Namen „der lutherische Mönch" bekannt.

Von großem Nutzen war es für Musculus, daß er den pfalz= gräflichen Ritter Reinhard von Rothenburg, welcher die benach= barte Bergfeste Lützelstein befehligte, zum Gönner und Freunde hatte. Ohne dessen mächtigen Schutz wäre er der Gewalt des Bischofs von Metz unterlegen. Daß er aber einen noch stärkeren Bundesgenossen und Helfer hatte, beweist folgendes Ereigniß.

Zu Ende Mai 1525 wollte der an einem Fieber erkrankte Mus= culus mit einem Freunde nach Straßburg reisen, um dort einen geschickten Arzt zu befragen. Als sie in die bischöfliche Stadt Zabern eintraten, wurden sie von Entsetzen ergriffen, denn wenige Tage zuvor, am 17. Mai, hatte dort das grausame Blutbad des Herzogs Anton von Lothringen stattgefunden, welches 18,000 Bauern das Leben kostete. Ohne sich in der verwüsteten, noch mit Leichnamen bedeckten Stadt länger als nöthig aufzuhalten, eilten die beiden Wanderer dem Stadtthore zu. Dort wurden sie angehalten und von dem Hauptmann gefragt, wohin ihre Reise ginge. Sie erklärten, sie wollten nach Straß= burg gehen, um Hülfe bei dem Arzte für den fieberkranken Bruder zu suchen. In drohendem Tone rief ihnen der Hauptmann nach: „Geht nur; bald werde ich wissen, ob Ihr die Wahrheit geredet." Die beiden Mönche waren über diese Rede zwar betroffen, doch setzten sie ohne sich etwas Arges zu versehen ihren Weg fort. Kaum hatten sie eine halbe Meile zurückgelegt, als ihnen ein alter Bauersmann nacheilte und ihnen zurief: „Wenn Euch Euer Leben lieb ist, so flüchtet Euch schnell; eine Schaar Reiter setzt Euch nach." Ohne Säumen eilten die beiden Mönche in das nächste Dorf, wo sie der katholische Geistliche mitleidig aufnahm und durch eine Hinterthür entfliehen ließ; in einer benach= barten Waldschlucht verbargen sie sich. Kaum waren sie in Sicherheit als die Reiter in das Dorf stürmten und überall nach den beiden Flüchtlingen fragten. Sie zeigten sich sehr ungehalten, daß sie dieselben nicht fanden. So wurde durch Gottes treue und gnädige Führung Musculus wunderbar bewahret und aus Feindes Gewalt errettet.

Dieser Vorfall trug mächtig dazu bei ihm das Klosterleben gründ= lich zu entleiden. Freimüthig theilte er seinen Entschluß den übrigen Mönchen mit und schied von ihnen in Frieden. Drei Klosterbrüder folgten seinem Beispiel; die anderen blieben. Mit acht Gulden Reise= geld verließ Wolfgang Musculus mit seinem Vetter Nikolaus Wagner in stiller Mitternachtsstunde das Kloster Lixheim und schlug die Rich= tung nach Straßburg ein.

Im Januar 1527 langte Musculus in der freien Reichsstadt Straßburg an und fand zunächst eine gastliche Aufnahme in dem Hause des Predigers Theobald Schwarz, Pfarrer zu Alt St=Peter. Derselbe war gleichfalls ein ehemaliger Mönch.

Am 27. Februar 1527 trat Musculus in den Ehestand mit seiner verlobten Braut Margaretha Barth. Bald sollte er erfahren wie nöthig Geduld und Gottvertrauen sind; denn eine feste Stellung als Prediger wagte er nicht zu beanspruchen, weil ihm die theologischen Kenntnisse fehlten. Darum beschloß er in seiner Demuth ein Handwerk zu erlernen; seine Frau aber trat als Hausmagd bei Magister Schwarz in Dienst. Musculus fand einen Leineweber, der ihn mittelst ent=

sprechender Vergütung sein Handwerk lehren wollte. Nachdem er jedoch eine Zeitlang bei demselben gearbeitet hatte, stellte sich heraus, daß sein Meister zur Sekte der Wiedertäufer gehörte. Er beherbergte sogar einen wiedertäuferischen Lehrer, der ein geistlicher Müssiggänger war und sich alsobald mit Musculus in gelehrte Disputationen einließ. Da letzterer ihn aber aus der heiligen Schrift widerlegte, wurde der Lehrmeister dermaßen aufgebracht, daß er Musculus aus seinem Hause entließ, ohne ihm aber das vorausbezahlte Lehrgeld zurück zu erstatten.

Das war für unsern Musculus eine schwere Glaubensprobe. Müßig gehen mochte er nicht; daher faßte er den Entschluß als Schanzarbeiter an den neuen Festungswällen zu arbeiten, welche der Rath von Straßburg gerade damals aufführen ließ. Schon hatte er mit dem Werkführer sich verständigt und den Tag seines Eintritts bestimmt, da trat unvermuthet ein Ereigniß ein, daß ihm ein deutlicher Fingerzeig wurde, daß der Herr ihn zum Aufbau anderer Schanzen und Wälle bestimmt hatte. Er ging eines Abends aus um die Festungswerke sich anzusehen, an deren Bau er am andern Morgen mithelfen wollte. Nach seiner Rückkehr theilte ihm seine Frau mit, daß ein Stadtknecht so eben da gewesen wäre, der im Auftrage des Stättmeisters Sturm und Martin Butzers ihn in's Münster bestellt hatte. Augenblicklich begab sich Musculus in die Sakristei des Münsters, wo gewöhnlich die Verhandlungen zwischen dem Magistrat und der Geistlichkeit stattfanden. Kaum wurde Butzer seiner gewahr, als er ihn dem Stättmeister mit den Worten vorstellte: „Hier ist der Mann dessen wir bedürfen." Er eröffnete ihm hierauf, daß der Magistrat für das straßburgische Dorf Dorlisheim einen evangelischen Prediger suche. Nach kurzem Bedenken nahm Musculus diesen Ruf an. Da in Dorlisheim keine Wohnung für den Pfarrer sich vorfand, so begab er sich jeden Sonnabend von Straßburg aus dorthin, hielt daselbst einen Abendgottesdienst und predigte am Sonntag darauf dreimal; am Montag trat er dann die Rückreise nach Straßburg wieder an. In Straßburg wohnte Musculus im Hause Butzers, dessen Sekretär er wurde. Diese Beschäftigung war für ihn insofern eine wichtige, als er durch Butzers biblische Abhandlungen mit dem Studium der Theologie mehr vertraut wurde.

Nach einigen Monaten wurde des Musculus Stellung in Dorlisheim eine festere. Er nahm seinen beständigen Wohnsitz im Dorf, mußte sich aber kümmerlich genug behelfen. Als ihm sein erstes Kind geboren wurde, mußte er eine Zeitlang auf ebener Erde sein ärmliches

Strohlager aufschlagen. Ein ganzes Jahr lang erhielt er von dem katholischen Kirchenpatron keine Besoldung; zuletzt bewilligte ihm der Rath von Straßburg ein kleines Gehalt.

Im Jahre 1528 erhielt Musculus einen ehrenvollen Ruf nach Straßburg. Er wurde zum Helfer am Münster ernannt und ward Mitarbeiter des biedern Matthäus Zell. Neben seinem Amte widmete er sich dem Studium der Theologie; unter der Anleitung Butzers und Capitos, des gelehrten Propstes von St=Thomä, erlernte er gründlich die alten Sprachen. In theologischer Hinsicht stand er auf dem Stand= punkt der Straßburger Reformatoren.

Musculus Wirksamkeit in Straßburg dauerte nur zwei Jahre. 1530 erhielt er einen Ruf nach Augsburg. Dort waren die kirchlichen Verhältnisse schwieriger als in Straßburg. Ein Theil der Bürgerschaft war noch katholisch; die Evangelischen aber waren uneinig. Einige Prediger waren lutherisch, die anderen zwinglisch gesinnt. Der Rath neigte letzterer Richtung zu. In Augsburg befanden sich auch viele Wiedertäufer, deren gefährliche Irrlehren strenge Maßnahmen der Obrigkeit veranlaßten. Musculus wirkte zuerst als Prediger an der heil. Kreuzkirche und später am Dom. Durch seine Milde und sein leutseliges Wesen gelang es ihm viele Wiedertäufer wieder für die evangelische Kirche zu gewinnen. Gegen die Katholiken dagegen trat Musculus mit großer Entschiedenheit auf. Auf seinen Antrag wurde 1537 die Messe in Augsburg abgeschafft. Auch als Schriftsteller war Musculus thätig; er übersetzte viele Schriften der Kirchenväter.

Musculus hatte mit Butzer einen hervorragenden Antheil an dem Zustandekommen der sog. Wittenberger Concordie von 1536. Was auf dem Marburger Religionsgespräch von 1529 nicht zu Stande hatte kommen können, eine Vereinigung der Evangelischen in Bezug auf die Abendmahlslehre, das gelang, wenn auch nur theilweise, sieben Jahre später zu Wittenberg. Die oberdeutschen (süddeutschen) Theologen nahmen mit Luther die leibliche Gegenwart Christi im heil. Abend= mahl an; dieser hingegen stellte ihnen frei, der Gottlosen halben, ihre Ansicht, daß die Ungläubigen nur Brot und Wein genießen, beizube= halten und rief ihnen bewegt zu: „Wir erkennen und nehmen Euch auf als unsere lieben Brüder in Christo“. Butzer und Musculus traten bei diesen Worten die Thränen in die Augen. Die übrigen Prediger falteten die Hände und priesen Gott mit lauter Stimme.

Wolfgang Musculus wirkte in großem Segen zu Augsburg bis 1548, in welchem Jahre Kaiser Karl V das berüchtigte Interim

erließ, durch welches den Evangelischen blos der Kelch bei dem Abend=
mahle und die Priesterehe bewilligt wurde. Da Musculus dem Interim
von Herzen gram war und sich, troß der Gegenwart des Kaisers in
Augsburg, nicht einschüchtern ließ, dagegen zu predigen, so mußte er
sein Amt niederlegen und verließ mit einem Freunde heimlich die
Stadt. Seine Frau mit acht Kindern mußte er zurücklassen.

Musculus wandte sich der Schweiz zu. In Zürich hatte er einen
treuen Freund, Johann Haller, der früher Prediger in Augs=
burg gewesen war. Die Reise ging über Lindau und Constanz. In
Zürich angekommen, traf aber Musculus Haller nicht; derselbe befand
sich für einige Zeit in Bern. Dr. Heinrich Bullinger, Zwinglis
würdiger Nachfolger, nahm Musculus herzlich auf. Er that auch
Schritte für seine Anstellung in Zürich; allein seine Bemühungen
blieben vergeblich. Musculus reiste deswegen nach Basel zu seinem
Freunde, dem Buchdrucker Johann Herwagen, um durch dessen
Vermittlung eine Anstellung zu erlangen. Inzwischen war des Mus=
culus Frau mit ihren acht Kindern in Constanz angekommen. Bei
dieser Kunde verließ Musculus Basel um sich nach Constanz zu seiner
Familie zu begeben; dort harrte seiner eine große Gefahr, aus welcher
ihn abermals die Hand Gottes errettete.

Die Reichsstadt Constanz nämlich, in welcher Johann Huß
und Hieronymus von Prag den Märtyrertod erlitten, war
ganz der Reformation zugefallen. Mit aller Entschiedenheit hatten die
Constanzer wider die Einführung des Interims in ihrer Stadt pro=
testirt. Sie hatten sich deswegen des Kaisers Ungnade zugezogen;
Karl V. wollte an Constanz ein Exempel statuiren. Von mehreren
Seiten war die Stadt gewarnt worden auf ihrer Hut zu sein.

Am 10. Sonntag nach Trinitatis, den 5. August 1584 predigte
Musculus im Dom zu Constanz und ermahnte die evangelische Bür=
gerschaft dringend zur Glaubenstreue und zur christlichen Standhaftig=
keit. Er sprach gleichsam prophetische Worte, denn am folgenden Tage
fand der sog. Constanzer Sturm statt. Der kaiserliche Obrist
Alfonso Vives wollte nämlich am 6. August 1548 mit 3000 Spaniern
die Stadt Constanz überfallen und erobern. Dieser verrätherische Anschlag,
von welchem der Kaiser Kenntniß hatte, mißlang zwar durch die Tapfer=
keit der Constanzer Bürger, allein er hatte für die Stadt die Reichsacht
zur Folge. Noch im Herbste desselben Jahres (1548) mußte sich die
Stadt auf Gnade oder Ungnade ergeben. Der Kaiser nahm ihr alle
Freiheiten und verbot darin die freie Predigt des lauteren Evangeliums.

Unter diesen Umständen mußte Musculus Constanz verlassen; er begab sich mit den Seinen nach St=Gallen, wo ihn der edle Bürger= meister und Arzt, Dr. Joachim Vadianus auf das Herzlichste aufnahm und der erkrankten Gattin des Augsburger Predigers seine ärztliche Pflege widmete. Durch die Bemühungen seiner Freunde Vadianus und Haller erhielt Musculus 1549 die Stelle eines Pro= fessors der Schriftauslegung in Bern. Mit innigem Dank gegen Gott nahm er dieselbe an.

Der Lebensabend des Wolfgang Musculus verfloß im Gegensatze zu seinen bewegten Jünglings= und Mannesjahren, still und friedlich. Sein Heimgang erfolgte am 30. August 1563. Auf den treuen Glau= benszeugen des Reformationszeitalters läßt sich mit vollem Recht das apostolische Wort anwenden: „Wir haben hienieden keine bleibende Stätte, die zukünftige aber suchen wir." (Hebräer 13, 14.)

XVI

Die Kirchenerneuerung in der Grafschaft Hanau-Lichtenberg.

Die reiche und fruchtbare Grafschaft Hanau-Lichtenberg war eine der letzten Herrschaften im Elsaß, welche die Reformation annahm. Zu Anfang des sechzehnten Jahrhunderts regierte von seinem Schlosse in Buchsweiler aus Graf Philipp III. Dieser Herr war zwar anfänglich der Reformation nicht abhold, allein die Greuel des Bauern= kriegs, deren Zeuge er gewesen und in welchem die hananischen Bauern durch ihre Rohheit und ihre Ausschreitung sich auf eine traurige Weise ausgezeichnet hatten, hielten ihn im alten Glauben zurück. Zudem war Graf Philipp ein schwacher kränklicher Mann, der weder den Muth noch die Thatkraft besaß, um in seiner Herrschaft in reformatorischer Weise vorzugehen. So blieb denn im Hanauer Lande während seiner Regierung alles beim Alten.

Als im Mai 1538 der Junggraf Philipp IV. die Zügel der Regierung mit jugendlich starker Hand ergriff, brach für das Hanauer Land eine neue Zeit an. Der neue Regent berief alsobald einen evangelischen Prediger, Theobald Groscher, in seine Residenz= stadt Buchsweiler. Dieser predigte dem Volk das lautere Evangelium; es entstand auch eine Bewegung in den Gemüthern; doch wollte der Graf nur vorsichtig und bedächtig zu Werke gehen.

So vergingen mehrere Jahre; da reichte unterm Datum vom 24. September 1544 der Stadtpfarrer Groscher ein unterthäniges Bitt= gesuch an den Grafen Philipp ein, in welchem er auf das Dringendste um Abschaffung der Messe und um die freie Predigt des Evangeliums

in den hanauiſchen Landen hat. Nach reiflicher Ueberlegung entſchloß
ſich der Graf den entſcheidenden Schritt zu thun. Er wandte ſich an
Einen Ehrwürdigen Kirchenkonvent zu Straßburg und begehrte von
Martin Butzer, dem Präſes deſſelben, einige evangeliſche Prediger.
Dieſer Bitte war aber ſchwer zu entſprechen; denn der Prediger=
mangel war damals ein ungemein großer. Doch that der Straßburger
Kirchenkonvent ſein Mögliches und ſchickte dem Grafen drei junge
evangeliſche Prediger: Chriſtoph Söll, Anſelm Pflüger und
Lorenz Offner. Butzer händigte denſelben ein Schreiben an den
Grafen von Hanau ein und gab ihnen noch mündliche Anweiſungen.
Die drei Geiſtlichen wurden im Schloſſe von Buchsweiler auf das
Freundlichſte aufgenommen. Der Graf wies einem Jeden ſein Arbeits=
feld an; Pflüger wurde als Pfarrer nach Willſtätt jenſeits des Rheins
geſandt; Söll blieb in Buchsweiler; Offner kam nach Pfaffenhofen,
kehrte aber bald nach Straßburg zurück und wurde durch Pantaleon
Blaſius, einen württembergiſchen Theologen erſetzt. Dieſer wurde
die Seele der hanauiſchen Reformation; er ward auch zum Super=
intendenten der Grafſchaft Hanau=Lichtenberg ernannt.

Auf den Rath der Straßburger Reformatoren Butzer und Hedio
berief der Graf Philipp IV. ſämmtliche hanauiſchen Prieſter auf den
28. Mai 1545 nach Buchsweiler, um ſich gemeinſchaftlich über die
Einführung der Reformation mit einander zu beſprechen. An dem
genannten Tage verſammelten ſich alle hanauiſchen Geiſtlichen in der
alten Stadtkirche (der heutigen katholiſchen Kirche) von Buchsweiler.
Pantaleon Blaſius eröffnete die Verhandlungen durch einen geiſtgeſalbte
Rede. Er ſprach über das Amt und die Pflichten eines chriſtlichen
Seelſorgers. Hierauf berührte er in bündigen Worten die Mißbräuche
der römiſchen Kirche und forderte alle anweſenden Prieſter bringend
auf, dieſelben in ihren Gemeinden abzuſchaffen und den Dienſt Gottes
im Geiſt und in der Wahrheit wieder herzuſtellen. Nach beendigter
Andacht wurden ſämmtliche Kirchendiener auf das Rathhaus geladen.
Dort wurde ihnen von dem Amtmann der Stadt Buchsweiler,
Johann Knobel, und von dem gräflichen Sekretarius, Johann
Fleiſchbein, die amtliche Mittheilung gemacht, daß der Graf
Philipp geſonnen ſei in ſeiner Herrſchaft die wahre Religion, wie
ſolche in den Schriften der Propheten und Apoſteln gelehrt ſeie, wieder
in ihrer Reinheit herzuſtellen. Nach dieſer Rede ergriff der Super=
intendent Blaſius das Wort und ſetzte in klarer und kräftiger Rede
die evangeliſche Heilsordnung kurz und bündig auseinander. Er lud

hierauf seine Amtsbrüder ein ihre Ansicht frei und ohne Scheu auszusprechen. Acht der anwesenden Geistlichen erklärten ihre volle Bei-
stimmung; die Anderen baten sich Bedenkzeit aus. Jeder Anwesende
erhielt sodann ein Exemplar der sog. Cölnischen Reformation,
d. h. der Cölnischen Kirchenordnung, deren Verfasser Martin Butzer war.

Man kann mit vollem Recht behaupten, der 28. Mai 1545 sei
der Geburtstag der Reformation der Grafschaft Hanau-Lichtenberg
gewesen. Sämmtliche hanauische Geistlichen traten allmälig zur evangelischen Kirche über; die durch den Tod ihrer Inhaber erledigten
Pfarreien wurden mit Predigern des reinen Evangeliums besetzt, so
daß in wenigen Jahren die ganze Grafschaft für das Werk der Reformation gewonnen war.

Ein Jahr darauf, am 8. April 1546, fand zu Pfaffenhofen eine
Synode (Kirchenversammlung) statt, welcher beinahe alle Prediger
des Hanauer Landes beiwohnten. Es wurde daselbst einmüthig
beschlossen, daß die hanauischen Geistlichen zur Augsburgischen Confession sich bekennen und den kleinen Katechismus Luthers einführen
sollten. Dieser Beschluß wurde einstimmig angenommen. Auf diese
Weise gewann das Evangelium allmälig festen Boden im Hanauer
Lande. Die in den übergetretenen Orte noch vorhandenen Meßgewänder und die katholischen Kirchengeräthe wurden zum Besten der
Kirchenfabriken verkauft und die Verwaltung der Kirchengüter ward
besonderen Kirchenschaffneien übergeben.

Seit dem Abschluß des Augsburger Religionsfriedens
von 1555 nahm die Zahl der evangelischen Gemeinden im Hanauer
Lande noch zu. Unter den Orten, welche die Reformation annahmen,
nennen wir Tränheim, Hatten und Neuweiler. In diesem
am Fuße der Bergfeste Herrenstein so freundlich gelegenen Städtchen
widersetzten sich die Chorherren des St-Peter- und St-Paulstifts der
Einführung der Reformation. Da die Stadt aber eine Besitzung des
Grafen von Hanau war, der daselbst ein Haus (den sog. heute noch
stehenden „Hanauer Hof" [1]) hatte, so gab die evangelisch gesinnte
Bürgerschaft dort den Ausschlag. Der erste evangelische Prediger von
Neuweiler war Conrad Lautenbach, ein Mann von großer
Gelehrsamkeit, der auch als Schriftsteller nicht unberühmt ist, denn er
ist der Uebersetzer von Sleidans lateinischer Reformationsgeschichte.

---

[1] Der Hanauer Hof ist ein alterthümliches uraltes Gebäude mit hohem
Giebeldach unweit der protestantischen St-Adelphikirche.

Einen neuen Gebietszuwachs erhielt die evangelische Kirche des Unter=Elsaß, als im Jahre 1551 der mit dem Hause Hanau=Lichtenberg befreundete Graf Philipp I. von Leiningen=Westerburg die Reformation in den beiden Aemtern seiner Herrschaft in Oberbronn und in Niederbronn einführte. Der Reformator jener Gegend Johann Erythräus (Roth) wurde der erste evangelische Pfarrer in Oberbronn.

Eine bedeutende Machterweiterung erlangten die Grafen von Hanau 1570. Am 24. März genannten Jahres starb der Graf Jakob von Zweibrücken=Bitsch, ein strenggläubiger katholischer Herr, welcher einen Theil der früheren lichtenbergischen Herrschaft inne hatte. Die einzige Tochter desselben war an den hanauischen Grafen Philipp IV. verheirathet. Die reiche Bitscher Erbschaft, bestehend aus den Aemtern Rauschenburg (Ingweiler), Brumath, Wörth, Offendorf bei Bischweiler, sowie das rechtsrheinische Amt Lichtenau (heute badisch) fielen dem Hause Hanau zu. In den nächstfolgenden Jahren wurde der evangelische Gottesdienst in Wörth, Preuschdorf, Herrlisheim (am Rhein), Wolfisheim bei Straßburg und Hangenbieten eingeführt. Auch auf dem Bergschloß Lichtenberg, der Stammburg der gleichnamigen Herren, stellte Graf Philipp IV. 1571 einen Prediger an. Derselbe mußte auch die umliegenden Orte bedienen.

Im Jahre 1573 erschien zu Straßburg eine eigene Kirchenordnung zum Gebrauch in der Grafschaft Hanau=Lichtenberg. Man hatte bei deren Abfassung außer der herzoglich=württembergischen, auch noch die Cölnische, die zweibrückische, die pfälzische und die markgräflich=badische Kirchenordnungen zu Grunde gelegt. Aus dieser Kirchenordnung heben wir den Umstand hervor, daß der Cultus (Gottesdienstordnung) in den hanauischen Kirchen äußerst einfach war.

Seit Luthers Tode waren in der lutherischen Kirche viele Lehrstreitigkeiten ausgebrochen; dadurch waren viele Gemüther verwirrt worden. Zwei Richtungen machten sich in der zweiten Hälfte des sechzehnten Jahrhunderts geltend unter den Theologen: die milde philippische (melanchthonische) und die streng=lutherische; letztere gelangte zur Herrschaft. Auf Antrieb des eifrigen Lutheraners, des Herzogs Ludwig von Württemberg kam am 28. Mai 1577 zu Kloster=Bergen bei Magdeburg die sog. Concordienformel zu Stande, welche allem Hader ein Ende machen sollte. Im Oktober 1577 begehrte Graf Philipp IV., daß sämmtliche hanauische Geistliche die Concordienformel zu unterschreiben hätten. Alle thaten es bis auf einen, der seine Stelle niederlegen mußte.

Zur Hebung des Kirchenwesens im Hanauer Lande diente auch die Gründung des Gymnasiums von Buchsweiler (1612). Es war dies eine Stiftung des frommen Grafen Philipp V., der im folgenden Jahre, 1613, auch den Grundstein der evangelischen Pfarr-kirche von Buchsweiler legte.

XVII

Die Reformation in der Stadt und in der kaiferlichen Landvogtei Hagenau.

Die Barbaroffaftadt Hagenau im „heyligen Forfte“, in welchem ein gottgeweihtes Haus nach dem andern fich erhob, war der Sitz der kaiferlichen Landvögte im Elfaß, welche dafelbft in der ehemaligen Hohenftaufenburg refidirten. Hagenau ftand um diefes Umftandes willen an der Spitze der zehn mittelbaren elfäffifchen Reichsftädte. Zu Anfang des fechzehnten Jahrhunderts herrfchte dafelbft unter der Bürgerfchaft ein regfamer aufgeklärter Geift. Bereits hundert Jahre zuvor hatten die huffitifchen Ideen dort Anklang gefunden, wie Capito in einer feiner Schriften äußert.

Zwei Umftände befonders waren der Einführung der Reformation in Hagenau günftig: die Hebung des S ch u l w e f e n s und der B u ch = d r u ck e r e i in der Stadt. Es beftand nämlich in Hagenau, wie in Schlettftadt, eine höhere von weltlichen Lehrern geleitete Schulanftalt. An derfelben wirkte, als Rektor im Sinne der Reformation Magifter H i l s p a ch ; doch klagt er in einem Schreiben (1524) über die Schwierigkeiten, welche er zu überwinden hatte. Er fagt unter An= bern: „In H a g e n a u grünen noch redlich die H a g e d o r n menfch= „licher Tandmähren. Der Herr möge fenden, die fie ausreutten. Ich „darf es leider nit wagen, das Wort Gottes meinen Schülern f r e i „vorzulefen; ich muß es h e i m l i ch thun, um der Tyrannei keine „Statt zu geben.“

Hilspachs Nachfolger, der bekannte Hieronymus Gebwiler, welcher anfänglich ein Freund der Humanisten gewesen war, bekämpfte später die Reformation und suchte die Ausbreitung derselben in Hagenau nach Kräften zu hindern. Trotz alledem trug die Schule in Hagenau wesentlich zur Verbreitung der reformatorischen Ideen bei. Dazu kam noch ein weiterer bedeutungsvoller Umstand.

Seit dem Jahre 1469 hatte, vom Magistrat begünstigt, die Buchdruckerei in Hagenau eine Stätte gefunden. Der erste dortige Buchdrucker war Heinrich Gran. Zu Anfang des sechzehnten Jahrhunderts bestanden in Hagenau zwei berühmte Druckereien, die von Thomas Anshelm und die von Johann Setzer. Beide Männer waren wissenschaftlich gebildet; sie beschäftigten in ihren Druckereien nicht nur gewöhnliche Arbeiter, sondern auch junge arme Gelehrte. Philipp Melanchthon soll, nach seinem Abgang aus Pforzheim, einige Monate in Setzers Buchdruckerei zugebracht und daselbst thätig gewesen sein. Der fromme und gelehrte elsässische Schriftsteller Hiob Gast übersetzte in Hagenau die lateinischen Schriften Luthers in deutscher Sprache; worauf dieselben in Hagenau, Straßburg und Basel nachgedruckt wurden. In Hagenau soll die berühmte satirische Schrift gegen die Predigermönche (Dominikaner) von Köln, die sog. Episteln der Dunkelmänner (Epistolæ virorum obscurorum), die so viel Aufsehen erregten, im lateinischen Urtext gedruckt worden sein. In der Anshelmischen Buchdruckerei zu Hagenau erschien endlich zu Anfang des Jahres 1521 die erste, durch den gelehrten Erasmus von Rotterdam herausgegebene griechische Ausgabe des Neuen Testaments, wovon Luther ein Exemplar auf der Wartburg besaß, als er auf seinem „einsamen Patmos" dasselbe in's Deutsche übertrug.

Ein mächtiges Hinderniß für die freie Entwicklung der evangelischen Lehre war das Bestehen der kaiserlichen Landvogtei in Hagenau. Das Haus Oesterreich war eine Säule der römischen Kirche; von demselben aus gingen die strengsten Verordnungen gegen die Evangelischen hervor. So ließ der Oberlandvogt Herr Johann Jakob von Mörsberg im Dezember 1524 sämmtliche Pfarrer der Landvogtei, der Stadt Hagenau und der sog. vierzig Reichsdörfer zu sich berufen und schärfte ihnen bei strenger Strafe ein der alten Kirche und ihren Satzungen treu zu bleiben.

Trotz dieser Maßregeln gewann die Reformation immer mehr Boden in Hagenau. Drei namhafte evangelische Straßburger Prediger im sechzehnten Jahrhundert: Wolfgang Capito, Theobald Schwarz und Anton Firn waren Bürgerssöhne von Hagenau und hatten bereits in ihrer Jugend Eindrücke der evangelischen Wahrheit erhalten.

Im Jahre 1525, mitten unter den Wirren des Bauernkriegs, finden wir den Straßburger Reformator Capito in seiner Vaterstadt Hagenau. Er predigte daselbst am Palmsonntag und theilte daselbst das heil. Abendmahl unter beiden Gestalten aus. Auch das Osterfest brachte er in Hagenau zu und taufte das Söhnlein des Buchdruckers Wendelin Rihel, das den bedeutungsvollen Namen Josias (Gotthilf) erhielt. Während der Unruhen des Bauernaufruhrs nahm der Rath von Hagenau viele Ordensleute auf, welche aus ihren Klöstern im heiligen Forst entflohen waren, um eine sichere Zuflucht hinter den festen Mauern der kaiserlichen Reichsstadt zu suchen.

Die Sache der Reformation zählte zwar in Hagenau unter dem gebildeten Theil der Bürgerschaft viele Anhänger; doch durften dieselben es nicht wagen öffentlich mit ihrem Bekenntniß hervorzutreten und einen evangelischen Gottesdienst zu halten. Die namhaftesten evangelischen Familien Hagenau's waren der gelehrte Stadtarzt Michael Toxites (eigentlich Schütz), der später nach Basel zog, die Buchdruckereibesitzer Anshelm und Setzer, zu welchen später noch Wendelin Rihel, Peter Brubach und Valentin Kobian zu zählen sind, der Edle Bartholomäus von Botzheim und andere minder bekannte Persönlichkeiten.

Im Juni 1540 fand in der Reichsstadt Hagenau unter dem Vorsitz des Königs Ferdinand I. ein Religionsgespräch statt, welchem unter Anderen Philipp Melanchthon, Martin Butzer und Johann Calvin beiwohnten. Auch Sleidan betheiligte sich an demselben. Die freie Predigt des reinen Gotteswortes war in der Stadt verboten. Butzer klagt in einem Schreiben, daß wenn er ungestört mit seinen Glaubensbrüdern sich berathen wolle, er sich nach dem benachbarten Bischweiler begeben müsse, wo der Junker Ludwig von Eschau ihm seinen Hof zur Verfügung stelle. Dennoch ließen der Kurfürst von Sachsen und der Landgraf Philipp von Hessen in ihren Herbergen das lautere Evangelium predigen, ohne sich an das Verbot des Raths zu kehren.

Gerade damals schienen die Aussichten für die Reformation in Hagenau sich bessern zu wollen. Seit 1530 war das Amt eines kaiserlichen Oberlandvogts an das kurpfälzische Haus zurückgekommen. Die

meisten kurpfälzischen Landvogteiräthe und Beamten bekannten sich
zum lutherischen Glauben. Der Unter-Landvogt Herr Heinrich von
Fleckenstein war gleichfalls zur evangelischen Kirche übergetreten
und führte im Jahre 1543 die Reformation in der Herrschaft Flecken=
stein ein. Auch er war den Lutherischen günstig gesinnt. Allein weder
der Ober= noch der Unter-Landvogt vermochten den Rath der Stadt,
der den Zorn des Königs Ferdinand fürchtete, zu bewegen, die Pre=
digt des evangelischen Glaubens zu gestatten. Trotzdem gewann die
neue Bewegung immer mehr Boden; die zahlreichen Klöster in
Hagenau (es gab deren zehn, nämlich sieben Männer= und drei
Frauenklöster) leerten sich allmälig und die Ordensleute kehrten in
das Leben der Welt zurück.

. Die gesetzmäßige Anerkennung der Reformation in Hagenau fand
erst zwanzig Jahre später 1565 statt. Der Magistrat faßte in besagtem
Jahre den Beschluß, daß laut den Bestimmungen des Augsburger
Religionsfriedens von 1555 die kaiserliche Reichsstadt Hagenau die
freie Religionsübung den Augsburgischen Religionsverwandten gestatte
und ihnen zu diesem Zwecke die leerstehende Barfüßerkirche einräume.
Der katholische Gottesdienst sollte in bisheriger üblicher Weise statt=
finden; die Bürger beider Confessionen sollten in Frieden und Ein=
tracht miteinander leben. Einen großen Antheil an diesem Religionsedikt
gebührt dem einsichtsvollen Stättmeister Herrn Rochus von Bot=
heim, welcher die Stadt Hagenau auf vielen Reichstagen vertreten
und derselben wichtige Dienste geleistet hatte.

Die evangelischen Rathsherren von Hagenau schickten auf diesen
Beschluß hin etliche Abgeordnete mit einem beweglichen Schreiben an
den frommen und glaubenseifrigen Herzog Christoph von Württem=
berg, mit der Bitte, ihnen bei dem Reformationswerk behülflich zu
sein. Der Herzog sandte den Kanzler der Universität Tübingen, den
gelehrten Dr. Jakob Andreä, einen der frömmsten Theologen
jener Zeit nach Hagenau. Dieser langte Ende November (1565) in
der Stadt an und hielt in der ehemaligen Barfüßerkirche unter großem
Volkszulauf eine Reihe von Predigten, welche nachmals in Druck
erschienen. Es sind deren neunzehn; Andreä legte in seinen Vorträgen
die evangelischen Grundwahrheiten nach der Ordnung der Augsbur=
gischen Confession dar. Andreä kann mit Recht als der Reformator
der Stadt Hagenau bezeichnet werden; er richtete daselbst das Kirchen=
und Schulwesen nach evangelischen Grundsätzen ein und sammelte die
zerstreuten Gemeindeglieder zu einer Heerde. Im Januar 1566 ver=

7

ließ er die Stadt, nachdem er den ersten evangelischen Prediger Dr. Philipp Heerbrand aus Schwaben, feierlich in sein Amt eingeführt hatte.

Die Stadt Hagenau hatte in Folge dieses Schrittes lange und schwierige Unterhandlungen mit dem Kaiser und den beiden kaiserlichen Landvögten zu bestehen; denn allerseits bestritt man ihr das Reformationsrecht. Zuletzt kam unter Kaiser Rudolfs II. Regierung ein Vertrag zu Stande, durch welchen die lutherische Kirche von Hagenau zu Recht anerkannt und unter den Schutz der Gesetze gestellt wurde.

Zehn Jahre lang wirkte Philipp Heerbrand in Hagenau mit unermüdlichem Eifer. Nach seinem 1575 erfolgten Tode wandte sich der Rath abermals an den Herzog von Württemberg und erlangte von demselben den durch Frömmigkeit und Gelehrsamkeit gleich ausgezeichneten Prediger Georg Volmar. Dr. Andreä stellte ihn im März desselben Jahres der evangelischen Gemeinde von Hagenau vor und führte ihn gleich seinem Vorgänger feierlich in sein Amt ein.

Um das Jahr 1580 hatte das Lutherthum in Hagenau die Oberhand gewonnen; zwei Drittheile der Bevölkerung waren evangelisch geworden. Die Bürger lebten einträchtig miteinander. Wohl war der kaiserliche Unter-Landvogt Herr Nikolaus von Bollweiler ein strenger Katholik und suchte die Evangelischen zu beeinträchtigen, wo er konnte; allein da die meisten angesehenen Geschlechter der Stadt, wie die Edlen von Gottesheim, von Botzheim, von Sässolsheim, die Köpfel, die Wilwersheim und Andere zur neuen Lehre sich bekannten, so so konnte der Landvogt der Sache des Evangeliums wenig schaden. Ein leidenschaftlicher Priester Bernhard Brand erregte zwar durch seine heftigen Reden Unruhe in der Stadt und säete unter der Bürgerschaft den Samen der Zwietracht aus; allein seinen Zweck erreichte er nicht und wurde schließlich aus der Stadt gewiesen.

Der confessionelle Frieden erreichte zu Hagenau mit der Ankunft der Jesuiten sein Ende. Bereits im Jahre 1596 erhielten zwei Jesuitenpatres aus Molsheim vom Rath von Hagenau die Erlaubniß in der Stadt zu residiren und in der St=Georgskirche den Leutpriestern auszuhelfen. Als im Jahre 1604 der katholische Stadtpfarrer mit Tod abging, wurde er durch einen Jesuiten ersetzt. Nunmehr hatte die Gesellschaft Jesu festen Fuß in Hagenau gefaßt und es begann gegen die Evangelischen eine Menge von Bedrückungen, die mit dem völligen Untergang der lutherischen Gemeinde von Hagenau ihren

Abschluß fanden. Noch in den Jahren 1602 und 1603 hatte der Rath auf allen Zunftstuben ein Edikt verlesen lassen des Inhalts : „Daß „kraft des Religionsfriedens von Augsburg von 1555 beide Religionen „in der Stadt unbeschwert und in Eintracht n e b e n e i n a n d e r „geübet werden sollen"; allein der Geist der Eintracht wurde tag=täglich durch die unheilvollen Ränke und Umtriebe der Jesuiten zer=stört. Die evangelischen Prediger erhielten ihre kärgliche Besoldung unregelmäßig und nur mit Schwierigkeit ausbezahlt ; der dritte „Helfer" (Diakonus) Magister P h i l i p p M o l i t o r (Müller) wurde vom Rath nicht anerkannt und erlangte nicht einmal das Bürgerrecht. Als der Rektor der lutherischen Schule J a k o b W a g n e r mit Tod abging, wurde das Rektorat dieser höheren lateinischen Schule vom Rath den Jesuiten übergeben. Mit der Zeit besaßen die Evangelischen in Hagenau nur noch eine „arme teutsche Schule". Den lutherischen Predigern wurde auf das Strengste untersagt auf der Kanzel gegen die Lehren und Ceremonien der katholischen Kirche zu predigen. Als der erste Diakonus S e b a s t i a n S p r i n g e r sich einmal in seinem Amtseifer verleiten ließ, von der „Heuchelei der Papisten" zu reden, so wurde er ohne Weiteres seines Amtes entsetzt. Die Jesuiten dagegen durften ungehindert gegen die Evangelischen predigen und Bekehrungs=versuche machen. Es gelang ihnen auch einige arme Leute zu ver=blenden und für die römische Kirche zu gewinnen.

Durch die Verwendung des Kurfürsten von der Pfalz, des Her=zogs von Württemberg und der Stadt Straßburg wurde der Rath von Hagenau zur Mäßigung und zur Billigkeit ermahnt. In Folge dessen stellte er am 3. Juni 1614 der evangelischen Kirche und Schule zu Hagenau den sog. F u n d a t i o n s b r i e f aus, durch welchen er derselben ihre alten Rechte auf's Neue feierlich verbriefte und bestätigte. Dies war jedoch nur ein kurzer Lichtblick in dunkler Zeit; denn gerade damals machte der Magistrat von Hagenau den Jesuiten die größten Zugeständnisse. Er übergab dem Orden die Pfarrkirche St=Georg sammt allen dazu gehörigen Gütern und Besitzungen, schenkte ihm ferner das Wilhelmerkloster und ließ sich im Jahre 1617 bewegen den Jesuiten das außerhalb der Stadt im heiligen Forst gelegene Kloster M a r i e n t h a l [1] (das gleichfalls zum Wilhelmerkloster gehörte)

---

[1] Die Chronisten berichten, daß Herr A l b r e c h t v o n W a n g e n im dreizehnten Jahrhundert im heiligen Forst eine Einsiedelei in der Nähe eines murmelnden Bächleins anlegte. Die Leute aus der Umgegend nannten

zu schenken. Die Jesuiten stellten daselbst ein wunderthätiges Marien=
bild auf und machten dadurch aus Marienthal mit der Zeit den
berühmtesten Wallfahrtsort des Unter=Elsaß.

Je fester sich die Jesuiten in Hagenau festsetzten, desto mehr
verbreiteten sie den Grundsatz: „Den Ketzern braucht man keinen
Glauben zu halten". Trotz des Fundationsbriefes wurde die Lage der
Evangelischen immer drückender. Sie wurden mit Fleiß von allen
öffentlichen Aemtern ausgeschlossen; man nahm bloß katholische Bürger
noch auf. Die Jesuiten streuten den Geist der Lüge und der Verleum=
dung unter dem Volk aus. Der evangelische Gottesdienst wurde oft
durch den Pöbel gestört und die Lutherischen fanden bei dem Rath
weder Gehör noch Recht. Den evangelischen Kirchen= und Schuldienern
wurde die Besoldung nicht ausbezahlt, während den Jesuitenpatres
wie eine damalige Klageschrift sich ausdrückt „viel tausend Gulden
„eigenthümlich eingeräumt und dazu noch jährlich eine große Summe
„an Geld, Frucht und Wein gegeben, also daß dadurch die Stadtkasse
„erschöpft und in nicht geringen Nothstand gerathen."

Als der dreißigjährige Krieg mit seinen Schrecken ausbrach, hatte
die Stadt Hagenau viele Drangsale zu leiden. Im Jahre 1621 gerieth
sie in die Gewalt des Grafen Ernst von Mansfeld; dieser
besetzte sogleich die Rathsstellen mit Evangelischen und ließ den letzteren
seinen Schutz angedeihen. Als er aber wieder abgezogen war, erschien
1624 ein kaiserlicher Kommissar in Hagenau. Die Katholiken beschul=
digten ihre evangelischen Mitbürger des geheimen Einverständnisses
mit Mansfeld, mit anderen Worten des Aufruhrs wider den Kaiser.
Darauf hin verbot Ferdinand II. die Ausübung des evangelischen
Gottesdienstes in der Stadt. Die Lutherischen mußten die Barfüßer=
kirche räumen; die Rathsherren, die Kirchen= und Schuldiener, welche
sich zum reinen Evangelium bekannten, wurden ihrer Aemter entsetzt
und viele evangelische Bürger aus der Stadt verbannt. Das Jahr
1624 versetzte dem Lutherthum in Hagenau den Todesstoß.

Von jener Zeit an fristete die evangelische Gemeinde dieser Reichs=
stadt nur noch ein kümmerliches Dasein. Die Lutherischen hielten ihren

---

dieselbe anfänglich Albrechts beth=häuslin; als aber der ritterliche
Einsiedler daselbst ein Marienbild aufstellte, ward es Marienthal genannt.
Im Jahr 1225 erbaute Herr Burkard von Wangen mit seiner Gemahlin
Ida von Finstingen daselbst eine Kirche. 1257 entstand dort ein Kloster
von Wilhemiten, das 1617 in die Hände der Jesuiten überging.

Gottesdienst im Fleckensteinischen Hof (dem heutigen Gasthof zur Post); viele Bürger besuchten auswärtige Kirchen; allein auch dies wurde ihnen untersagt.

Als die Schweden in's Land kamen, lebten die Evangelischen in Hagenau wieder auf und faßten neuen Muth; allein die Stadt fiel bald wieder in die Hände der Kaiserlichen und wurde zuletzt von den Franzosen besetzt. Unter diesen war das Lutherthum kaum noch geduldet. Trotz alledem belief sich die Zahl der Evangelischen um die Mitte des siebzehnten Jahrhunderts noch auf zweihundert Familien. Unter der französischen Regierung kamen noch Kapuziner in die Stadt, welche das Volk gegen die Ketzer aufwiegelten und treue Helfershelfer der Jesuiten wurden. Unter diesen Verhältnissen schwand die Zahl der Evangelischen von Jahr zu Jahr mehr zusammen; viele Familien wanderten aus; andere starben aus; einige traten zur katholischen Kirche über.

Erst in unserem Jahrhundert bildete sich auf's Neue, meist durch Einwanderung, eine evangelische Gemeinde in Hagenau. Senfkornartig war ihr Entstehen; mit der Zeit aber wuchs das Senfkörnlein zu einem stattlichen Lebensbaum heran. Am 8. Februar 1846 wurde in Hagenau ein evangelischer Betsaal eröffnet. Am 18. März 1860 wurde die neu erbaute protestantische Kirche unter einem großen Zulauf von Glaubensgenossen eingeweiht. Seit 1870 ist die dortige evangelische Gemeinde in stetigem Wachsthume begriffen und ist ein kirchlicher Neubau für die Civil- und Militärbevölkerung nur noch eine Frage der Zeit.

XVIII.

Die Reformationsgeschichte der Stadt Bischweiler.

Der Kaiser Heinrich II., der „Heilige" genannt, welcher im Jahre 1012 die Stadt Straßburg besuchte und daselbst die sog. Königs= pfründe im Hohen Stift gründete, war ein besonderer Wohlthäter der Straßburger Kirche. Er verlieh dem dortigen Bischof 1017 das Wald= und Waidrecht längs der Moder, von den Ufern des Rheins an bis an die Vogesen. In Folge dieses Vorrechts pflegten die Straß= burger Oberhirten des edlen Waidwerks im heiligen Forste und erbauten auch einige Meierhöfe längs der Moder hin. Solches that besonders der Bischof Konrad I. von Hünebnrg, welcher zu Ende des zwölften Jahrhunderts lebte. Aus dem einfachen Meierhofe entstand allmälig ein Weiler, der im Hinblick anf seine Entstehung den Namen Bischofsweiler, in abgekürzter Form Bischweiler erhielt.

So viel über die Anfänge der Stadt[1]. Dieselbe war also ein bischöflicher Weiler, welcher 1330 durch den Bischof Berthold von Bucheck an den Edlen Walther von Müllenheim verpfändet wurde. Das Patronat und der Zehnte des „Dorfes" Bischweiler wurde um das Jahr 1400 an das Stift zum Alten St=Peter in Straßburg abgetreten, ging aber zur Zeit der Reformation an die weltlichen Herren und zuletzt an Kurpfalz über.

---

[1] Vgl. über die Geschichte der Stadt Bischweiler die Schriften von Coulmann und Dr. Bourguignon.

Zu Anfang des sechzehnten Jahrhunderts war es mit der Herrschaft in Bischweiler folgendermaßen bestellt. Das Schloß, wegen seiner etwas tieferen Lage Tiefenthal genannt, gehörte den Kurfürsten von der Pfalz, während die beiden Meierdörfer, welche sich daran anschloßen, den beiden adeligen Herren Jakob Beger von Blyberg und dem Junker Fabian von Eschau, Truchseß zu Hagenau gehörten. Besonders letzterer Herr, welcher mit Butzer und Capito verbunden war, und Luthers Schriften las, zeigte sich als ein Förderer der Reformation.

Jakob Beger starb um das Jahr 1521 und da sein Sohn und einziger Erbe Matthias, damals noch minderjährig war, so wurde die Vormundschaft einem seiner Verwandten, dem Ammeister Nikolaus Kniebs von Straßburg übertragen. Dieser, in der Geschichte seiner Vaterstadt rühmlich bekannte und fromme Mann, leitete während mehreren Jahren einträchtlich mit Fabian von Eschau die Verwaltung der oberherrlichen Angelegenheiten in Bischweiler.

Im August 1524 richtete die Bürgerschaft von Bischweiler, an deren Spitze ein Schultheiß und 14 Schöffen standen, ein Schreiben an ihre beiden Schutz- und Schirmherren und begehrten in demselben einen „dogeluchen (tauglichen) Prüster", der ihnen das lautere Evangelium predigen würde. Ein solcher wurde ihnen auch bald nachher auf die Empfehlung von Magister Matthäus Zell aus Straßburg in der Person des jungen und talentvollen Predigers Gervasius Schuler zugesandt.

Magister Gervasius Schuler oder Scholastikus, wie er nach der Sitte jener Zeit auch genannt wurde, war um das Jahr 1495 zu Straßburg geboren. Er verlor frühzeitig seinen Vater und da seine Mutter eine Schweizerin war, so verbrachte er seine Jugendjahre in der Schweiz und besuchte namentlich die Hochschulen von Basel und von Zürich. Als er letztere Stadt verließ, empfahl ihn Ulrich Zwingli dringend in einem Schreiben vom 6. August 1524 an seinen Straßburger Freund den damaligen Ammeister Nikolaus Kniebs. Auch Matthäus Zell gewann den anspruchlosen Jüngling lieb und gab ihm ein Empfehlungsschreiben an den Bürgermeister, die vierzehn Schöffen und die ganze Gemeinde von Bischweiler mit. Gervasius predigte daselbst zum ersten Male am 2. April 1525 und seine Predigt gefiel der Bürgerschaft so wohl, daß sie in einem Schreiben an Nikolaus Kniebs ihrem gnädigen Herrn herzlich dankte, „daß er sie mit einem so rechtgeschaffenen Prüster wol versehen, wan er so fürfaren wolt alß er angefangen." Zu Ostern besagten Jahres trat Gervasius seine Wirksamkeit in Bischweiler an.

Auch in Hagenau wurde um diese Zeit in evangelischer Weise Ostern gehalten, bei welcher Gelegenheit Wolfgang Capito, der Straßburger Reformator, zugleich die erste evangelische Taufe ohne Exorcismus, Salz, Oel und dergleichen römischen Bräuchen hielt, nachdem er schon am Palmsonntag zuvor das heilige Abendmahl der Gemeinde unter beiden Gestalten gespendet hatte.

An den Unruhen des unseligen Bauernkrieges betheiligten sich auch einige Bischweiler Bürger. Als der Aufstand gedämpft war und die siegreichen Herren ein strenges Gericht über die armen verblendeten Bauern hielten, ersuchte Gervasius den Straßburger Ammeister Kniebs bei aller Handhabung des Rechts „und on Untugend der armen Lütt ungestrofft zu lossen, doch gnedig Wyß mit den Armen von Bischwyler zu handeln, diwyl sie sich ouch keiner Stroff begerent zu enzühen."

Durch diese Milde zog sich Gervasius Schuler den Haß der benachbarten katholischen Priester zu, welche ihn einen Abtrünnigen, einen „Bundschuher und Aufrührer" nannten, der das Volk verführe „und durch seine Lehren wider die Obrigkeit aufhetze". Gervasius verantwortete sich gegen diese Anklagen in einem Gedicht, welches 1527 in dreizehn Strophen in Hagenau erschien, unter dem Titel: Ein christenlich Lied mit seiner Außlegung. Dieses Lied ist Herrn Nikolaus Kniebs, Ammeister zu Straßburg, dem hohen Gönner des Gervasius von diesem gewidmet.

Neben den Anfechtungen von Außen hatte Gervasius noch viel größere in seiner amtlichen Thätigkeit zu erfahren, sowohl durch die katholischen Stiftsherren von Alt St=Peter zu Straßburg, welche den Zehnten zu Bischweiler besaßen, als Seitens des 1528 mündig gewordenen Junkers Matthias Beger, der streng an den Satzungen der römisch-katholischen Kirche festhielt. Der Magistrat von Straßburg und der alternde Herr Fabian von Eschau konnten Gervasius nicht genugsam schützen, so daß derselbe zu Ende des Jahres 1528 seine Stelle niederlegen und die ihm treu ergebene Gemeinde von Bisch= weiler verlassen mußte.

Der fernere Lebensgang des Gervasius Schuler, den wir hier nur in allgemeinen Umrissen andeuten können, war ein vielbewegter. Er wandte sich zunächst nach der Schweiz, wo er zuerst in Brem= garten, der Vaterstadt Heinrich Bullingers, dann in Basel

an der St=Leonhardskirche neben Oswald Myconius wirkte.
Im Jahre 1533 wurde Gervasius in die freie Reichsstadt Mem=
mingen berufen, eine der vier oberdeutschen Städte, welche die sog.
Tetrapolitana, das heißt das Vierstädtebekenntniß im Jahr
1530 auf dem Reichstag zu Augsburg dem Kaiser Karl V. überreicht
hatten. In Memmingen hatte der schlesische Edelmann Kaspar
von Schwenkfeld einen starken Anhang von Separatisten.

Am 20. Mai 1536 unterschrieb Gervasius Schuler mit Butzer
und Capito die sog. Wittenberger Concordie, welche den
Abendmahlsstreit in der evangelischen Kirche schlichten sollte.

Die freie Reichsstadt Memmingen schloß sich später an den
Schmalkaldischen Bund an und stellte in dem Schmalkal=
dischen Krieg, der nach Luthers Tod ausbrach, ein Fähnlein zum
oberdeutschen Bundesheer, welches sich, 80,000 Mann stark, unter dem
Befehle des berühmten Feldherrn Sebastian Schärtlin, an den
Ufern der Donau sammelte.

Nach dem Ausgang der Schlacht von Mühlberg (24. April
1547) und der Einführung des Augsburger Interims (15. Mai 1548)
blieb Gervasius Schuler und dessen Collegen, da sie dasselbe nicht
annehmen wollten, keine andere Wahl übrig, als den Wanderstab zu
ergreifen und in die Verbannung zu gehen. In Lenzburg im
Aargau fand Gervasius Schuler im Jahre 1550 eine Anstellung und
dort brachte er seine letzten Lebensjahre unter mancherlei häuslichen
Prüfungen und sonstigen Trübsalen zu. Er starb im November 1563.
Wo immer er als Prediger gewirkt, steht das Bild des Gervasius
Schuler als dasjenige eines Mannes des Friedens, der den Muth
des Glaubens mit der Milde der christlichen Liebe verband, in geseg=
netem Andenken.

Wir kehren jedoch zur Stadt Bischweiler zurück. Matthias Beger
von Blyberg war, wie oben gesagt, der Reformation abhold und unter
seiner Regierung geschah nichts zu deren Ausbreitung. Doch nach
seinem 1537 erfolgten Tode trat Junker Ludwig von Eschau,
Fabians Sohn, die Herrschaft an. Derselbe war zweibrückischer Rath
und trat 1542 die Stadt Bischweiler sammt allen oberherrlichen
Rechten als ein erbliches Lehen an den Herzog Wolfgang von
Zweibrücken, ab. Durch diesen Umstand wurde die Einführung
der Reformation in Bischweiler möglich; auch bewog der Rath der
Stadt das Stift zum Alten St=Peter in Straßburg dem evangelischen
Pfarrer von Bischweiler eine Besoldung von 120 Gulden jährlich,

sowie zwei Mannsmatten und 68 Viertel Korn zu bewilligen. Im Jahre 1545 kam Johann Hockard, welchen Calvin in Straßburg selbst ordinirt hatte, als reformirter Prediger nach Bischweiler. Die evangelische Gemeinde erstarkte allmälig in Bischweiler, welches zur reformirten Confession sich bekannte. Die Bischweiler Pfarrer hielten häufige Predigten gegen die lutherische Kirche, so daß im Jahre 1597 Ein Ehrwürdiger Kirchenkonvent von Straßburg sich darüber beschwerte.

Ludwig von Eschau lebte größtentheils in Zweibrücken, wo er um das Jahr 1560 starb. Nach seinem Tode gelangte die Herrschaft Bischweiler an die Söhne seiner Schwester Margaretha, welche seit 1536 an Herrn Johann von Schönberg am Rhein, unweit Wesel, vermählt war. Unter den Herren von Schönberg fanden in Folge der Religionskriege in Frankreich zahlreiche Truppendurchmärsche statt. Der hochherzige Herzog Wolfgang von Zweibrücken zog mit 13,000 Mann den französischen Hugenotten zu Hülfe. Bei seinem Durchzug durch das Elsaß besuchte er auch die Städte Hagenau und Bischweiler, was seinen dortigen Glaubensgenossen zur Aufmunterung diente. Am 11. Juni 1569 raffte jedoch ein heftiges Fieber diesen edlen Fürsten mitten in seiner glorreichen Laufbahn im südlichen Frankreich weg. Die Stadt Bischweiler wurde durch die auf einander folgenden Truppenmärsche sehr mitgenommen. Am 30. Juli 1587, an einem Sonntag Morgen, wurde die Stadt geplündert, die Kirchthüren erbrochen und das Archiv zerstört. Die Herren von Schönberg waren nicht im Stande diesen Gewaltthaten zu wehren. Nur durch den engen Anschluß an das zweibrückische Haus konnten die Evangelischen in Bischweiler Schutz erlangen. Dem Herzog Wolfgang war sein Vetter Johann I. nachgefolgt, dessen Wahlspruch also lautete:

Zu seyn Christ, Fürst und Freund, mein Vorsatz ist,
Dazu mir helf' Herr Jesu Christ,
Ein Christ zu seyn nach Gottes Wort,
Ein Fürst zu seyn an meinem Ort,
Ein Freund zu seyn in dieser Welt,
Alles deß, was Gott gefällt.

Als im Jahre 1604 Herzog Johann II. seinem Vater Johann I. in der Regierung folgte, wurde Bischweiler ganz mit dem Hause Zweibrücken vereinigt und begann für den Ort eine Periode neuen Aufschwungs. Vorher war Bischweiler nur ein einfaches, meist von Ackersleuten, Fischern und Waldleuten bewohntes größeres Dorf; Gewerbe und Industrie waren aber dort unbekannt. Durch die Ansie=

delung reformirter Flüchtlinge aus Frankreich und den Niederlanden gewann Bischweiler bald eine andere Bedeutung.

Herzog Johann hatte nämlich zur Gemahlin die Prinzessin Katharina von Rohan und Parthenay, welche der reformirten Confession von Herzen zugethan war. Durch den Einfluß dieser edlen Fürstin fanden viele französische um ihres Glaubens willen flüchtige Hugenotten in Bischweiler eine gastliche Aufnahme. Dieselben brachten in den Ort ihren Gewerbefleiß und ihre Thätigkeit und trugen viel zur materiellen und geistigen Hebung Bischweilers bei.

Die Bevölkerung Bischweilers erhielt bald darauf einen neuen Zuwachs durch die ausgewanderten protestantischen Pfalzburger, welche sich daselbst niederließen. Im Jahre 1570 hatte der Pfalzgraf Georg Hans von Veldenz an der Stelle des früheren Dorfes Einhartshausen die Stadt Pfalzburg erbaut, die an der Heerstraße von Lothringen nach Elsaß gelegen, bald eine wichtige Festung wurde. Im Jahre 1583 hatte der Pfalzgraf die Stadt an den Herzog Karl II. von Lothringen abtreten müssen; dieser Fürst aber war ein eifriger Anhänger der Liga und ein Feind der Evangelischen. Bereits am 22. März 1587 erließ er ein strenges Mandat gegen die Reformirten. Als er 1608 das Zeitliche segnete, hoffte man von seinem Sohne und Nachfolger, dem Herzog Heinrich eine mildere Behandlung. Allein man täuschte sich hierin; denn die Bedrückungen nahmen von Tag zu Tag zu. Da entschlossen sich eine große Anzahl reformirter Familien der Stadt Pfalzburg zur Auswanderung und wandten sich im Dezember 1617 an die Prinzessin Henriette von Rohan, die ihren Schwager Johann von Zweibrücken bewog sie in seinem Herzogthum aufzunehmen.

Zu Anfang des Jahres 1618 langten die vertriebenen Pfalzburger, unter der Führung ihres Schultheißen Johann Heusch von Limburg, in Bischweiler an, wo sie mit offenen Armen aufgenommen wurden. Herzog Johann kam selbst nach Bischweiler und gewährte am 3. Februar 1618 den Pfalzburgern und Niederländern eine sog. Capitulation. Durch dieselbe erhielten letztere neben anderen Vorrechten, unentgeltliche Plätze zur Erbauung ihrer Wohnungen, Befreiung von Abgaben während 18 Jahren und völlige Religionsfreiheit. Sie durften ihren Pfarrer selbst erwählen und es wurde die in der französischen Kirche von Annweiler bestehende Gottesdienstordnung eingeführt. Didier Mageron von Metz wurde als erster französischer Prediger von der Gemeinde gewählt und vom Herzog bestätigt. Johann Heusch erhielt die in demselben Jahre erledigte Stelle eines Schultheißen in Bischweiler, welche in der Folge ununterbrochen in seiner Familie verblieb.

Als die Bedrückungen des Herzogs von Lothringen in Pfalzburg zunahmen, wanderten die übrigen Reformirten der Stadt dort aus und kamen im Jahre 1621 in Bischweiler bei ihren Brüdern an. Herzog Johann ließ ihnen den Platz der heutigen Vorstadt zu ihrer Niederlassung einräumen.

Während des dreißigjährigen Krieges erlitt die Stadt Bischweiler viele Drangsale. Die Kirche wurde bald als Magazin, bald als Verschanzung gebraucht; Thurm und Dach waren größtentheils zerstört und alles Holzwerk im Innern zerschlagen. Der Gottesdienst erlitt lange Unterbrechungen; als nach Mansfelds Abzug aus dem Elsaß der deutsche reformirte Pfarrer Konrad Röderer zum ersten Male wieder Gottesdienst hielt, geschah es in einer verwüsteten Kirche, bei offenen Thüren und fast unter freiem Himmel. Erst nachdem Thurm und Dach wieder hergestellt waren, wurden auch der Altar, die Kanzel, die Kirchenstühle und die anderen kirchlichen Geräthe wieder hergestellt. Statt der früheren gläsernen Fenster wurden „weilen sie“, heißt es, „zu mächtig theuer waren“, nur hölzerne Läden angebracht. Das Pfarrhaus war gänzlich zerstört worden und mußte neu aufgebaut werden.

Im weiteren Verlaufe des Kriegs wiederholten sich dieselben Schreckensscenen. Im Jahre 1631 wurde die Kirche sammt dem Hügel, auf welchem sie sich erhob, in eine kaiserliche Schanze verwandelt und durch einen unterirdischen Gang mit dem Schloß in Verbindung gesetzt, wobei man alles Holzwerk an Altar und Kanzel, sowie an Thüren und Bänken als Schanzmaterial gebrauchte. Als im Jahre 1636 der kaiserliche General Gallas von seinem verschanzten Lager zu Drusenheim Ausfälle in die Umgegend machte, ging die Stadt Bischweiler in Flammen auf. Nur der befestigte Kirchberg blieb verschont.

Eine friedlichere Zeit brach mit dem Regierungsantritt des Pfalzgrafen Christian I. von Birkenfeld im Jahre 1640 für Bischweiler an. Dieser Fürst war mit der Prinzessin Magdalena Katharina von Zweibrücken, der einzigen Tochter des Herzogs Johann II. vermählt. Der Pfalzgraf stand als General in schwedischen Diensten und seine Gemahlin weilte bereits von 1633 bis 1639 in dem Schlosse von Bischweiler.

Als Christian von Birkenfeld die Regierung antrat und seinen
Wohnsitz in Bischweiler nahm, wurde auch das Kirchen= und Schul=
wesen in einen bessern Stand gebracht. Der Pfalzgraf war der
Augsburgischen Confession zugethan und ließ in seiner Schloßkapelle
den lutherischen Gottesdienst feiern. Die deutsche wie die französische
reformirte Gemeinde brachten gleichfalls ihre durch den langen Krieg
tief zerrütteten kirchlichen Angelegenheiten in Ordnung.

Am 10. Januar 1648 starb die edle Pfalzgräfin Katharina.
Ihr Tod war ein schwerer Verlust für die Bischweiler Kirche. Sechs
Jahre später, am 27. August 1654, folgte ihr Pfalzgraf Christian in
die Ewigkeit. Der Straßburger Professor der Theologie Dr. Johann
Schmidt hielt ihm die Leichenpredigt, welche gedruckt und mit einem
Bildniß des Fürsten von Peter Aubry begleitet wurde. Auch
Philipp Jakob Spener, der zu derselben Zeit die Erziehung
der beiden im Schloß von Bischweiler geborenen birkenfeldischen Prinzen
Christian und Johann Karl leitete (von 1653 bis 1656),
widmete dem Pfalzgrafen Christian ein lateinisches Leichengedicht.

Im Jahre 1660 trat der zur Volljährigkeit gelangte Pfalzgraf
Christian II. die Regierung an. Derselbe nahm französische
Militärdienste; er machte mit dem französischen Contingent den Feld=
zug von Ungarn gegen die Türken mit und that sich rühmlich an der
Schlacht von St=Gotthard[1] hervor (1. August 1664). Später
erlangte er die französische Naturalisation. Als der Pfalzgraf im
Jahre 1667 sich mit Katharina Agatha, der Tochter des Grafen
Johann Jakob III. von Rappoltstein, Hohnack und Geroldseck ver=
mählte, ernannte ihn Ludwig XIV. zum Obristen des Regiments
Elsaß (Royal-Alsace). Einige Jahre später wurde er zum französischen
Maréchal de Camp und endlich zum lieutenant-général ernannt,
eine für einen Protestanten damals seltene Auszeichnung.

Durch seine Beziehungen zum französischen Hofe war der Pfalz=
graf Christian II. in der Lage seinen protestantischen Unterthanen in
Bischweiler manche Vergünstigung zu verschaffen und die völlige Reli=
gionsfreiheit zu wahren.

Als im Jahre 1670 der Graf Johann Jakob von Rappoltstein,
der letzte seines Stammes, starb und durch sein Testament seinen

---

[1] Das Kloster St=Gotthard in Ungarn, in dessen Nähe 1664 die
berühmte Türkenschlacht stattfand, ist nicht zu verwechseln mit dem bekannten
St=Benediktinerhospiz St=Gotthard in der Schweiz.

Schwiegersohn zum Universal-Erben der rappoltsteinischen Besitzungen einsetzte, bestätigte Ludwig XIV. diese letztwillige Bestimmung. Ein Jahr darauf, am 30. März 1671, starb auch die ältere birkenfeldische Linie des wolfgangischen Stammes in der Person des Herzogs Karl Otto von Birkenfeld aus und das birkenfeldische Erbe fiel gleichfalls dem Pfalzgrafen Christian II. zu.

Zu den besonderen Privilegien, welche der Pfalzgraf von seinem Schwiegervater, dem Grafen von Rappoltstein, erbte, gehörte auch das Protektorat über die Musikanten. Wie Rappoltsweiler im Ober-Elsaß, so hatte auch Bischweiler für das untere Elsaß, seinen Pfeifertag, welcher seit 1686 am Montag nach Mariä Himmelfahrt gefeiert wurde.

Pfalzgraf Christian II. that viel zur Hebung des Kirchen= und Schulwesens in Bischweiler. Er schenkte im Jahre 1673 der deutschen Gemeinde eine Summe von 150 Gulden zum Wiederaufbau ihres zerstörten Schulhauses. Ganz besondere Verdienste aber erwarb sich der Pfalzgraf durch die Gründung der lutherischen Gemeinde von Bischweiler. Die Zahl der Lutheraner in dieser Stadt war sowohl durch das Hof= und Beamten=Personal, als durch die aus dem benach= barten Hagenau um ihres evangelischen Glaubens willen vertriebenen Lutheraner in steter Zunahme begriffen. Die Schloßkapelle war längst zu klein geworden um alle lutherischen Zuhörer zu fassen. Daher berief zu Anfang des Jahres 1684 der Pfalzgraf den Magister Johann Tobias Germann als fürstlichen Hofprediger nach Bischweiler mit einer Besoldung von 200 Gulden, zwei Fuder Wein, 15 Viertel Frucht, 12 Klafter Holz und zwei Mannsmatten nebst anderen kleinen Gebühren.

Auch gab der Pfalzgraf ein Dekret heraus, laut welchem der lutherische Gottesdienst künftighin in der reformirten Hauptkirche statt= haben sollte. Die Gottesdienstordnung war folgende: die deutsch= reformirte Gemeinde als die älteste feierte ihren Gottesdienst um halb sieben Uhr; nach demselben fand die französische Predigt statt; um halb zehn Uhr begann der lutherische Gottesdienst. Auch wurde die Ordnung bestimmt, nach welcher die vier Hauptkommunionen der verschiedenen Confessionen stattzufinden hätten.

Durch diese Maßregel wandte der Pfalzgraf von der Bischweiler evangelischen Kirche das unheilvolle Simultaneum, d. h. die gemeinsame Benutzung der Kirche mit den Katholiken, ab. Da in der protestantischen Kirche alle drei Gemeinden, die deutsch-reformirte, die französisch-reformirte und die deutsch-lutherische ihre Gottesdienste feierten, so überließ der Pfalzgraf die Filialkirche von Hanhofen bei Bischweiler den Katholiken, deren Gemeinde aus neunzehn eingewanderten oder übergetretenen Gliedern bestand; die erste Messe wurde daselbst am 3. Dezember 1686 gefeiert. Durch diese weise Verordnung wurde der confessionelle Frieden in Bischweiler für die Zukunft gesichert und waren die Protestanten vor den Verfolgungen geschützt, welche allenthalben ihre Glaubensbrüder im übrigen Elsaß bedrohten.

Die evangelische Kirche von Bischweiler mit ihren drei Confessionen baute sich seit dem Ende des siebzehnten Jahrhunderts im Frieden fort. Auch der materielle Wohlstand der Stadt hob sich durch die Entwicklung der Industrie, besonders in der ersten Hälfte dieses Jahrhunderts. Wenn seit den Ereignissen des Jahres 1870 ein Stillstand in dieser Beziehung eingetreten ist, so kann mit der Zeit Bischweiler doch wieder zu dem Rang emporsteigen, welcher ihm unter den Städten des Elsaß gebührt und wird auch je länger je mehr für die meist katholische Umgegend eine Stätte evangelischen Glaubenslebens werden.

Wie die Reichsstadt Weißenburg und die Herrschaft Fleckenstein evangelisch wurden.

An den anmuthigen Ufern der Lauter breitet sich am Fuße freund=
licher Rebhügel das Städtchen Weißenburg aus, das seinen
Ursprung einer alten Benediktinerabtei verdankt. In derselben lebte
im neunten Jahrhundert der berühmte Mönch Otfrid, welcher eine
dichterische Bearbeitung des Lebens Christi nach den vier Evangelien
(der „Krist") in deutscher Sprache herausgab. Weißenburg wurde in
späteren Zeiten zur Reichsstadt erhoben, lag aber in beständiger Fehde
mit der mächtigen und reichen Abtei, welche ihr die bürgerlichen Rechte
und Freiheiten streitig machte.

Zu Anfang des sechzehnten Jahrhunderts führte der Abt Rüdiger,
ein herrschsüchtiger und ränkevoller Mann, den Krummstab. Dieser
Herr war der Stadt und ihren Bürgern nicht hold. Die Abtei hatte
nach und nach das Patronat der meisten Pfarrstellen aus der Um=
gegend an sich gezogen und genoß deren Einkünfte und Pfründen.
Zum großen Aergerniß des Volks besetzte der Abt diese Stellen nicht
mit würdigen Geistlichen, sondern mit Miethlingen, welche mit einem
dürftigen Gehalt sich begnügen mußten. In Weißenburg selbst stand
es nicht besser. An der St=Johanniskirche jedoch wirkte ein ehrbarer
Leutpriester, Heinrich Motherer mit Namen. Er und sein
gleichgesinnter Kaplan Johann Merkel von Kleeburg waren
Freunde der Reformation, deren Lehren sie annahmen und verbrei=
teten. Beide traten auch, nach dem Vorgang anderer Prediger aus

jener Zeit, in den Ehestand (1522). Die Bürgerschaft hing ihren Predigern treu an und Luthers Lehre gewann täglich mehr Anhänger in der Stadt. Als im November 1522 Motherer den bekannten nachmaligen Straßburger Reformator Martin Butzer, der als vertriebener sickingischer Prediger nach Weißenburg gekommen war, in sein gastliches Haus aufnahm, da gelangte die Sache der Reformation in der Stadt zum Sieg. Vergeblich war der Widerstand des Abts Rübiger; erfolglos die Klage, welche er bei dem Bischof von Speyer einreichte. Der Rath von Weißenburg nahm die drei evangelischen Prediger unter seinen Schutz und diese erklärten, daß sie in Weißenburg, wo sie sich in Sicherheit fühlten, nicht aber in Speyer, wo Falschheit und Tücke sie erwarteten, sich zu verantworten bereit wären. Die Barfüßermönche suchten durch elende Verläumdungen Butzer bei dem gemeinen Volk verdächtig zu machen; allein es gelang ihnen nicht; denn als Butzer, um sie zu widerlegen, sie zu einer öffentlichen Disputation einladen ließ, erschienen seine Gegner nicht.

Während dieser Vorgänge zog sich der sickingische Krieg immer mehr in Weißenburgs Nähe. Da der Stadtrath sich zu schwach fühlte die drei evangelischen Prediger unser seinen Schutz zu nehmen, so ersuchte er sie bis wieder bessere Zeiten kämen, die Stadt zu verlassen. Die drei Freunde befolgten diesen Rath und verließen im Mai 1523 Weißenburg; sie nahmen ihre Richtung nach Straßburg, wo Butzer bald eine Anstellung und eine zweite Heimath fand. Nach Beendigung des Kriegs kehrten Motherer und Merkel nach Weißenburg zurück; sie fanden an Nikolaus Maurus, einem aus Worms um des Evangeliums willen vertriebenen Prediger, einen treuen Gehülfen. Ihren vereinten Anstrengungen gelang es das Werk der Reformation in Weißenburg immer fester zu begründen. Sie erlebten sogar (1524) die Freude Philipp Melanchthon in Weißenburg begrüßen zu dürfen; dieser hatte daselbst noch Verwandte (die Familie Schwarzerd), die er besuchte. Nach der Volksüberlieferung soll Melanchthon auf dem Marktplatz von Weißenburg von einem Fenster herab eine Ansprache an das untenstehende Volk gehalten haben.

Der unselige Bauernkrieg hatte für die Sache der Reformation in Weißenburg die schlimmsten Wirkungen. Im April 1525 erschien vor den Thoren der Stadt der sog. „Cleeburger Haufe", welcher aus aufrührerischen Landleuten aus Kurpfalz, dem Bisthum Speyer und dem zweibrückischen Amt Cleeburg bestand. Dieser Haufe zerstörte mehrere Klöster und forderte den Rath von Weißenburg auf, ihnen Pulver und Blei zu schicken und die Pfaffen und Mönche auszuliefern, widrigenfalls würden die Bauern die Weinberge vor der Stadt zerstören. In Weißenburg, wo viele Rebleute wohnten, nahm die Gährung von Tag zu Tag zu; der wenig beliebte Abt Rüdiger erwies sich gegen die Bürger sehr feindselig und ließ in der Stadt an vier Orten Feuer anlegen; er versuchte auch durch die Klosterknechte das Geschütz auf den Wällen vernageln zu lassen. Dadurch wurden die Bürger so aufgebracht, daß sie mit stürmender Hand in die Abtei eindrangen und allerlei Unfug darin verübten; des Abts Geschütz wurde aus der Stadt hinausgeschleppt und mehr denn ein Bürger ging zu den Bauern über. Umsonst legte der Bürgermeister Heinrich Huter, unterstützt von den Rathsherren, sich in's Mittel; der wachsenden Unordnung konnte er nicht wehren. Erst als die Stiftsherren mit einem Eid auf das Evangelium sich verpflichteten ihren Vorrechten zu entsagen und Treue gegen die Stadt zu halten, wurde die Ordnung in der Stadt wieder hergestellt. Trotzdem reichte der Abt Rüdiger bei dem pfälzischen Kurfürsten eine Klage wider die Stadt Weißenburg ein; der Kurfürst rückte hierauf mit Heeresmacht heran, beschoß die Stadt auf das Heftigste und zwang sie am 12. Juli 1525 zur Uebergabe. Später rechtfertigte sich der Rath von Weißenburg bei dem Kaiser und erlangte von demselben 1530 ihre Freisprechung und die Gewährung ihrer alten Privilegien.

Nach Beendigung des Bauernkriegs erfolgte in Weißenburg eine theilweise Rückkehr zu den alten Zuständen. Die beiden Kirchen St-Johann und St-Michael wurden wieder mit katholischen Priestern besetzt und um die Sache der Reformation schien es schlimm zu stehen. Allein einer der neu angestellten Geistlichen Johann Keß fing seit 1534 an das Evangelium ohne Menschensatzungen rein und lauter zu predigen. Das Stift wollte ihn seines Amtes entsetzen; allein der Rath nahm den muthigen Priester in seinen Schutz und Schirm. Dem Beispiele von Keß folgte im nächsten Jahre der andere Priester Matthias Kleindienst. Die evangelische Gemeinde erstarkte bald wieder dermaßen, daß die Stadt Weißenburg drei Jahre nachher (1537) dem Schmalkaldischen Bund sich anschloß.

Die Zeit des Interims (1547) war für Weißenburg eine schlimme; die evangelischen Prediger verloren ihre Stellen und die Messe wurde wieder eingeführt; doch besuchten dieselbe kaum zwanzig Personen. Die große Mehrzahl der Bürger war evangelisch gesinnt und besuchte die proteſtantiſchen Kirchen der Umgegend. Keß lebte als Privatmann in der Stadt; doch ſuchte er in ſeelſorgerlicher Liebe und Treue die Kranken auf und ſprach den Sterbenden Troſt zu.

Durch den Augsburger Religionsfrieden von 1555 änderten ſich die kirchlichen Verhältniſſe zu Gunſten der Reformation. Keß trat ſein Amt wieder an; da er aber altersſchwach war, nahm er einen Helfer, mit welchem er ſich jedoch nicht recht vertrug. Die Evange- liſchen in Weißenburg fanden eine kräftige Stütze an dem wackern Rathsherrn Valentin Helfant, der aus einer angeſehenen Familie der Stadt ſtammte und durch Reiſen eine vielfache Bildung gewonnen hatte. Helfant ſtand in fleißigem Briefwechſel mit Conrad Hubert, dem treuen Helfer und Mitarbeiter Butzers in Straßburg.

In der zweiten Hälfte des ſechzehnten Jahrhunderts bekleidete der — auch als Schriftſteller bekannte — ſtreng lutheriſche Pfarrer Israel Achatius das Predigtamt in Weißenburg. Im Jahre 1560 wurde das Interim aufgehoben; von dieſer Zeit an bis zum dreißigjährigen Krieg genoß die Stadt eine ungeſtörte Religionsfreiheit. Durch die Zeitumſtände dazu gedrängt, nahm der Rath die Concor- dienformel an (1580). In den jammervollen Zeiten des dreißig- jährigen Krieges litt Weißenburg große Noth; die evangeliſche Bevöl- kerung nahm bedeutend ab und betrug bei dem weſtphäliſchen Friedens- ſchluß kaum noch zweihundert Seelen. Auch in dem ſog. Türeniſchen Kriege (1673—1679), wo die Stadt Weißenburg durch den Partei- gänger La Broſſe großentheils in Flammen aufging, litt die evange- liſche Gemeinde mancherlei Abbruch; allein ſpäter erholte ſie ſich wieder, und wenn auch durch Ludwigs XIV. Begünſtigung die katho- liſche Bevölkerung in der Stadt wieder zunahm, ſo lebten doch beide Confeſſionen in Frieden neben einander.

Hinter dem hanauiſchen Amtsflecken Lembach im Sauerthal, erhob ſich auf einem ſteilen, beinahe ſenkrechten Felſen, die ſtattliche Burg Fleckenſtein, das Stammſchloß des gleichnamigen Ritter- geſchlechts, welches bereits im zwölften Jahrhundert in der elſäſſiſchen Geſchichte vorkommt. Die Herrſchaft Fleckenſtein beſtand aus neun ſogenannten Kellereyen, mit dreißig Dörfern, von denen die einen im Gebirg, die anderen im Ried, an den Rheinufern lagen. Zur Zeit der Reformation führte Herr Ludwig von Fleckenſtein, ein Ritter von altem Schrot und Korn, die Zügel der Regierung in dieſem Gebiete. Derſelbe ſtand in kurpfälziſchen Dienſten und wohnte 1541 dem Religionsgeſpräch von Worms bei; dort wurde er vollends für die Sache der Reformation gewonnen und beschloß dieselbe in seiner Herrschaft einzuführen. Da das Geschlecht derer von Fleckenstein aus zwei Linien, der älteren (von Sulz) und der jüngeren (von Dagstul) bestand, so vereinigten sich die Häupter beider Häuser und bekannten sich 1543 zur Augsburgischen Confession. Georg, Freiherr von Fleckenstein-Dagstul und dessen Sohn Ludwig beriefen evangelische Prediger. Der bedeutendste unter denselben war Martin Schalling, ein Freund und früherer Helfer Martin Butzers. Schalling wirkte segensreich als Pfarrer zu Weitersweiler unweit Buchsweiler und half die Reformation in folgenden Orten einführen: in Sulz unterm Wald, wo die Herrschaft einen Salzbrunnen besaß; in Niederrödern, der Sommerresidenz der Herren von Fleckenstein, woselbst auch der fleckensteinische Hofprediger seinen Sitz hatte; in Sesenheim und in Roppenheim, welches letztere Dorf der Hauptort des Amtes Uffried (das obere Ried) war. Auch der Flecken Röschwog wurde damals ganz evangelisch; allein unter Ludwig XIV. wurde dieser schöne und ansehnliche Marktflecken nebst einigen benachbarten Dörfern des untern Rieds mit Gewalt= mitteln zum Katholizismus zurückgeführt (1685). Das edle Geschlecht der Freiherren von Fleckenstein starb mit Herrn Heinrich Jakob im Jahre 1720 aus. Derselbe fand seine Begräbnißstätte in der Dorf= kirche von Bühl, in der Gegend von Weißenburg, woselbst sein Grabstein mit der Grabinschrift noch zu sehen ist. Nach seinem Ableben kam der größte Theil der fleckensteinischen Besitzungen an das herzog= liche Haus von Rohan-Soubise, welches die Rechte der Evangelischen anerkannte und dieselben nicht beeinträchtigte.

XX

Die Schicksale des Protestantismus in Oberehnheim.

Das freundliche Städtchen Oberehnheim, das sich am Fuße
des Odilienbergs, an den Ufern des romantischen Ehnbaches ausbreitet,
hat eine reiche geschichtliche Vergangenheit. Schon die Römer hatten
daselbst eine Niederlassung. Die fränkischen Könige bauten dort einen
Meier- oder Renthof und residirten daselbst in den Sommermonaten.
Herzog Attich, der Vater der h. Odilia, erblickte dort nach alter
Ueberlieferung das Licht der Welt und bewohnte daselbst ein stattliches
Schloß. Zur Zeit der Hohenstaufen, welche die Schirmvögte der
benachbarten Klöster Hohenburg, Niedermünster und Trutten-
hausen waren, erhob sich in Oberehnheim eine kaiserliche Pfalz, in
welcher Friedrich Barbarossa mit Vorliebe weilte. Diese Burg wurde
1246 durch den Straßburger Bischof Heinrich von Stahleck zerstört.
Im dreizehnten Jahrhundert wurde der Ort Oberehnheim mit Ring-
mauern umgeben und ward mit der Zeit in die Zahl der zehn
elsässischen Reichsstädte aufgenommen. Doch stand die Stadt unter
einem kaiserlichen Ober-Schultheißen, wodurch ihre bürgerlichen Freiheiten beschränkt waren.

Oberehnheim war eine fromme und heilige Stadt; es erhoben
sich daselbst nicht wenige Kirchen, Kapellen und Klöster. In Oberehnheim wurde 1475 der berühmte Satiriker Thomas Murner,
ein Gegner der Reformation geboren. Als die lutherische Bewegung
in Wittenberg anfing, war der Rath von Oberehnheim jeder religiösen
Neuerung abhold. Auch der damalige Oberschultheiß Nikolaus

Ziegler von Ziegelberg, welcher die benachbarte Herrschaft Barr besaß, war ein Gegner Luthers. Allein die neue Bewegung hatte unter der Bürgerschaft dennoch Eingang gefunden. Auch ein Geistlicher, Lukas Hackfurt, Kaplan am Spital, predigte in Luthers Sinn und hatte einen großen Zulauf. Als er jedoch im Jahre 1522 in die Ehe trat, schritten Schultheiß und Rath gegen ihn ein. Um der Gefangenschaft zu entgehen, flüchtete der Kaplan nach Straß= burg, wo ihm einige Jahre später (1529) die Stelle eines Schaffners der St=Marxstiftung (der heute noch bestehenden großartigen Straß= burger Armenanstalt) übertragen wurde. Hackfurt neigte eine Zeitlang dem Separatismus zu, erkannte aber später seine Irrthümer und kehrte zur Einfachheit und Lauterkeit des evangelischen Glaubens zurück.

Der Rath von Oberehnheim beharrte auf seiner Abneigung gegen die Reformation. Im Jahre 1524 ließ er mehrere Bürger in das Gefängniß werfen, den einen, weil er an einem Fasttag Fleisch gegessen und dabei geäußert hatte, es sei dies keine Sünde; einen andern, weil er behauptet hatte, man thue den Heiligen zu viel Ehre an, die Wunder, welche man ihnen zuschreibe, seien Blendwerke des Teufels u. s. w.

Die Straßburger Prediger fühlten sich gedrungen für ihre verfolgten Glaubensbrüder einzutreten; sie richteten daher am 28. Januar 1524 ein Schreiben an den Rath von Oberehnheim, in welchem sie durch das Wort Gottes bewiesen, daß die bestraften Bürger nichts Schriftwidriges behauptet hätten. Auf ihr Schreiben erfolgte aber keine Antwort.

Der treue Gott sorgte jedoch auf andere Weise für seine kleine Heerde. In der Nähe der kleinen Reichsstadt erhob sich vor Alters das Dorf Oberkirch, das in dem dreißigjährigen Krieg gänzlich zerstört wurde. Dort lebte in seinem, zum Burgbanne von Ober= ehnheim gehörigen Schlosse Herr Wolfgang von Oberkirch. Bereits in seinen Jünglingsjahren hatte sich der edle Ritter der Reformation zugewandt. Seine Vorfahren hatten nämlich die Kirche St=Johann erbaut und einige Stiftungen derselben überwiesen; sie besaßen demzufolge das Recht, einen Meßpriester und einen Sigristen (Sakristan) in derselben zu ernennen. Herr Wolfgang berief mehrmals den Straßburger Reformator Martin Butzer nach Oberkirch; dieser predigte unter großem Zulauf des Volks zu St=Johann und rieth dem edlen Ritter einen „Diener am Wort", wie man damals die evangelischen Priester hieß, zu berufen; allein Herr Wolfgang wagte

es nicht, diesen Schritt zu thun, einmal weil die Kirche St=Johann
auf dem Grund und Boden der Stadt Oberehnheim stand und zum
andern, weil der kaiserliche Schultheiß dagegen eingeschritten wäre.

Um die Mitte des sechzehnten Jahrhunderts drang die Reformation siegreich in der Herrschaft Barr durch. Die ritterliche Familie,
derer von Ziegler, hatte Stadt und Herrschaft Barr an den Rath
von Straßburg verpfänden müssen. Die Straßburger begünstigten aber
nach Kräften die Ausbreitung der Reformation. Durch den glaubens=
eifrigen Bernhard Kreder, der seit 1548 Stadtschreiber in Ober=
ehnheim war und 1566 als straßburgischer Amtmann nach Barr
berufen wurde, fanden in allen herrschaftlichen Ortschaften evangelische
Prediger eine Anstellung. Dadurch ward den Evangelischen in Ober=
ehnheim, welche vorher bis nach Dorlisheim hatten gehen müssen, um
die Predigt des lautern Evangeliums zu hören, Gelegenheit geboten
sich in der Nähe zu erbauen.

Das Jahr 1566 war für die Einführung der Reformation in
Oberehnheim entscheidend. In demselben traten Herr Ziegler und
dessen Söhne das Oberschultheißenamt an die Stadt Straßburg ab
und nunmehr wagte es Herr Wolfgang, unter dem Schutz der
mächtigen Stadt und mit Berufung auf den Religionsfrieden von
Augsburg von 1555, einen evangelischen Pfarrer nach Oberkirch zu
berufen. Allein der Predigermangel war damals so groß, daß erst im
Jahre 1571 Paul Soldinus aus Gemmingen im Badischen, dahin
berufen werden konnte. Derselbe trat sein Amt gleich an, obwohl er
seine theologischen Studien noch nicht vollendet hatte. Nunmehr konnte
das Wort Gottes frei und ungehindert verkündigt werden und es
fanden zu Oberkirch regelmäßige evangelische Gottesdienste statt. Die
Einwohner von Oberehnheim besuchten gleichfalls, ohne daran gehindert
zu werden, die evangelische Predigt in der benachbarten Kirche von
St=Johann.

Ein Mann, der nicht ohne Bedeutung im Zeitalter der Reformation war, ein Mann, dessen Name durch eine milde Stiftung bis
auf unsere Tage sich bei der dankbaren Nachwelt erhalten hat und
der durch seine Geburt der evangelischen Kirche von Oberehnheim
angehört, ist der Rechtsgelehrte Johann Schenkbecher. Derselbe
lebte und wirkte in der Hauptstadt Straßburg, doch nahm er den
wärmsten Antheil an den Schicksalen der Reformation in seiner
Vaterstadt. Schenkbecher hauptsächlich war es, welcher den Rath von
Straßburg bewog, der Evangelischen in Oberehnheim und in Oberkirch

sich anzunehmen. Als er 1575 starb, vermachte er sein beträchtliches Vermögen um unbemittelte aber begabte Jünglinge, namentlich Juristen und Mediziner, in ihren Studien zu unterstützen. Die Schenkbecher'sche Stiftung besteht bis auf den heutigen Tag in Straßburg.

Zu Ende des sechzehnten Jahrhunderts, bei dem Ausbruch des sog. bischöflichen Krieges, hatte die evangelische Gemeinde von Oberehnheim einen schweren Stand; sie erfuhr manche Anfeindung seitens der Gegner. Damals wirkte in der kleinen Reichsstadt ein glaubenseifriger evangelischer Prediger Daniel Schad. Unter seiner seelsorgerlichen Leitung wuchs die Zahl der evangelischen Familien bis auf achtzig heran. Die Gottesdienste waren fleißig besucht; auch gründete Schad eine evangelische Schule. Des treuen Mannes Wirksamkeit dauerte zwölf Jahre, von 1578 bis 1590. Im Jahre 1585 hielt Schad dem mit Tod abgegangenen Herrn Wolfgang von Oberkirch eine „Christliche Leichenpredigt", welche zu Straßburg im Druck erschien.

Für die evangelische Gemeinde von Oberehnheim war der Tod Herrn Wolfgangs ein großer Verlust. Der Rath dieser Stadt war der Ausbreitung des Evangeliums abgeneigt und gab ein Mandat heraus, durch welches er den Bürgern den Besuch des Gottesdienstes zu St=Johann untersagte. Allein der Rath von Straßburg verwendete sich für die Evangelischen von Oberehnheim. Allein in Folge von Mißhelligkeiten zwischen dem Rath letzterer Stadt und der Familie von Oberkirch traten die religiösen Gegensätze immer schroffer hervor. Pfarrer Schad hatte einen schweren Stand. Er erzählt in seinem Tagebuch die Angriffe und Beleidigungen, die er von Seiten der Gegner ausgesetzt war. Der katholische Meßdiener des landspergischen Ortes Niederehnheim rief ihm einst auf dem Felde greuliche Flüche und Verwünschungen nach und drang mit gezücktem Messer auf ihn los. Junge Leute aus Oberehnheim und Otrott griffen sein Haus mit Steinwürfen an, ja der Rath der Stadt verbot den Wirthen, Fleischern und Bäckermeistern, Speise und Getränke der herrschaft= lichen Familie von Oberkirch, sowie dem evangelischen Pfarrer zu verabfolgen.

Schad hatte in einer Predigt das Meßopfer eine sündliche Abgötterei genannt. Daraufhin griff ihn der katholische Kaplan auf offener Straße an, unterstützt von mehreren Rebmännern, welche mit Karst und Axt bewaffnet, auf den evangelischen Pfarrer eindrangen. Ueber diesen rohen Angriff beschwerte sich Schad bei dem Rath von Oberehnheim. Derselbe lud ihn ein seine Beschwerde auf dem Rathhaus

selbst vorzubringen. Dort traf Schad mit dem katholischen Stadt=
pfarrer und dessen Kaplan zusammen. Es kam zu einer heftigen
Erörterung; der evangelische Priester wurde, trotzdem er in seinem
vollen Rechte stand, nicht angehört, sondern überschrieen und entfernte
sich zuletzt um des lieben Friedens willen. Die katholischen Raths=
herren aber hielten treulich zu ihren Priestern und bewirtheten
dieselben am Abend auf Kosten des Stadtsäckels. Vergeblich waren
alle Versuche zur Vermittlung, welche später der Straßburger Stätt=
meister Hans Philipp von Kettenheim machte. Schad's schrift=
liche Verantwortung wurde nicht berücksichtigt, ja die katholischen
Schulknaben verfolgten den evangelischen Prediger, wo er sich nur
blicken ließ. Eine Klagschrift, welche Schad an den Kaiser Rudolf II.
richtete, blieb ohne Erfolg; denn der Rath von Oberehnheim fand
Recht bei dem Kaiser.

Der Magistrat der kleinen Reichsstadt ging immer weiter in
seiner Abneigung gegen den evangelischen Glauben; er verbot bei
Strafe von einem Pfund Pfenning (ungefähr sieben Mark) den
Bürgern der Stadt den Kirchen= und Schulbesuch von St=Johann.
In Folge dieser Bedrückungen verließ Pfarrer Schad im Jahre 1590
Oberkirch, um einen Ruf nach Dorlisheim anzunehmen. Noch in
demselben Jahre fand er eine Anstellung zu Frankfurt am Main.
Seine Abschiedspredigt ließ Schad in letzterer Stadt drucken, sammt
angehängtem „Trost Martini Lutheri für die Christen so um des
Evangelii willen verfolgt werden" und schickte das Büchlein seinen
ehemaligen Gemeindegliedern zu.

Von 1598 an wurden die Maßregeln gegen die Evangelischen
immer strenger. Der Kirchenbesuch in Oberkirch wurde ihnen bei fünf
Pfund Pfenning (nahezu 35 Mark) Strafe verboten. Viele Evangelische
wanderten aus; die anderen zogen in die benachbarten Dörfer Heiligen=
stein und Goxweiler, um sich dort zu erbauen. Die Kirche von
St=Johann bestand fort; doch ging das Dorf Oberkirch in den Stürmen
des dreißigjährigen Krieges unter. Im Jahre 1632 nahmen zwar die
Schweden die Stadt Oberehnheim ein und beschützten die Evange=
lischen; doch war ihr Aufenthalt zu kurz, als daß sie sich ihrer
Glaubensgenossen nachhaltig annehmen konnten, denn bald zogen sie
nach dem Ober=Elsaß ab.

Die kleine evangelische Gemeinde von Oberkirch bestand bis 1741
fort; in diesem Jahre nahm der letzte evangelische Pfarrer von
St=Johann, Christian Moser, einen Ruf nach Heiligenstein an.

Die Hauptursache seines Weggangs bestand darin, daß Herr Johann Wolfgang von Oberkirch noch in hohem Alter, in seinem 75. Lebensjahre, zur katholischen Kirche übertrat. Sein jüngster Sohn, Friedrich Leopold, folgte dem Beispiel seines Vaters nach, während der älteste, Johann Christoph, dem evangelischen Glauben treu blieb.

Die Familie von Oberkirch besitzt das Stammschloß ihrer Väter noch. Sie ist durch Heirath mit bedeutenden adeligen Geschlechtern aus Frankreich in Verbindung getreten. Eine bekannte Persönlichkeit der neueren Geschichte ist die Baronin von Oberkirch gewesen, deren Aufzeichnungen (Mémoires de la baronne d'Oberkirch) einen äußerst werthvollen Beitrag zur französischen Revolutionsgeschichte bilden. Ihre Tochter, die nunmehrige Schloßbesitzerin von Oberkirch, ist die Baronin de Hell, die Wittwe eines französischen Admirals. Sie ist eine edle Gönnerin der evangelischen Kirche, denn in ihrem Schlosse hielt bis in die jüngste Zeit der protestantische Pfarrer des Klingenthals regelmäßige Gottesdienste.

Am 26. Mai 1878 ward es den Protestanten von Oberehnheim, deren Zahl allmälig sich vermehrt hat, nach anderthalb Jahrhunderten wieder vergönnt, sich in einem Betsaale zu gemeinsamer Erbauung zu vereinigen. Möge die kleine evangelische Gemeinde innerlich erstarken und nach außen hin wachsen und für die ganze Umgegend „die Stadt auf dem Berge werden, die nicht verborgen bleiben mag" (Matth. 5, 14).

XXI.

Colmar im sechzehnten Jahrhundert.[1]

Colmar, dem Range nach die zweite unter den elsässischen
Reichsstädten der kaiserlichen Landvogtei, war mit Mülhausen,
die bedeutendste Stadt des Ober-Elsaß. In kirchlicher Beziehung hing
sie von der Gerichtsbarkeit des Bischofs von Basel ab; in der Stadt
selbst befanden sich viele Klöster. Die Augustiner, die Barfüßer, die
Predigermönche (Dominikaner) und die Johanniter besaßen daselbst
stattliche Ordenshäuser und das Frauenkloster Unterlinden war
im Mittelalter ein berühmter Sitz der deutschen Mystik. Als die
Morgenröthe einer besseren Zeit anbrach und Luther im Jahre 1517
seine 95 Thesen an der Schloßkirche zu Wittenberg anschlug, drangen
die Grundsätze und die Anschauungen der Reformatoren auch in das
Ober-Elsaß. In Colmar waren Rath und Bürgerschaft aufgeklärt;
wie zu Straßburg und zu Basel wurden auch in Colmar Luthers
Schriften nachgedruckt durch den Buchdrucker Amandus Farkal
und fanden unter dem Volk vielfachen Absatz. Diese Umstände waren
der Reformation günstig; allein der Erzherzog Ferdinand (der nachmalige König Ferdinand I.), der Bruder des Kaisers Karl's V.,
welcher damals in Ensisheim die Regierung über die vorderösterreichischen Besitzungen führte, war ein erbitterter Gegner der Refor-

---

[1] Vgl. über die Colmarer Reformationsgeschichte die Schriften von
Franz Lerse, dem Jugendfreunde Göthe's, Xav. Moßmann, dem
gelehrten Stadtarchivar von Colmar, und Wilh. Horning, dem Straßburger Kirchenhistoriker.

mation; mit argwöhnischem Auge verfolgte er die Ausbreitung der evangelischen Lehre und suchte dieselbe nach Kräften zu bekämpfen.

Der erste Reformationsversuch in Colmar fällt zu Ende des Jahres 1524. Am 13. Dezember fing der Kaplan „Herr Hans" in der Stiftskirche St=Peter an, das lautere Wort Gottes zu predigen und wider das sündliche Leben und Treiben der Geistlichen zu eifern. Unter stets wachsendem Zulauf des Volkes hielt er eine Reihe von Predigten in diesem Sinn. Auf die Klagen der Priester, schickte der Rath eine Botschaft an das St=Peterstift und bat die Stiftsherren, sie möchten dem Neuerer die Kanzel verbieten, doch zugleich die Priester ermahnen, sich eines frommen und reinen Wandels zu beflei= ßigen. Der Dechant des Kapitels erfüllte sogleich die erste Bitte; was aber das zweite Begehren betraf, so berief er sich auf den Bischof von Basel, unter dessen Gerichtsbarkeit die Geistlichkeit stünde.

Als die Kunde dieses Rathsverbots in Colmar sich verbreitete, entstand in der Stadt ein Auflauf. Am heiligen Christabend drangen gegen 600 Bürger in das Haus des regierenden Obristmeisters Ludwig Hutsch und begehrten, man möge dem Kaplan wieder erlauben die Kanzel zu besteigen. Noch in der nämlichen Nacht kam der Rath zusammen. Die Bürger hielten ihrerseits Zusammenkünfte auf den Zunftstuben der Rebleute, der Ackerleute und der Kornleute und überreichten in den letzten Tagen des Jahres 1524 dem Magistrat dreizehn sog. Reformationsartikel, durch welche sie die lautere und reine Predigt des Wortes Gottes verlangten; zugleich begehrten sie, daß die Priester, Nonnen und Mönche gleich den übrigen Bürgern den Bürgereid schwören und die bürgerlichen Lasten tragen sollten, insbesondere Steuern zahlen und Frohndienste thun. Im Verweige= rungsfalle sollten sie den übrigen Bürgern gleichgestellt, vor weltliche Gerichte geladen und gleich anderen bestraft werden. Die Geistlichen sollten mit einem Worte keine Ausnahmestellung in der Gesellschaft mehr einnehmen.

Den Leutpriestern war bei diesen Vorgängen nicht wohl zu Muth; darum entschlossen sie sich nachzugeben und die Gerichtsbarkeit der Stadt in weltlichen Dingen anzuerkennen. Als wenige Monate darauf der Bauernkrieg mit seinen Schrecken ausbrach und es auch in der Colmarer Bürgerschaft zu gähren anfing, so stellten sich die angst= erfüllten Klosterleute unter der Stadt Schutz und Schirm und leisteten den bürgerlichen Eid der Treue; darauf hin beruhigten sich die Gemüther. Von den Greueln des Bauernkriegs blieb die Stadt

Colmar in dieser bewegten Zeit verschont, Dank der Eintracht, welche zwischen dem Rath und der Bürgerschaft herrschte.

In den nächsten Jahrzehnten machte die Reformation in Colmar keine bedeutenden Fortschritte. Wohl hatte die neue Lehre zahlreiche Anhänger in der Stadt, allein der schwierigen Zeitläufe wegen durften dieselben mit ihrem Bekenntniß nicht öffentlich auftreten, aus Furcht verfolgt zu werden. Auf dem Reichstag von Augsburg von 1530, als die Augsburgische Confession am 25. Juni von den evangelischen Ständen, den Fürsten und den Städten überreicht wurde, da trat der Colmarer Stättmeister Hieronymus Boner[1], im Einverständniß mit den Abgeordneten von Hagenau, gegen den harten kaiserlichen Reichsabschied auf und bat um Schonung und Duldung der Evangelischen. Dieser Umstand beweist, daß die Vertreter der beiden elsässischen Hauptstädte der Landvogtei im Herzen der Reformation zugethan waren.

Die Umstände gestalteten sich vom Jahre 1535 an, wo die Reformation in den benachbarten württembergischen Besitzungen des Ober-Elsaß eingeführt wurde, besser für die Stadt Colmar. In diesem Jahr nämlich hatte der geächtete Herzog Ulrich von Württemberg mit Hülfe des Landgrafen Philipp von Hessen sein angestammtes Land wieder erobert; er führte alsobald die Reformation in sein Herzogthum ein. Ein Gleiches that der Graf Georg im Ober-Elsaß und in der Grafschaft Mümpelgard (Montbéliard). Das Städtchen Reichenweyer wurde der Mittelpunkt der reformatorischen Bewegung, welche trotz der Nähe der österreichischen Herrschaft immer mehr um sich griff. Jeden Sonntag zogen die Bürger von Colmar haufenweise nach dem nahen Horburg, um das Wort Gottes in seiner Lauterkeit predigen zu hören. In Colmar selbst waren die einflußreichsten Rathsherren, wie Konrad Wickram und Hieronymus Boner der Reformation nicht abhold. Dazu kam das Aergerniß, welches die Priesterschaft, insbesondere die Augustinermönche, dem Volke gab; dieses Aergerniß erreichte eine solche Höhe, daß der Rath im Juli 1538 einen scharfen Erlaß wider die Ordensleute herausgeben mußte, um dem Unfug einigermaßen zu wehren. Der Rath von Colmar zog um jene Zeit zwei Klöster, das Stift St-Peter und das Barfüßerkloster an sich.

---

[1] Hieronymus Boner war ein Mann von großer Bildung und Aufklärung; derselbe ist auch bekannt als Schriftsteller und Uebersetzer.

Um den wachsenden Fortschritten des Lutherthums wirksam entgegen zu treten, berief um das Jahr 1540 das St=Martinsstift den als geistlichen Redner berühmten Dominikanermönch Johann Fabri von Heilbronn nach Colmar. Dieser, ein Freund des Doktors Johann Eck, des heftigen Gegners Luthers, war von denselben feindseligen Gesinnungen gegen die Reformation beseelt. Er wirkte als Prediger fünf Jahre in Colmar, ward 1544 nach Freiburg im Breisgau berufen und starb zu Ingolstadt in Bayern, als Doktor und Professor der Theologie an der dortigen Universität.

Neben Fabri begegnen wir in Colmar dem gelehrten und talent= vollen Dr. Johann Hoffmeister. Derselbe, 1510 zu Colmar geboren, trat frühzeitig in den Augustinerorden ein und wurde 1538 Prior des dortigen Augustinerklosters; 1540 ward er zum Ordens= provinzial[1] ernannt. Hoffmeister war eine bedeutende Persönlich= keit; er wirkte sowohl als Prediger wie auch als Schriftsteller. Er redete mit Feuer und Begeisterung und predigte in volksthümlicher, anregender Weise; dazu waren seine Sitten rein und tadellos. Hoff= meister gab gegen Luther eine heftige Streitschrift heraus, welche wegen ihrer leidenschaftlichen Ausfälle von dem Rath von Colmar verboten wurde. Kaiser Karl V. schätzte den gelehrten Mann so sehr, daß er ihn 1541 einlud am Religionsgespräch[2] von Regensburg theilzu= nehmen, wo er gegen den Straßburger Reformator Martin Butzer stritt. In späteren Jahren wurde Hoffmeister milder, wie das aus einem überaus herzlichen Schreiben hervorgeht, welches er an seinen früheren Studiengenossen und Freund, den evangelischen Superinten= denten Matthias Erb von Reichenweyer, richtete. Durch seine neue Würde als Provinzial seines Ordens, war Hoffmeister oft ab= wesend von Colmar. Er entwickelte eine außerordentliche Thätigkeit, die ihn vor der Zeit aufrieb. Er starb, nicht völlig 38 Jahre alt, auf einer Visitationsreise zu Günzburg in Bayern, am 22. August 1547.

Die Zeit des Schmalkaldischen Krieges und des Interims war der Ausbreitung des Protestantismus im Elsaß wenig günstig; auch

---

[1] Provinzial nannte man den Vorsteher des Ordens über eine ganze Gegend (geistliche Provinz).

[2] Religionsgespräche waren im 16. Jahrhundert Unterredungen zwischen katholischen und evangelischen Theologen, um eine Vereinigung beider Confessionen zu bewirken. In der Regel blieben diese Religions= gespräche völlig erfolglos.

in Colmar fand ein Stillstand der reformatorischen Bewegung statt. Die Verhältnisse gestalteten sich günstiger nach dem siegreichen Feldzug des Kurfürsten Moritz von Sachsen und dem Passauer Vertrag (1542). Gleich nach dem Abschluß desselben gründete der aus der Schweiz zurückgekehrte Graf Georg von Württemberg eine lutherische Pfarrei zu Horburg bei Colmar. Der erste dortige Pfarrer war Bartholomäus Westheimer. Zu Pforzheim im Schwarzwald geboren, stand derselbe seit 1536 einer Buchdruckerei zu Basel vor. Westheimer war nicht nur ein sehr begabter Prediger, sondern auch ein besonnener und einsichtsvoller Mann. Er wurde bald ein Liebling des Volks und jeden Sonntag zogen die Colmarer Bürger schaaren= weise nach dem benachbarten Horburg, um sich an seinen Predigten zu erbauen und sich bei ihm Raths zu erholen. Als im Jahre 1560 das strenge Lutherthum in den württembergischen Gebietstheilen des Ober=Elsaß eingeführt wurde, blieb Westheimer, obwohl auf Butzers kirchlichem Standpunkte stehend, dennoch an seinem Posten und stand dem Nachfolger des Matthias Erb, dem neuen württembergischen Super= intendenten von Reichenweyer, Nikolaus Cancerinus, der die Wichtigkeit des Sieges der Reformation in Colmar in das Auge gefaßt hatte, in seinen Bemühungen treulich bei.

Von großer Bedeutung war es, daß im Jahre 1567 mehrere einflußreiche Protestanten in den Rath der Stadt Colmar erwählt wurden. Die bekanntesten darunter sind Matthias Günzer, Michael Buob, Johann Goll und Sebastian Wilhelm Link von Thurnburg. Die beiden letzteren waren im Jahre 1556 um ihres evangelischen Glaubens wegen aus ihrer Vaterstadt Schlett= stadt vertrieben worden. In Colmar hatten diese verdienstvollen Männer eine ehrenvolle Aufnahme gefunden. Ferner gehörte noch zur evangelischen Partei der gelehrte und einsichtsvolle Jurist Andreas Sandherr, aus einem angesehenen alten Colmarer Geschlecht. Den unablässigen Bemühungen dieses Mannes gelang es, den Rath dazu zu bestimmen, die leerstehende Barfüßerkirche [1] der Bürgerschaft zum Gottesdienste zu überlassen. Der erste Geistliche, der darin pre= digte, Michael Buchinger, war zwar katholisch, hatte aber sehr gemäßigte Ansichten, so daß vorauszusehen war, daß die in den

---

[1] Die übrigen Gebäulichkeiten des Barfüßerklosters wurden am 7. November 1567 zu einem städtischen Spital umgewandelt; die Klosterkirche aber davon abgetrennt und dem öffentlichen Gottesdienste zurückgegeben.

Besitz der Stadt übergegangene ehemalige Klosterkirche bald für den evangelischen Gottesdienst dienen würde. Und so kam es auch.

Buchinger war, trotzdem ihm der Ruf eines gemäßigten und vermittelnden Theologen vorausging, dennoch ein gläubiger katholischer Priester; er befriedigte daher die Colmarer Bürgerschaft nicht; er wurde auch nach kurzer Wirksamkeit seiner irdischen Thätigkeit durch den Tod entrissen. Die Umstände zur völligen Einführung der Reformation gestalteten sich in Colmar immer günstiger. Im benachbarten Reichenweyer wirkte der glaubenseifrige Superintendent Nikolaus Cancerinus. Derselbe scheute keine Mühe um die Colmarer Bürger durch Wort und Schriften für das reine Evangelium zu gewinnen. Er widmete eine 1569 herausgegebene Predigt: Der alte Glaube von der Rechtfertigung des Menschen dem Rath von Colmar, welcher die Widmung nicht ungnädig aufnahm. In dieser Predigt vertheidigte Cancerinus das Lutherthum gegen den Vorwurf als wäre dasselbe eine Neuerung in der christlichen Kirche und zeigte wie die lutherische Lehre vielmehr die ursprünglich christliche und apostolische sei.

Mit der Erscheinung dieser ächt reformatorischen Schrift begann der entscheidende Kampf zwischen dem Colmarer Rath und der katholischen Geistlichkeit. Der größte Schaden, welcher derselben widerfahren konnte, war der, daß aus ihrer eigenen Mitte aufgeklärte Priester in evangelischer Weise zu wirken anfingen. Solches geschah 1571, wo in der St.-Martinskirche Johann Schuler, ein begabter Leutpriester, das reine Evangelium zu predigen anfing. Wohl wurde ihm vom Kapitel die Kanzel sofort verboten, und Schuler starb bald darauf eines schnellen Todes, über welchen allerlei Gerüchte sich in der Stadt verbreiteten, allein der Anstoß war nun gegeben und die neue Bewegung nicht mehr aufzuhalten. Als am 22. Mai 1572 ein großer Brand in der St.-Martinskirche ausbrach und den Hauptthurm nebst dem Glockenhause zerstörte, wurden neue Glocken gegossen und 1573 in der Kirche, dem sog. Münster von Colmar, aufgestellt. Bei diesem Anlaß rief ein muthiger unerschrockener Rathsherr dem versammelten Volke zu: „Zu den neuen Glocken gehören auch neue Prädikanten." Das war von nun an die Losung der Colmarer Bürgerschaft.

Im Frühjahr 1575 wandte sich der Rath von Colmar an den Straßburger Rechtsgelehrten Dr. Johann Nervius und begehrte von demselben bezüglich des Reformationsrechts ein juristisches Gutachten. Nervius gab unterm 7. Mai 1575, die Erklärung ab, daß

laut den Bestimmungen des Augsburger Religionsfriedens von 1555
der Reichsstadt Colmar als einem freien Reichsstande des heil. römischen
Reichs das jus reformationis (Reformationsrecht) zuständе und rieth
dem Magistrat unerschrocken vorzugehen. Der Rath hielt eine geheime
Sitzung, in welcher einmüthig beschlossen wurde, um des Friedens
und der inneren Ruhe willen, den Evangelischen die freie Religions=
übung zu gewähren und ihnen die leerstehende Barfüßerkirche für ihre
Gottesdienste zu überlassen.

Am 15. Mai 1575, einem Sonntag, wurden die Bürger auf
den Zunftstuben versammelt. Dort wurde ihnen von den Mitgliedern
des Raths unter allgemeinem Beifall und Jubel der Rathsbeschluß
der Religionsfreiheit mitgetheilt. An demselben Morgen fand unter
dem Zulaufe des Volks die erste evangelische Predigt statt; der
lutherische Pfarrer von Jebsheim, Johann Cellarius (Keller)
hielt dieselbe. Mit unaussprechlicher Rührung sang die Versammlung
das bekannte Reformationslied: „Es ist das Heil uns kommen her",
woraus in Colmar die Rede entstund: „Es kommt das Heil von
Jebsheim her". Der neuen evangelischen Gemeinde standen der würt=
tembergische Superintendent Dr. Cancerinus, sowie der ihm befreundete
Antistes (Vorsteher) der Basler Kirche, Dr. Simon Sulzer, mit
Rath und That bei. Auf deren Empfehlung wurde als erster evan=
gelischer Pfarrer Christian Särinus, ein in der Markgrafschaft
Baden angestellter Geistlicher nach Colmar berufen. Als Diakonus
oder Helfer wurde ihm Israel Ulstetter[1], bisheriger Rektor der
lateinischen Schule von Reichenweyer, beigegeben. So war in Colmar
seit jenem denkwürdigen 15. Mai die Reformation in gesetzmäßiger
Weise eingeführt worden. Das Colmarer Volk aber behielt in dank=
barer Erinnerung die Namen jener Männer, denen die Evangelischen
die Segnungen der Reformation verdankte, wie folgender Reimspruch
beweist, der sich bis auf den heutigen Tag im Ober=Elsaß erhalten hat:

> Wenn Buob (Bube) wär' geblieben Knecht,
> Und Link geblieben wäre recht,
> Und Goll geblieben wäre stumm,
> So wär' Colmar nit im Lutherthum.

---

[1] Der gelehrte Israel Ulstetter verkehrte im Reformationszeitalter
mit den bedeutendsten Persönlichkeiten. Er legte eine Briefsammlung (Col-
lectio Ulstetteriana) an, welche höchst interessant war, auf der Straßburger
Stadtbibliothek sich befand und mit derselben im August 1870 unterging.

XXII

Matthias Erb, der Reformator von Reichenweyer. [1]

Am Fuße waldiger Gebirgshöhen, in einem anmuthigen, reben=
umkränzten Thalkessel, breitet sich das alterthümliche Städtchen
Reichenweyer aus. Einst war es der Hauptsitz der württem=
bergischen Besitzungen im oberen Elsaß. Im Jahre 1324 hatte der
Graf Ulrich von Württemberg die Herrschaft Reichenweyer sowie die
benachbarte Grafschaft Horburg den beiden gräflichen Brüdern
Walther IV. und Burkard II. abgekauft. Außer diesem elsässischen
Gebietstheil hatten die württembergischen Grafen durch Heirath noch
die in Hochburgund gelegene Grafschaft Mömpelgard (Montbéliard)
erworben. Im dortigen Schlosse residirte gewöhnlich als Statthalter
ein jüngerer Graf des Hauses Württemberg.

Unglückliche Zeitumstände hatten im Jahre 1519 den kühnen
Herzog Ulrich von Württemberg gezwungen sein Land zu verlassen
und eine Zuflucht in der Schweiz zu suchen. Er lebte zuerst in Basel,
dann in Zürich, wo er die Reformation kennen lernte und sich
derselben anschloß. Die württembergischen Lande kamen in die Gewalt
Ferdinands von Oesterreich, welcher mit eiserner Hand alle freieren
Regungen erstickte, die sich unter dem Volk kundgaben; doch konnte
dieser Fürst nicht verhindern, daß die Reformation allmälig in
Schwaben eindrang und daselbst immer mehr Boden gewann. Nach

---

[1] Vgl. Geschichte der evangelischen Gemeinde zu Reichenweier (Ober=
Elsaß), von Ed. Ensfelder, Pfarrer in Reichenweier.

fünfzehnjähriger Verbannung gelang es 1534 dem in der Leidens=
schule geläuterten Herzog Ulrich mit Hülfe des hochherzigen Land=
grafen Philipp von Hessen, seine Erb= und Stammlande wieder zu
erobern. Mit der freudigen Zustimmung seiner Unterthanen führte der
Herzog sofort die Reformation in Württemberg ein. Auch sein jüngerer
Bruder, der Graf Georg, welcher als herzoglicher Statthalter die
Herrschaft im oberelsässischen Gebiete und in der Grafschaft Mömpel=
gard ausübte, unterstützte seinerseits den Herzog in seinen reforma=
torischen Bestrebungen. Auch er hatte lange Jahre als Verbannter
in der Schweiz gelebt, hatte in Zürich Ulrich Zwingli kennen lernen
und war dessen Freund und warmer Anhänger geworden.

Der Graf Georg, ein frommer und aufgeklärter Fürst, voller
Glaubenseifer, wandte sich an den Rath von Zürich, um von ihm
einen geeigneten Mann zur Einführung der Reformation zu erbitten.
Er hatte zuerst sein Augenmerk auf Zwinglis Freund, den gelehrten
Leo Judä, einen geborenen Ober=Elsässer[1], gerichtet; dieser jedoch
lehnte den ehrenvollen Ruf ab. An dessen Stelle sandte der Rath von
Zürich den begabten und muthigen Dr. Erasmus Schmidt (Fabri=
cius), einen ehemaligen Benediktinermönch aus dem Kloster Stein
am Rhein; derselbe traf 1536 in Reichenweyer ein, wo er alsbald in
reformatorischer Weise seine Wirksamkeit begann; doch wurde er
bereits nach drittehalb Jahren als Archidiakonus nach Zürich zurück=
berufen. Schmidt wurde in Reichenweyer durch Matthias Erb
ersetzt, dessen treues Wirken nahezu ein Vierteljahrhundert dauerte
und welchen man als den eigentlichen Reformator von Reichenweyer
bezeichnen kann.

Matthias Erb war ein Landsmann des Straßburger Reforma=
tors Kaspar Hedio und 1494, wie dieser in dem Städtchen Ettlingen,
in der Markgrafschaft Baden geboren. Er erhielt seine gelehrte Aus=
bildung in der Schweiz, wo er die Schule von Bern besuchte, welcher
Heinrich Lupulus (Wölflin) als Rektor vorstand. Nach Beendigung
seiner Studien blieb Erb in Bern, wo er die Schriften von Erasmus,

---

[1] Leo Judä war 1482 zu Gemar bei Rappoltsweiler geboren. Er
studirte zu Schlettstadt und zu Basel, wo er später Diakonus wurde. 1518
folgte er seinem Freunde Zwingli in Einsiedeln nach. 1523 wurde er
Pfarrer zu St=Peter in Zürich. Judä gab einen Katechismus und eine
lateinische Bibel, die sog. „Froschauer Bibel" heraus. Er übersetzte auch
Luthers und Zwinglis Schriften. Er starb 1542 in Zürich.

Zwingli und Luther las und sich der Reformation zuwandte. Als in
dem Feldzug von 1531 die bernischen Truppen gegen die katholischen
Urkantone auszogen, begleitete sie Matthias Erb als Feldprediger.
Einige Zeit darauf wurde Erb, auf Butzers und Hedios Empfehlung,
von dem Markgrafen **Bernhard von Baden** als evangelischer
Pfarrer nach Baden=Baden berufen. Nach dem 1536 erfolgten Tode
des Markgrafen nahm die Reformation in der mittleren[1] Markgraf=
schaft eine ungünstige Wendung. Erb verlor sein Amt und nahm die
Stelle eines Schulmeisters zu Gengenbach im Kinzigthal, wo er zwei
Jahre verblieb.

Durch den Grafen Georg von Württemberg erhielt Matthias Erb
im Jahre 1538 einen Ruf nach Reichenweyer. Erb neigte sich in
seinen Lehransichten den schweizerischen Anschauungen zu; in der
Abendmahlslehre stand er auf dem vermittelnden Standpunkte der
Straßburger Reformatoren. Graf Georg, der mit **Heinrich Bul=
linger**, dem Nachfolger Zwinglis in Zürich, innig befreundet war,
theilte Erbs Ansichten. Darum konnte letzterer der Kirche von Reichen=
weyer ein ganz reformirtes Gepräge geben. Vornämlich der Cultus
war äußerst einfach; alle liturgischen Elemente waren daraus verbannt;
jedweder Schmuck, als Gemälde, Kunstarbeiten, Bildhauerarbeiten,
Holzschnitzereien u. s. w. ward aus den Kirchen entfernt. Die Marien-
und Aposteltage wurden abgeschafft; nur die drei hohen christlichen
Feste wurden neben den Sonntagen gefeiert. Durch Erbs Einfluß
wurde die Reformation allmälig in der ganzen Herrschaft Reichen=
weyer, sowie in der angrenzenden württembergischen Grafschaft Horburg
eingeführt und alle Pfarrstellen wurden mit evangelischen Geistlichen
besetzt. Unter letzteren war der bedeutendste **Nikolaus König**
(oder Regius, wie er sich mit Vorliebe nannte), Pfarrer zu Huna=
weyer. Matthias Erb wurde in Anerkennung seiner Thätigkeit vom
Grafen Georg zum Superintendenten der Herrschaft Reichenweyer
ernannt.

Um das Jahr 1536 gründete Graf Georg zu Reichenweyer eine
lateinische Schule, deren Leitung seit 1547 der gelehrte **Johann
Ulstetter**, der Tochtermann des Straßburger Theologen Paul
Fagius übernahm. Ulstetter stammte aus der alten Reichsstadt Nürn-

---

[1] Die Markgrafschaft Baden bestand aus drei Gebieten: 1) aus der
obern Markgrafschaft im Breisgau; 2) aus der mittleren (Umgegend
von Baden=Baden), und 3) aus der untern, bei Durlach.

berg; er war äußerst begabt und unter ihm erreichte die Reichenweyrer
Schule eine hohe Blüthe. Ulstetter verkehrte mit den bedeutendsten
Persönlichkeiten der Reformationszeit; seine Briefe, welche unter dem
Namen der „Ulstetterschen Sammlung" vereinigt wurden, befanden sich
in der Straßburger Stadtbibliothek und gingen mit derselben 1870
unter.

Bei all' seiner amtlichen Thätigkeit als Superintendent und
Reformator wußte Matthias Erb noch Zeit zur Herausgabe nützlicher
Schriften zu erübrigen. Er übersetzte einige erbauliche Schriften
berühmter Kirchenväter, wie des Chrysostomus, des Hiero=
nymus, des Basilius des Großen. Die meisten dieser Abhand=
lungen widmete er der gräflichen Familie von Rappoltstein, zu welcher
er in den freundlichsten Beziehungen stand.

Für das Württemberger Land brach nach dem unglücklichen Aus=
gang des Schmalkaldischen Krieges eine schwere Zeit an. Das Herzog=
thum wurde durch kaiserliche und durch spanische Truppen besetzt und
die Einführung des „Interims[1] und des Schalks hinter ihm", wie das
evangelische Volk sich ausdrückte, im ganzen Lande anbefohlen. Dazu
kam noch der besondere Umstand, daß die Reichsacht über den Herzog
Ulrich und dessen Bruder Georg wegen ihrer Theilnahme an dem
Schmalkaldischen Krieg verhängt wurde. Der König Ferdinand schickte
sich an, das Herzogthum Württemberg als ein verwirktes Reichslehen
an sich zu ziehen. Auf Befehl des Kaisers wurde das Interim im
schwäbischen Kreise eingeführt; die Prediger, welche das Edikt nicht
unterschreiben wollten, wurden sofort ihres Amtes entsetzt.

Graf Georg hatte sich in die Schweiz zurückgezogen und fand
daselbst wie bei seiner früheren Verbannung eine stille Zufluchtsstätte.
Wenige Monate nach seiner Abreise, am 3. Mai 1549, wurden
sämmtliche Kirchendiener der Herrschaft Reichenweyer und der Graf=
schaft Horburg ihres Amtes entsetzt. Umsonst beriefen sie sich auf den
Grafen Georg, ihren früheren Landesherrn. Matthias Erb und Nikolaus
König begaben sich im Auftrag ihrer Amtsbrüder nach Bad Leuk
im Wallis, wo sich der Graf aufhielt, um demselben ihre bedrängte
Lage auseinander zu setzen und sich bei ihm Raths zu erholen. Nach

---

[1] Interim d. h. „einstweilen", nämlich bis zur Lösung der Kirchen=
frage durch ein Konzil nannte man das berüchtigte Religionsedikt, welches
der Kaiser Karl V. 1548 zu Augsburg durch einige Theologen ausarbeiten
ließ. Das Interim befriedigte weder die Katholiken noch die Evangelischen.

einer beschwerlichen Reise über die schneebedeckten Gebirgspässe langten die beiden Freunde in Bad Leuk an. Graf Georg nahm sie zwar in gewohnter Huld und Freundlichkeit auf und händigte ihnen ein Schreiben an den Rath und die Bürgerschaft von Reichenweyer ein; allein, machtlos wie er war, konnte er den Predigern nicht helfen. Er gab ihnen den Rath in Geduld auf bessere Zeiten zu harren, in geringfügigen Dingen nachzugeben und das Wesentliche zu retten zu suchen.

Erst gegen Ende des Jahres 1551, nachdem er vom Kaiser Begnadigung erhalten hatte, kehrte Graf Georg nach Reichenweyer zurück. Nach den Erfolgen des Kurfürsten Moritz von Sachsen kam der Passauer Religionsfrieden zu Stande, welcher die unheilvollen Wirkungen des Interims aufhob. Die katholischen Priester, welche den evangelischen Orten der Herrschaft Reichenweyer aufgedrungen worden waren, verließen das Land und überall wurde der evangelische Gottes= dienst wieder hergestellt. Matthias Erb wurde von Neuem in seine Würde eingesetzt und blieb der treue Berather seines Fürsten. Graf Georg aber nahm sich auf das Beste des Kirchen= und Schulwesens an. So stiftete er im Jahre 1555 zwölf Stipendien für Studirende der Theologie, welche die Universität Tübingen besuchen wollten; sechs davon kamen der Grafschaft Mömpelgard und die sechs übrigen der Herrschaft Reichenweyer=Horburg zu gut. Graf Georg starb am 19. Juli 1558 eines unvermutheten Todes bei einem Besuche, den er seinem Schwager, dem Herzog Wolfgang von Zweybrücken abstattete. Für die Herrschaft Reichenweyer war dies ein großer Verlust. Der Tod des Grafen zog auch große kirchliche Veränderungen nach sich. Da Graf Georg nur einen einjährigen Sohn Friedrich, den Stammherrn des heutigen württembergischen Königshauses hinterließ, so wurden drei Vormünder ernannt, um die Regierung zu führen; es waren dies der Herzog Christoph von Württemberg, der Herzog Wolfgang von Zweybrücken und der Graf Philipp IV. von Hanau= Lichtenberg.

Herzog Christoph, der Freund und Beschützer des schwäbischen Reformators Johann Brenz und des Verfassers der Concordien= formel Valentin Andreä, war ein strengläubiger Lutheraner und sah es als seine fürstliche Pflicht an das reine Lutherthum in allen seinen Landen einzuführen. Er ließ daher am 16. Mai 1559 eine gründliche Kirchenvisitation in der Herrschaft Reichenweyer und in der Grafschaft Horburg anordnen. In Folge davon erschien im folgenden

Jahre (1560) eine Kirchenordnung der Graf= und Herr=
schaften Mümpelgard und Reichenweyer; es war dieselbe
eine Nachahmung der von Erhard Schnepf verfaßten württem=
bergischen Kirchenordnung. Die Reichenweyrer Agende empfahl die
Wiedereinführung einiger Marienfeste, die Nothtaufe durch Hebammen,
den Gebrauch der lateinischen Sprache bei einigen gottesdienstlichen
Handlungen, das Anlegen des Chorrocks u. s. w. Der Superintendent
Erb und dessen Freunde machten im Namen der Geistlichkeit den drei
fürstlichen Vormündern die bringendsten Vorstellungen und baten sie
im Falle die neue Kirchenordnung eingeführt würde, ihr Gewissen
mit diesen Vorschriften doch nicht zu beschweren. Ihre Bitten blieben
ohne Erfolg; Matthias Erb wurde mit einem Jahrgehalt in den
Ruhestand versetzt; desselben gleichen sein Freund Nikolaus König.
Die übrigen, meist jüngeren Prediger, welche die neue Kirchen=
ordnung nicht annehmen wollten, wurden ihres Amtes entlassen.
Unter dem Volk herrschte in Folge dieser Vorgänge eine große Auf=
regung.

Unter diesen Umständen konnte Matthias Erb nicht länger in
Reichenweyer bleiben. Er und sein Freund und früherer Amtsbruder
Nikolaus König begaben sich nach dem benachbarten Rappoltsweiler,
wo beide auf das Freundlichste von Herrn Egenolf von Rappolt=
stein und von dessen Mutter Anna Alexandrina, einer gebornen
Gräfin von Fürstenberg aufgenommen wurden. Die zwei Freunde
erhielten ihre Wohnung im Schloß und trugen durch ihren Einfluß
und durch ihre Rathschläge mächtig zur Einführung der Reformation
in der Herrschaft Rappoltstein bei. Erb predigte öfters in der Schloß=
kapelle. Er stand in einem lebhaften Briefwechsel mit den Predigern
des reinen Evangeliums in der Schweiz und in Straßburg und war
auch literarisch thätig. Er verfaßte verschiedene theologische Abhand=
lungen und übersetzte mehrere Schriften der alten Kirchenväter in das
Deutsche.

Allmälig stellten sich bei Matthias Erb die Beschwerden des
herannahenden Alters ein. Am Himmelfahrtsabend des Jahres 1570
schrieb er sein Testament nieder, welches ein schönes Bekenntniß seines
christlichen Glaubens enthält. Am 13. März 1571 starb der kampfes=
und lebensmüde Reformator von Reichenweyer im Schlosse seiner
hohen Gönnerin. Auf dem Kirchhof von Rappoltsweiler fand er seine
irdische Ruhestätte.

XXIII.

Die Herrschaft Rappoltstein und ihre Stellung zur neuen Lehre.

Die Herrschaft Rappoltstein war im sechzehnten Jahrhundert eine der stattlichsten des Ober-Elsaß[1]. Sie zählte nicht weniger als a c h t Aemter; allein die meisten dazu gehörigen Orte waren nicht eigen= thümliche Besitzungen der Herren von Rappoltstein, sondern großen= theils österreichische, bischöflich=baslerische und murbachische Lehen. Aus diesem Grunde konnte sich die Reformation dort nur theilweise und mit den größten Schwierigkeiten ausbreiten.

Die Herren von Rappoltstein waren vielseitig gebildet; sie zeich= neten sich durch Tapferkeit sowie durch einen frommen Sinn aus. In der Zeit der Kreuzzüge hatten sie die deutschen Kaiser in das heilige Land begleitet und muthig unter ihren Fahnen gestritten. Noch im Jahre 1483 unternahm S c h m a s m a n oder M a x i m i n II. von Rappoltstein eine Pilgerreise nach Jerusalem und stiftete nach seiner Rückkehr in die Heimat die Kapelle zu „Unserer Lieben Frau von Dusenbach", welche später ein berühmter Wallfahrtsort wurde. Bei dem Beginn der Reformation regierte W i l h e l m II. mit dem Zunamen

---

[1] Bekannt ist der elsässische Reimspruch:
Drey Schlösser auf einem Berge, (Rappoltsweiler.)
Drey Kirchen auf einem Kirchhofe, (Reichenweyer.)
Drey Städt in einem Thal, (Kientzheim, Ammersweyer u. Kaysersberg.)
Drey Ofen in einem Sal (im Saale des unteren Schlosses von Rap=
Ist das ganz Elsaß überall.   C r u s i u s.   [poltsweiler.)

„der Große" über die Herrschaft Rappoltstein. Es war ein tapferer
und weltkluger Herr, welcher bei dem Kaiser in hohen Ehren stand.
Er bekleidete die Würde eines österreichischen Landvogtes im Ober=
Elsaß und war Regierungspräsident zu Ensisheim, wo er meistens
residirte. Er hielt fest am alten Glauben, war jedweder Neuerung
abhold und erwies sich allezeit als ein treuer Sohn der katholischen
Kirche. Als im Jahre 1521 der Burgvogt des rappoltsteinischen
Bergschlosses Hohnack am Eingang des Münsterthals, Oswald
Weibel unter dem Titel: „Vom geystlichen und weltlichen Stand
Reformation" ein Lied herausgab, in welchem er sich offen zu den
Grundsätzen der Reformation bekannte, mußte der muthige Mann, auf
Befehl Wilhelms von Rappoltstein, sein kühnes Auftreten mit schwerer
Kerkerhaft büßen.

Die Greuel des Bauernkrieges stießen Herrn Wilhelm vollends
von der neuen Bewegung ab. Er sah in den Forderungen der Bauern,
von welchen manche nicht unberechtigt waren, nur rebellische Umtriebe
und trat denselben mit aller Entschiedenheit entgegen. Allein, da er
den Bauern keine hinreichende Macht entgegenstellen konnte, so mußte
er sich auf die Vertheidigung der Stadt Ensisheim beschränken. In
Rappoltsweiler brachen bedenkliche Unruhen aus. Bereits am
23. April 1525 hatten die Einwohner der Stadt angefangen gemein=
schaftliche Sache mit den Bauern zu machen, besonders als das Gerücht
sich verbreitete, daß die Regierung zu Ensisheim alle diejenigen fest=
nehmen lassen würde, welche das heilige Abendmahl unter beiderlei
Gestalt empfangen hätten. Trotz des Verbots der österreichischen Herr=
schaft beriefen sie einen evangelischen Prediger, den „Miethling" von
Schlettstadt nach Rappoltsweiler. Dieser Miethling oder Helfer war
einer der Vikare des evangelisch gesinnten Stadtpfarrers von Schlett=
stadt, Paul Seidensticker. Die aufrührerischen Bürger zwangen
den Rath und die Priester von Rappoltsweiler, sowie den Junker
Ulrich von Rappoltstein, Herrn Wilhelms Sohn, die zwölf Artikel
der Bauernschaft anzunehmen und zu beschwören. Durch Besonnenheit
und zeitgemäßes Nachgeben gelang es dem Junker größere Unord=
nungen in der Stadt zu vermeiden. Desto mehr Unfug geschah in der
Umgegend von Rappoltsweiler.

Der Aufstand der Bauern erreichte im Ober=Elsaß durch die
blutige Niederlage von Scherweiler (20. Mai 1525) sein Ende.
Die reformatorische Bewegung wurde dadurch in dem rappoltsteinischen
Gebiete zurückgedrängt, denn Herr Wilhelm setzte Alles wieder in

den alten Stand und schritt mit unerbittlicher Strenge gegen die Aufrührer vor. Sein Sohn Ulrich dagegen, sowie dessen edle Gattin Anna Alexandrina von Fürstenberg, waren evangelisch gesinnt, durften aber ihre Ueberzeugungen nicht offenbaren. Ulrich starb übrigens bereits 1531. Sein Vater überlebte ihn um sechzehn Jahre. Die Regierung übernahm nach seinem Ableben, 1547, Ulrichs herange= wachsener Sohn, der milde Egenolf II., welcher durch den mütter= lichen Einfluß schon frühzeitig mit der evangelischen Lehre bekannt geworden war. Im Jahre 1562 richtete die Gräfin Anna Alexan= drina ein merkwürdiges Schreiben an ihren Sohn Ulrich. Dasselbe ist betitelt: „Mütterliche Vermahnung[1]" und schildert die Greuel des Bauernaufstandes von 1525, aber auch die Noth und das Elend der gedrückten Landleute. Mit beweglichen Worten bat die alte Gräfin ihren Sohn, Barmherzigkeit an dem armen Volke auszüüben und demselben das Wort Gottes und die lautere Predigt des Evangeliums nicht vorzuenthalten. Egenolf faßte den Entschluß, die Reformation in der Herrschaft Rappoltstein einzuführen; allein dies Vorhaben war mit großen Schwierigkeiten verbunden, weil ein Reichsstand nach den Bestimmungen des Augsburger Religionsfriedens das sog. Refor= mationsrecht nur in seinen eigenen Besitzungen, nicht aber in den Lehen besaß. Die Herrschaft Rappoltstein bestand aber zumeist aus Lehen.

In das abgelegene Leberthal drang die Reformation am leichtesten ein. Dasselbe gehörte zwei verschiedenen Herren an; die linke Thalseite war lothringisch; die rechte rappoltsteinisch; der sog. „Landbach" bildete die Grenzscheide zwischen beiden Herrschaften. Im rappoltsteinischen Gebiet befanden sich reiche Kupfer= und Silberberg= werke; auch wurde der Bergbau besonders im hintern Leberthale auf das Schwunghafteste betrieben. Der Ruf dieser Bergwerke lockte um die Mitte des sechzehnten Jahrhunderts viele sächsische Bergleute nach Markirch; die meisten derselben hatten die lutherische Lehre ange= nommen. Die Sachsen bildeten unter sich eine eigene Knappschaft und

---

[1] Die „Mütterliche Vermahnung" wurde zuerst von dem Colmarer Stadtarchivar Xav. Moßmann in der Alsatia von 1862—1864 (erste Abtheilung) nach der Originalhandschrift der Colmarer Stadtbibliothek ver= öffentlicht. Julius Rathgeber in seiner Herrschaft Rappolt= stein (Straßb. 1874) gab eine zweite verkürzte Ausgabe dieses Dokuments nach Lucks Annales Rappoltsteinenses heraus. In diesem abgekürzten Texte fehlen namentlich die biblischen Citate und Exkurse.

standen unter der Leitung eines sog. „Bergrichters". Seit 1553 hielten
sie ihren Gottesdienst in der vormaligen Mattenkirche, vor der
Stadt auf einer Wiese gelegen. Ein Bergmann, „Meister Elias"
geheißen, ein früherer Mönch, hielt in Ermangelung eines ordentlich
berufenen Kirchendieners, in seinem Hause Erbauungsstunden; auch
theilte er das heilige Abendmahl unter beiderlei Gestalt aus und
taufte die evangelischen Kinder.

Einen neuen Zuwachs erhielten die Evangelischen im Leberthale
durch die zahlreichen flüchtigen Glaubensgenossen aus Frankreich und
den Niederlanden, welche um des Evangeliums willen ihr Vaterland
hatten verlassen müssen. Dieselben hatten die reformirte Confession
angenommen. Bald nach ihrer Ansiedelung überließ Egenolf der reformirten Gemeinde die ehemalige katholische Kirche von Surlhate, hinter
Eckirch. Der erste reformirte Prediger französischer Zunge war Jean
Locquet; ihm folgte 1555 François Morel [1] nach. Als die österreichische Regierung in Ensisheim Kunde von diesen Vorgängen erhielt,
verbot sie die Predigt des lautern Evangeliums in der Stadt Markirch.
Der Prediger Morel und mehrere seiner Gemeindeglieder suchten
Schutz und Zuflucht in dem benachbarten hochgelegenen Gebirgsdorfe
Altweyer (Aubure), das württembergisch war; dort fanden sie eine
freundliche Aufnahme. In Altweyer entwarf Morel die Grundzüge des
Glaubensbekenntnisses der reformirten Gemeinde von Markirch, welches
Herr Egenolf später zu Recht anerkannte.

Vom Jahre 1558 an nahm der reformirte Gottesdienst in französischer Sprache in Markirch seinen ungestörten Verlauf. Mit herr-
schaftlicher Genehmigung wurde in diesem Jahre ein reformirtes
Consistorium in's Leben gerufen. Zwei Jahre später (1560) bildete
sich auch daselbst eine geordnete deutsch-lutherische Gemeinde. Der
erste Pfarrer derselben war Peter Hocker. Nach anfänglichen
Streitigkeiten und kleinen Reibungen lebten beide evangelische Confessionen in jenem entlegenen Gebirgsthale in schönster Eintracht und
in tiefem kirchlichen Frieden mit einander. Auch Wiedertäufer,
meistens Flüchtlinge aus der Schweiz, ließen sich in einsamen Gebirgshöhen nieder, um ihres Glaubens leben zu können. Die Bedeutung
der Markircher Bergwerke, sowie das Aufblühen der evangelischen

---

[1] François Morel de Colonges, ein Schüler Calvins, war Prediger in
Paris und bei Renata von Este, kam sodann nach Montargis und leitete
als Präsident die erste Synode der Reformirten zu Paris im Jahre 1559.

Kirche im Leberthale nahm in den Zeiten des dreißigjährigen Krieges
außerordentlich ab.

Während das evangelische Glaubensleben sich im Leberthale auf
das Lieblichste entfaltete, sann Herr Egenolf nach auf welche Weise er
die Reformation in seiner Residenzstadt Rappoltsweiler einführen
könnte. Dies Vorhaben war aber kein leichtes; denn die Stadt war
ein bischöflich=baslerisches Lehen. Egenolf konnte daher nicht mehr
thun als einen evangelischen Hofprediger anzustellen. Bereits hatte er
in seinem Schloß die beiden aus dem benachbarten Reichenweyer ver=
triebenen Prediger Matthias Erb und Nikolaus König aufgenommen
welche in der Schloßkapelle den evangelischen Gottesdienst einführten
Im Jahre 1563 that Herr Egenolf einen weiteren Schritt. Er berief
als rappoltsteinischen Hofprediger Magister Georg Palmer aus
Schwaben, einen lutherischen Geistlichen. Kaum erfuhr es die öster=
reichische Regierung, als sie Herrn Egenolf die heftigsten Vorwürfe
darüber machte. Allein dieser berief sich auf den Augsburger Religions=
frieden, laut welchem er das Reformationsrecht im eigenen Hause
besaß.

Auch wegen der Aufnahme vertriebener Hugenotten aus Frank=
reich mußte Herr Egenolf manche Anfeindung erleiden. Als die fran=
zösischen Prediger von Markirch das rappoltsteinische Dorf Bonhomme
(Diedelshausen) im Kaysersberger Thale reformiren wollten, kamen
Mahnbriefe vom Erzherzog Ferdinand, welcher bei strenger Strafe
die Einführung des evangelischen Gottesdienstes in diesem Dorfe unter=
sagte. Dieser Versuch blieb daher erfolglos.

Glücklicher vollzog sich die Reformation in den beiden im Gregorien=
thal gelegenen rappoltsteinischen Dörfern Günsbach und Gries=
bach. Die Einwohner dieser beiden Orte gehörten zum Kirchsprengel
Münster und besuchten daselbst seit Jahren den evangelischen Gottes=
dienst. Sie waren schon lange gewonnen für die Sache der Reforma=
tion und trotz aller Mahnschreiben der Regierung von Ensisheim die
Messe in der Abteikirche von Münster zu besuchen, blieben sie dem
evangelischen Glauben treu. Im benachbarten Dorfe Weyer im
Thal einem rappoltsteinischen Lehen, konnte dagegen die Reformation
keinen Eingang finden.

Egenolf von Rappoltstein starb im Jahre 1585. Er war ein
frommer und weiser Herr gewesen, der nach Kräften die Sache der
Reformation förderte und auch junge Theologiestudirende unterstützte.
Anfänglich neigte er der Lehre Zwingli's zu; allein in späteren

Jahren schloß er sich, zum Theil auch aus politischen Gründen, an die Stände Augsburgischer Confession an. Egenolfs Nachfolger war dessen fünfzehnjähriger Sohn Eberhard. Die österreichische Regierung von Ensisheim untersagte bei dessen Regierungsantritt den evangelischen Gottesdienst in der Herrschaft Rappoltstein. Groß war der Schrecken aller Evangelischen. Die reformirte Gemeinde von Markirch veröffentlichte ein Bekanntnuß des Glaubens der welschen Kirche zu Markirch im Leberthale, um ihre Lehren zu rechtfertigen und von den Irrthümern der Wiedertäufer sich loszusagen, da man sie oft mit letzteren verwechselte. Es war dies „Bekanntnuß" eine deutsche Uebersetzung des reformirten Glaubensbekenntnisses, welches die Markircher 1558, mit Genehmigung von Egenolf II., herausgegeben hatten.

Als nach einigen Jahren Herr Eberhard die Regierung selbständig übernahm, stellte er in seiner Herrschaft, soweit er die Macht dazu hatte, den evangelischen Gottesdienst wieder her und ließ sogar 1592 seinen erstgeborenen Sohn durch einen lutherischen Prediger in der Schloßkapelle von Rappoltsweiler taufen. Eberhard ließ sich von da an weder durch die Hirtenbriefe des Bischofs von Basel noch durch die drohenden Mahnschreiben der Regierung von Ensisheim einschüchtern, sondern beharrte auf dem eingeschlagenen Wege. Im Jahre 1613 erwarb Herr Eberhard den größten Theil des ganz evangelischen Dorfes Jebsheim im Ried.

Unter den mannigfaltigen Drangsalen des dreißigjährigen Kriegs litt die Herrschaft Rappoltstein viel, besonders vom Jahre 1632 an, als die Schweden in das Ober-Elsaß eindrangen. Die Zahl der Evangelischen nahm jedoch in Rappoltsweiler so zu, daß beinahe die Hälfte der Bürger lutherisch war und die Rathsstellen zwischen beiden Confessionen getheilt wurden. Die Stadt Rappoltsweiler hat gerade in jenen Zeiten den Ruhm gehabt, daß in ihren Mauern, am Fuße des Schloßberges ein Mann geboren wurde, welcher ein Segen für die ganze evangelische Kirche geworden ist. Es war dies Philipp Jakob Spener, der Vater des Pietismus.

XXIV

Wie das Lutherthum in das Münsterthal kam.

Unter den elsässischen Reichsstädten nimmt M ü n s t e r i m G r e ⸗
g o r i e n t h a l eine eigenthümliche Stellung ein. Die Stadt Münster
und die beiden hinter demselben beginnenden Thäler, das von Norden
nach Süden sich ausdehnende G r o ß t h a l mit seinen sechs Dörfern,
und das von Morgen nach Abend an den Fuß der „Schlucht" sich
hinziehende K l e i n t h a l mit drei Ortschaften, bildete gewissermaßen
einen kleinen Freistaat im Lande, welcher im Laufe der Zeiten von
den deutschen Kaisern wichtige Rechte und Freiheiten erlangte und
unter dem Namen: „Stadt und Thal Münster" bekannt wurde. Die
Bewohner desselben hatten sich auch allmählich von der Dienstbarkeit
der Abtei Münster frei gemacht.

Die Anfänge der Reformation im Münsterthal fallen in die
erste Hälfte des sechzehnten Jahrhunderts. Die erste Anregung zur
Kirchenerneuerung gab merkwürdig genug der Abt von Münster selbst.
Im Jahre 1514 war B u r k a r d N a g e l, ein frommer und gelahrter
Herr, zum Abte des altehrwürdigen Klosters gewählt worden. Als
Luthers Schriften herauskamen und in Colmar von dem Buchdrucker
A m a n d u s F a r k a l nachgedruckt wurden, so ließ sie Nagel kommen
und las sie aufmerksam durch. Nach und nach ward es licht in
seinem Innern; er machte bald aus seiner neuen Ueberzeugung kein
Hehl und bekannte frei und offen das Evangelium Christi. Obwohl
dazumalen nur wenige Mönche die Klosterräume bewohnten, so fand
der Abt bei denselben dennoch den heftigsten Widerstand. Seine Lage

wurde im Laufe der Jahre so schwierig, daß er 1536 den Entschluß
faßte, das Kloster, in welchem er wenig wirken konnte, ganz zu verlassen. Er schloß mit dem Gotteshaus einen Vertrag ab und entsagte gegen einen bescheidenen Jahrgehalt seiner geistlichen Würde.

Burkard Nagel zog sich nach der im Bunde der Eidgenossen seit
1515 aufgenommenen Stadt Mülhausen im Ober-Elsaß zurück, woselbst
er das Bürgerrecht erlangte. Dort trat er öffentlich zur Reformation
über und heirathete eine Mülhauser Bürgerstochter. In Folge dessen
verweigerte ihm die Abtei Münster die Auszahlung seines Jahrgehalts.
E. E. (Ein Ehrsamer) Rath der Stadt Mülhausen nahm sich allen
Ernstes des neuen Bürgers an und vertrat dessen Ansprüche. Es
entstand nun ein langer Prozeß zwischen Mülhausen und der Abtei
Münster. Burkard Nagel erlebte das Ende des Rechtsstreits nicht
mehr. Durch die Vermittlung des Magistrats von Colmar kam es
endlich zu einem Vergleich.

Der Nachfolger von Burkard Nagel in Münster, der Abt K o n r a d
v o n R u o s t, war ein entschiedener Gegner der Reformation, welche
er mit Gewalt zu unterdrücken suchte. Allein unter der Bürgerschaft
von Münster war der Same des göttlichen Wortes nicht auf harten
oder steinigten Boden, sondern in ein gutes Land gefallen. Der
Pfarrer an der Stadtkirche, T h o m a s W i e l, bekannte sich seit
1543 offen zur Reformation. Mit Einwilligung von „Meister und
Rath" veränderte er nach und nach, ohne großes Aufsehen davon zu
machen, die Formen des Gottesdienstes, schaffte die Messe, die Heiligenbilder, das Kniebeugen, die Kerzen und Kreuze auf den Altären ab,
reformirte somit den Gottesdienst und predigte unter allgemeinem
Beifall der Bürgerschaft, das reine und lautere Evangelium.

Die Stadt Münster wurde von da an der Mittelpunkt der
reformatorischen Bewegung im ganzen Thale. Zwar im vordern oder
Gregorienthal, drang — mit Ausnahme der beiden Dörfer G ü n s b a c h
und G r i e s b a c h — die Reformation nicht durch, desto größer aber
war ihr Erfolg in den beiden hinteren Thälern. Von allen Höhen
und aus allen Schluchten strömten jeden Sonntag die einfachen, tief
religiös angelegten Gebirgsbewohner, in die geräumige Münsterer
Pfarrkirche, um in derselben von beredtem Munde die lautere Verkündigung des göttlichen Wortes mit heilsbegierigem Sinne zu vernehmen.

Im Jahre 1559 nahm der Pfarrherr G e o r g J u n g von
Mühlbach die neue Lehre an und mit ihm trat sein Kirchspiel, welches

das ganze „Großthal“ umfaßte, zur Reformation über. Auch im benachbarten „Kleinthale“, welches dazumal noch keine selbständige Pfarrei bildete, sondern zur Stadt Münster eingepfarrt und eine Filiale derselben war, gab sich eine ähnliche Bewegung kund. Wohl eiferte der Abt von Münster gewaltig gegen diese Neuerungen; wohl legte er sich bald auf's Bitten, bald auf's Drohen, doch alle seine Bemühungen die Münsterthäler zum alten Glauben zurückzubringen, blieben vergeblich.

Den Bewohnern des schönen Münsterthals sollten die Zeiten der Anfechtung, die auf's Wort merken lehrt, nicht erspart bleiben. Im Jahre 1563 verbot Kaiser Ferdinand I., der entschiedene Gegner der Reformation, als Oberlandvogt der zehn elsässischen Reichsstädte, die freie Ausübung des evangelischen Gottesdienstes im Münsterthale. Allein der Rath der Stadt Münster schenkte diesem kaiserlichen Befehl keine besondere Beachtung, sondern hielt seine früheren Veränderungen, daß die beiden Pfarrkirchen von Münster und von Mühlbach den Bekennern der Augsburgischen Konfession verbleiben sollten, aufrecht. Er bekräftigte dies in dem Rathsmandat vom 22. Februar 1563. In dem folgenden Jahre berief der Magistrat einen jungen Straßburger Prediger, Paul Leckdeig, als evangelischen Stadtpfarrer nach Münster.

Anfänglich konnte der neue „Prädikant“ sein Amt ziemlich unbehindert versehen; allein im Jahre 1569 ward ein neuer Abt erwählt, Heinrich von Jestetten, ein Eiferer um die päpstliche Lehre und ein höchst fanatischer Priester. Derselbe sah es als seine Aufgabe an die Bevölkerung des Münsterthals in den Schooß der allein seligmachenden Kirche zurückzuführen. Am 30. November 1569 hielt er seinen feierlichen Einzug in die Stadt Münster. Er ließ alsobald durch die Klosterknechte die Pfarrkirche besetzen und befahl ein Hochamt in derselben zu lesen. Kaum jedoch verbreitete sich die Kunde dieser Gewaltthat in der Stadt, als die Sturmglocke ertönte; darauf hin eilten von allen Seiten die Thalleute, an ihrer Spitze die wackeren Hohrothberger, mit Speer und Knüttel, Sense und Mistgabel bewaffnet, schaarenweise nach der bedrängten Stadt, um sich den evangelischen, in ihren Rechten beeinträchtigten Bürgern anzuschließen. Nach beendigtem Hochamt strömten die Evangelischen in die Pfarrkirche und befahlen ihrem Prediger Leckdeig die Kanzel zu besteigen. Umsonst suchten der Abt und sein Gefolge dies zu verhindern; der „Prädikant“ ließ sich nicht einschüchtern, sondern fing, trotz des Schreiens und Tobens der Klosterleute, mit beherzter Stimme seine Predigt an.

Nach dieser aufregenden Scene bemächtigte sich ein Geist banger Befürchtung der Bürgerschaft von Münster, die das Schlimmste fürchtete, aber auch zum Aeußersten entschlossen war. Der Abt von Münster behielt die Schlüssel der Pfarrkirche und wollte um keinen Preis einen evangelischen Gottesdienst in derselben dulden. Der Münsterer Magistrat sandte Abgeordnete nach Straßburg und nach Hagenau, um sich bei diesen befreundeten Städten Raths zu erholen. Er benützte auch eine zeitweilige kurze Abwesenheit des strengen Abtes, um mit Gewalt in die Pfarrkirche, die der Stadt Eigenthum war, zu bringen. Nach seiner Rückkehr legte sich der Abt vom Drohen auf das Bitten und suchte von den Bürgern, denen er die besten Worte gab, die Erlaubniß zu erlangen, in der Pfarrkirche wieder die Messe lesen zu dürfen. Er erhielt aber eine ablehnende Antwort. Er nahm nun wieder seine Zuflucht zu gewaltthätigen Mitteln; allein seine Anschläge mißlangen ihm alle. Um allen Vorkommnissen zu begegnen, ließ der Rath eine Wache vor der Pfarrkirche aufstellen und befahl gleichzeitig die Brücke abzubrechen, welche aus dem Kloster in die Stadt führte.

Diese Reibungen und Streitigkeiten dauerten mehrere Jahre fort; die Sachlage besserte sich erst als Heinrich von Festetten 1573 die Abtswürde niederlegte. Um den beständigen „Spänen“ (Händeln) ein Ende zu machen, legte sich der edle Ritter und Feldherr L a z a r u s   v o n   S c h w e n d i , kaiserlicher Reichsvogt von Kaysersberg in's Mittel und brachte am 19. März 1575 den sog. K i e n t z h e i m e r   V e r = t r a g   zu Stande. Durch denselben erkannte der Abt von Münster den Bestand der evangelischen Kirche im Münsterthal als zu Recht bestehend an, kraft der Bestimmungen des Augsburgischen Religions= friedens von 1555, nach welchem es einem jeden Reichsstande im heil. römischen Reiche teutscher Nation gestattet war, die Augsburgische Konfession einzuführen und sich dazu zu bekennen. Dagegen übernahm der Rath von Münster seinerseits die Verpflichtung sämmtliche Rechte und Freiheiten der Abtei, die letztere von Alters her besessen hatte, anzuerkennen und das Gotteshaus unter der Stadt Schirm und Schutz zu nehmen. Durch diesen Vertrag wurde der Bestand der evange= lischen Kirche im Münsterthale festgesetzt und versichert, ein Umstand, der um so schwerer in's Gewicht fiel, als das Haus Oesterreich mit der äußersten Strenge und Rücksichtslosigkeit gegen die Evangelischen im Ober=Elsaß, wo es Besitzungen hatte, verfuhr und ihnen, wo es nur konnte, auf alle Weise Schaden und Abbruch that.

10

Vom Jahre 1575 diente die Kirche St=Leodegar in Münster ausschließlich den Evangelischen als Pfarrkirche. Ein Jahrhundert später (1686) wurde sie auf Befehl Ludwigs XIV., der die Stadt Münster, wie die übrigen elsässischen Reichsstädte, ihrer Mauerkrone beraubt hatte, in eine Simultankirche umgewandelt.

Paul Leckbeig ist unter den Predigern des Münsterthals der bedeutendste im sechzehnten Jahrhundert gewesen. Er war ein Lieb= lingsschüler des bekannten Dr. Johann Marbach, Präses des Straßburger Kirchenkonvents und theilte dessen streng=lutherische Ansichten. Er blieb mit seinem alten Lehrer in geistig regem, ununter= brochenen Verkehr. Im Jahre 1577 unterschrieb er nebst seinem Helfer (Diakonus, wie man im folgenden Jahrhundert sagte) Theo= dorich Eckhart die Concordienformel; dasselbe that auch der Pfarrer Jung von Mühlbach. Durch diesen Schritt ihrer drei Prediger schlossen sich die evangelischen Münsterthäler an die lutherische Kirche inniger als früher an, obwohl ihr äußerer Gottesdienst seine ursprüng= liche Einfachheit bewahrte u. z. B. bis in die neuere Zeit kein Kruzifix auf dem Altar stand, ebensowenig wie ein Gemälde oder ein sonstiges Denkmal der Kunst als Zierde der Kirchenwände.

Vom sechzehnten Jahrhundert an bis zur Zeit der französischen Revolution waren in „Stadt und Thal" Münster vier evangelische Kirchendiener angestellt, nämlich ein Pfarrherr und ein Helfer in Münster und zwei Geistliche mit gleichem Amt und Titel in Mühl= bach. Der Helfer letztern Ortes war zugleich Schuldiener (Lehrer) im Großthale und hielt den sonntäglichen Nachmittagsgottesdienst auf der „Emm" (einer auf einer kleinen Anhöhe gelegenen Kapelle) hinter Metzeral. Der Helfer von Münster dagegen mußte bis zum Jahre 1789 jeden Sonntag Nachmittag per pedes apostolorum nach Sulzern sich begeben und im Kleinthale Gottesdienst halten.

Eine schöne kirchliche Sitte, welche sich im Münsterthale bis auf unsere Zeit erhalten hat, während sie im übrigen Elsaß so gut wie unbekannt ist, besteht in der Feier eines jährlichen Buß= und Bet= tages. Derselbe findet am ersten Sonntag des Advents statt und zwar, wie man behauptet, zur Erinnerung an ein großes Gewässer, welches einst das ganze Münsterthal mit einer Ueberschwemmung bedroht hatte, das aber durch ein Wunder Gottes, als die Noth unter den Menschen auf das Höchste gestiegen war, plötzlich wieder fiel. Auch die Aposteltage, so wie das Dreikönigsfest (6. Januar) wurden früher im Münsterthale gefeiert.

Im Jahre 1575 ließ der Rath der Stadt Münster eine Kirchen=
ordnung aufsetzen, welche jedoch im Drucke nie erschien. Blos einzelne
Auszüge aus derselben wurden von dem elsässischen Kirchenhistoriker
Röhrich veröffentlicht. Diese Kirchenordnung legt Zeugniß von dem
Ernst und Eifer ab, mit welchem die weltliche Obrigkeit im Münster=
thale ihre Unterthanen zur treuen Befolgung der Lehren des Evange=
liums und zu einem frommen und christlichen Wandel anzuhalten
suchte.

XXV

Die Stadt Mülhausen nimmt die Lehre Zwinglis an.

Eine der ersten elsässischen Städte, welche zur Reformation sich
bekannten, war Mülhausen, ein seit 1515 „der Eidgenossenschaft
zugewandter Ort". Mülhausen nimmt, sowohl in politischer als in
religiöser Beziehung, in der elsässischen Reformationsgeschichte eine
einzigartige Stellung ein, um so mehr, da sie mehr an den Geschicken
der Schweiz als an dem Gang der Ereignisse im Deutschen Reiche
sich betheiligte. Aus diesem Grunde war die Stadt Mülhausen von
Anfang an, ein Stein des Anstoßes für das Haus Oesterreich, das im
Ober=Elsaß ausgedehnte Besitzungen hatte.

Beim Beginn des sechzehnten Jahrhunderts war Mülhausen eine
Stadt von ungefähr sechstausend Einwohnern. Es befanden sich dort
eine ziemliche Anzahl Klöster; die Barfüßer, die Augustiner, die
Johanniter und die Deutschherren besaßen daselbst geräumige Häuser
und Höfe. Mit den sog. „Leutpriestern" (weltlichen Priestern) der
stattlichen Pfarrkirche St=Stephan standen die Mönche nicht auf dem
besten Fuße.

Einem Sohne des Ober=Elsaß, dem gelehrten und dabei von
Herzen frommen Konrad Pellikanus aus Rufach, der in späterer
Zeit als Professor der hebräischen Sprache in Zürich wirkte, zu
Anfang des sechzehnten Jahrhunderts aber noch als Pater Guardian
im Barfüßerkloster in Basel stand, war es vorbehalten, den ersten
Samen des reinen Evangeliums in Mülhausen auszustreuen. Er
brachte im Jahre 1518 Luthers Schrift über die Buße dorthin

und las dieselbe bei offener Tafel dem Kommenthur (Vorsteher) der Johanniterbrüder vor. Diese Schrift erregte bei ihrem Erscheinen ein ungewöhnliches Aufsehen. Bald darauf brachten Kaufleute aus Basel und Straßburg, die ihre Geschäfte nach Mülhausen führten, noch andere Schriften des Wittenberger Augustinermönches mit. Dieselben wurden von den Mülhauser Bürgern mit großer Begierde gelesen. Auch der feurige und geistvolle Ritter Ulrich von Hutten, der mehrmals auf seiner Durchreise nach der Schweiz Mülhausen berührte und sich sogar 1523 eine Zeitlang dort aufhielt, trug nicht wenig an der Ausbreitung der evangelischen Wahrheit in der ober=elsässischen Reichsstadt bei.

Der treueste und eifrigste Beförderer der neuen Bewegung in Mülhausen war der geist= und gemüthvolle Stadtschreiber Hans Oswald von Gamshart, ein Mann von altem Schrot und Korn. Derselbe war ein vielseitig gebildeter Mann; er hatte Italien zu mehreren Malen bereist und kannte genau die Zustände der römischen Curie, sowie das große Sittenverderben und den leicht= fertigen Sinn, welche unter dem höheren Klerus der katholischen Kirche herrschten. Durch seine unausgesetzten Bemühungen brachte es Gamshart bei dem Rath seiner Vaterstadt hin, daß zwei evangelische Prediger, nämlich: Augustin Kremer und Nikolaus Prugner nach Mülhausen berufen wurden. Die Mülhauser Augustiner= mönche fielen gleich von Anfang der Reformation zu.

Auf den Gregorientag (9. Mai) des Jahres 1523 erließ der Rath einen Erlaß des Inhalts, daß künftighin sämmtliche Schul= kinder der Stadt, statt der bis dahin üblichen lateinischen Kirchenlieder deutsche Psalmen singen sollten. Taufe, Gebet, Gesang sollten deutsch gehalten und das Abendmahl des Herrn unter beiderlei Gestalt gereicht werden. Jeder Christ solle sich streng und genau an Gottes Wort halten und sein Leben darnach einrichten. Scharfe Sittenmandate wider das Fluchen, Zutrinken und Ehebrechen folgten kurz nach einander und liefern — wenn es eines solchen noch bedürfte — den besten und deutlichsten Beweis, daß die Reformation nicht blos die entstellten Lehren der Kirche zur ursprünglichen Einfachheit der hei= ligen Schrift zurückführen, sondern auch das christliche Leben heiligen und erneuern wollte.

Nikolaus Prugner, einer der beiden Mülhauser Reformatoren, mußte auf das unablässige Betreiben der katholischen Schweizerkantone, die Stadt verlassen. Er wurde durch Otto Binder aus Börsch bei

Oberehnheim, einen glaubenseifrigen Geistlichen ersetzt, der, wie sein Vorgänger, ein treuer Anhänger Zwinglis war, während sein Amts= genosse Jakob Augsburger, ein früherer katholischer Priester, von den Vorurtheilen und Anschauungen seines ehemaligen Standes sich nicht loszusagen vermochte. Augsburger kehrte auch später in den Schooß der römischen Kirche zurück.

Die Stadt Mülhausen schloß sich in Bezug auf kirchliche Fragen ganz an die reformirten Kantone der Eidgenossenschaft an und wurde vom Gange der religiösen und politischen Ereignisse der deutschen Reformation im Ganzen wenig berührt. Dem berühmten Religions= gespräche, das im Januar 1528 zu Bern stattfand und die Einführung der Reformation in Stadt und Kanton Bern zur Folge hatte, wohnten unter Andern auch Mülhauser Abgeordnete bei.

Nach der Rückkehr derselben fand in Mülhausen durch das auf= geregte Volk ein Bildersturm statt. Das Barfüßerkloster wurde gestürmt und ausgeplündert und die entsetzten Mönche verließen die Stadt und flüchteten nach Thann.

Im Jahre 1529 trat der Rath von Mülhausen in das sog. christliche Burgrecht ein; es war dies ein Schutz= und Trutz= bündniß, welches die Stadt Straßburg mit Basel, Zürich und Bern zur Vertheidigung des evangelischen Glaubens geschlossen hatte. Bei der für die evangelische Sache unglücklichen Schlacht von Kappel (11. Oktober 1531), wo Zürichs großer Reformator, Ulrich Zwingli, den Heldentod fand, kämpften Mülhausens Bürger neben ihren lieben und getreuen Eidgenossen aus Zürich.

Die Stadt Mülhausen bekannte sich stets zur zwinglischen Lehre. Der Mülhauser Rath unterschrieb 1534 die erste Basler Confession, welche 1537 zu Mülhausen mit einer Vorrede der Bürgermeister, Räthe, Zunft= und Sechsleute (Zunftoberste) an die Bürgerschaft ver= sehen, im Druck erschien. Dies Bekenntniß trägt in Folge dieses Umstandes auch den Namen: Mülhauser Confession.

In der zweiten Hälfte des sechzehnten Jahrhunderts brachen in Mülhausen unheilvolle religiöse Spaltungen aus, welche unter der Benennung: „Die Finningerschen Händel" bekannt sind und den kleinen Freistaat an den Rand des Verderbens brachten.

Die Familie Finninger, früher der geringsten eine in Mül= hausen, hatte sich in den italienischen Feldzügen zu Anfang des sech= zehnten Jahrhunderts Schätze und Reichthümer gesammelt und war dadurch zu Ehren und Würden gelangt. Im Jahre 1579 ließ die

Mutter Finninger zwei Waldungen abhauen, obwohl sie zu einer derselben kein Recht besaß. Sie wurde daher nebst ihren drei Söhnen Michael, Jakob und Matthias vor Gericht geladen; statt aber dort zu erscheinen, gaben die Finninger die Erklärung ab, daß sie die Gerichtsbarkeit der Stadt Mülhausen nicht anerkennen könnten, weil der besagte Wald in österreichischem Gebiete sich befände und folglich die Entscheidung von der Regierung zu Ensisheim abhängig wäre. Der Rath von Mülhausen ließ sich aber dadurch nicht einschüchtern, sondern gab der Sache ihren Lauf und verurtheilte die Wittwe Finninger mit ihren Söhnen zu einer Geldstrafe. Als die Familie dieselbe nicht entrichten wollte, wurde sie aus der Stadt verbannt. Das machte aber böses Blut, denn sie besaß in Mülhausen einen starken Anhang, namentlich unter dem gemeinen Volk; einer ihrer treuesten Freunde war der ränkevolle Stadtphysikus (städtischer Arzt) Oswald Schreckenfuchs.

Die Finninger begaben sich nach Oberbaden in der Schweiz, wo damals die eidgenössische Tagsatzung versammelt war. Auf derselben hatten die katholischen Kantone die Oberhand. Um von dieser Partei mit Nachdruck unterstützt zu werden, schwuren die Brüder Finninger ihren reformirten Glauben ab. Dadurch nahm der Streit eine ganz andere und gehässige Wendung an; statt eines rein weltlichen Handels wurde er eine religiöse Streitigkeit. Die katholischen Kantone schickten ohne Säumen eine Deputation nach Mülhausen ab; an dieselbe schloßen sich die Finninger und der Stadtphysikus Schreckenfuchs an. Der Zweck dieser Deputation war, den ganzen Handel mit Umgehung des Raths, vor die gesammte Bürgerschaft von Mülhausen zu bringen. Der Magistrat lehnte jedoch dieses Ansinnen, das in seine Macht= befugnisse eingriff, ab, und ließ die Finninger festnehmen; später jedoch erlangten sie wieder ihre Freiheit. Die eidgenössische Gesandt= schaft verließ kurz darauf Mülhausen unverrichteter Dinge.

In Folge dieser Ereignisse kündeten die acht katholischen Schwei= zerkantone am 4. November 1586 der Stadt Mülhausen die alten Bündnisse auf. Darob entstand eine große Gährung unter der Mülhauser Bürgerschaft, die sich in zwei Parteien spaltete. Wenige Wochen darauf gelang es den Finninger und ihrem Anhang einen Aufstand in der Stadt zu bewerkstelligen und den Rath zu stürzen. Der ehrwürdige Bürgermeister Peter Ziegler ward sogar in's Gefängniß geworfen und mit ihm mehrere der geachtesten Raths= herren. Nun frohlockten die Finninger, sie gelangten mit einem Mal zu Ehren und Würden, die sie bisher nie besessen und besetzten die öffentlichen Aemter ausschließlich mit ihren Kreaturen.

Im Mai 1587 langten Gesandte aus den reformirten Schweizer= kantonen in Mülhausen an, um Frieden zwischen den streitenden Parteien zu stiften. Dieselben wurden mit großer Geringschätzung empfangen, während man den mit ihnen gekommenen katholischen Abgeordneten alle mögliche Rücksicht erwies. Auf's Tiefste verletzt kehrten die Reformirten in ihre Heimath zurück. In Folge dieser unangenehmen Vorgänge beschlossen die Städte Basel, Zürich und Bern mit bewaffneter Hand einzuschreiten. Es sammelten sich allmälig neunzehnhundert Mann, die unter dem Befehle des kriegstüchtigen Obristen Ludwig von Erlach rasch gegen Mülhausen vorrückten. In der Nacht vom 14. auf den 15. Juni 1587 wurden die Wälle der Stadt mit Sturm genommen. Vierhundert Mann fielen auf beiden Seiten. Die Eidgenossen machten 250 Gefangene, von denen einige am Leben und die anderen an ihren Gütern gestraft wurden.

Der Eindruck, den diese Ereignisse allenthalben hervorbrachten, war ein tiefer und nachhaltiger. In den benachbarten katholischen Ländern ging die Rede, man habe die Stadt Mülhausen, die auf dem besten Wege war zum alten Glauben zurückzukehren, daran mit Gewalt hindern wollen.

Mittlerweile war einer der Brüder Finninger gestorben und ein anderer hingerichtet worden. Doch der jüngste, Matthias und dessen Genosse Schreckenfuchs, der ein Meister war in allen Ränken, sannen auf neue Umtriebe. In der Nacht vom 13. auf den 14. Juni 1590 drangen sie mit dem Rufe: „Hie Luzern! hie Luzern!" in ihre Vaterstadt ein. Der unerwartete, von der Dunkelheit und dem Schrecken begünstigte Angriff, gelang den bösen Gesellen zuerst nach Wunsch. Doch als der Tag anbrach und die Bürger die geringe Zahl der Angreifer wahrnahmen, versammelten sie sich und schaarten sich um ihre Banner. Ein heißer Straßenkampf begann. Ein heldenmüthiges Weib, die Bürgersfrau Anna Schön, feuert die Bürger mit zündenden Worten zum Widerstand an; sie ermannen sich endlich und fallen über die Angreifer her, welche in der Stadt hin und her zerstreut sind; dieselben werden mit leichter Mühe überwältigt. Strenges Recht wird an ihnen geübt; fünf Rädelsführer werden geviertheilt, sieben andere mit dem Schwert hingerichtet; die übrigen mit Einkerkerung oder mit Geldbußen bestraft.

Die Finningerschen Händel hätten für Mülhausen die verderb-
lichsten Folgen haben können, denn die Stadt hatte an den katholischen
Schweizerkantonen, sowie an der österreichischen Regierung von Ensisheim und an der ober-elsässischen Ritterschaft erbitterte Feinde. Dieselben hätten unzweifelhaft an der Stadt blutige Rache genommen,
wenn dieselbe nicht an dem ritterlichen Könige Heinrich IV. von
Frankreich einen Beschützer gefunden hätte. Derselbe legte sich in's
Mittel und als er 1602 mit der Eidgenossenschaft ein Schutz- und
Trutzbündniß abschloß, stipulirte er, daß die Stadt Mülhausen mit
inbegriffen wurde. Von diesem Jahre an kehrten bis zum Ausbruch
des verderblichen dreißigjährigen Krieges, von dessen Greueln Mülhausen doch wenig berührt wurde, friedliche und geordnete Zustände
in den kleinen Freistaat zurück.

XXVI.

Die Reformationsversuche im österreichischen und straßburgisch-bischöflichen Gebiete.

Von den Zeiten Rudolfs von Habsburg an, der durch seine Geburt dem Elsaß angehört (der Ueberlieferung nach soll er auf Burg Sponeck geboren sein), besaß das Haus Oesterreich in den oberen Rheingegenden ein gar ansehnliches und stattliches Gebiet. Dasselbe umfaßte die vier sog. Waldstädte, nämlich: Waldshut, Säckingen, Laufenburg und Rheinfelden, ferner den fruchtbaren Breisgau; sodann im Elsaß die ehemalige Grafschaft Pfirt und den größten Theil des Sundgaus, mit Ausnahme der Stadt Mülhausen und ihres kleinen Gebietes (den beiden Dörfern Moden-heim und Jllzach). Die habsburgisch-österreichischen Besitzungen am Rhein nannte man im Gegensatze zu denen an der Donau, die vorder-österreichischen Lande. Der Hauptort der österreichischen Herr-schaft am Rhein war das alterthümliche Städtchen Ensisheim. Dort befand sich der Sitz der Regierung; an der Spitze derselben stand der österreichische Landvogt; derselbe wurde auch „Präsident der Regierung" genannt; in Ensisheim befanden sich die Gerichts-und die Rentkammer; im dortigen Schlosse residirte der Statthalter mit einer kleinen Kriegsmacht. Gewöhnlich fielen die vorder-öster-reichischen Lande einem jüngern Erzherzog zu, welcher sie durch einen Statthalter, meistens einen Herrn vom ober-elsässischen Adel, verwalten und regieren ließ.

Zur Zeit der Reformation gehörten die österreichischen Stammlande dem jüngern Bruder des Kaisers Karls V., dem Erzherzoge
Ferdinand, seit 1526 König von Böhmen und Ungarn. Ferdinand
war ein entschiedener Gegner der reformatorischen Bewegung. Gleich
nach der Abhaltung des Reichstags von Worms (1521), der durch
Luthers glaubensmuthiges Auftreten mit unauslöschlichen Zügen in
den Blättern der Reformationsgeschichte verzeichnet steht, erhielten die
österreichischen Räthe zu Ensisheim von ihrer Regierung die strengsten
Befehle, keinerlei Neuerung in der Religion zu dulden und die lutherischen Schriften durch Henkershand verbrennen zu lassen.

An der Spitze der österreichischen Regierung stand damals der
gefürchtete Herr Wilhelm II. von Rappoltstein, welcher den
Neuerungen ebenso abhold war, wie sein gestrenger Herr, der Erzherzog Ferdinand selbst. Das von letzterem erlassene Religionsmandat
fand jedoch, besonders bei dem aufgeklärten Theil der Bevölkerung,
manchen Widerspruch. Die Reformation machte insgeheim allmähliche
Fortschritte im Sundgau und im benachbarten Breisgau.

Der kühne Schweizerreformator Wilhelm Farel, ein geborener
Franzose, Calvins väterlicher Freund, hatte die Reformation in der
Grafschaft Mümpelgard siegreich durchgeführt. Von dort aus begab er
sich nach der Stadt Belfort, wo er das reine Evangelium unter
sichtlichem Beifall verkündigte. Anfänglich verhielt sich die Ensisheimer
Regierung diesen Neuerungen gegenüber ganz still und zuwartend,
und schritt dagegen nicht ein; bald aber folgten Schlag auf Schlag
die Gewaltmaßregeln.

Als im Jahre 1524 Ferdinand die vorderösterreichischen Lande
besuchte, kam er auch nach Ensisheim und empfahl seinen Räthen
unnachsichtliche Strenge gegen die Religionserneuerer. Demgemäß
schritt die Regierung mit aller Rücksichtslosigkeit ein; Farel wurde aus
Belfort vertrieben. Der dortige Bürgermeister, Hugo Cherbaillet,
war ein gefügiges Werkzeug der Geistlichkeit und unterdrückte jede
evangelische Lebensregung in der Stadt und deren Weichbild.

Auch anderwärts blieben die Verfolgungen nicht aus. Peter
Spengler, ein frommer und gelehrter Pfarrherr aus dem Breisgau,
hatte es trotz des Verbots des bischöflichen Ordinariats von Constanz
gewagt, seine Amtsbrüder zum fleißigen Lesen der heiligen Schrift
aufzufordern. Er wurde von einem derselben, dem Generalvikar Johann
Faber, angezeigt, gefänglich eingezogen und in der Jll bei Ensisheim
in der Nacht ertränkt. Ein anderer junger höchst begabter Priester,

Felix Ulsenius, welcher das reine Evangelium predigte, wurde nach dem unseligen Bauernkriege, im Jahre 1525 als Gefangener in das Ensisheimer Schloß abgeführt. Umsonst waren die Bemühungen des Straßburger Reformators Wolfgang Capito, der den glaubens= muthigen Mann von Basel her kannte, bei der österreichischen Regie= rung. Umsonst beschwor Capito den ihm persönlich befreundeten katholischen Stadtpfarrer von Ensisheim, Peter Wickgram, einen Neffen des berühmten Straßburger Münsterpredigers Geiler von Kahsersberg, Fürsprache für Ulsenius einzulegen. Alle Versuche zur Rettung des unglücklichen Priesters scheiterten an dem schroffen Sinn der Ensisheimer Regierung, die Ferdinands Instruktionen buchstäblich befolgte. Der treue Glaubenszeuge wurde auf das Grausamste gefoltert und zuletzt mit dem Schwert hingerichtet. Ein gleiches Loos traf den evangelischen Pfarrer des zum Mülhauser Gebiete gehörigen Dorfes Jllzach, den österreichische Reiter nächtlich aus seinem Pfarr= hause holten und nach Ensisheim schleppten. Mehrere andere sund= gauische und breisgauische Geistliche mußten ihr evangelisches Bekenntniß mit dem Tode besiegeln.

Ein wirklich tragischer Vorgang, welcher sich 1524 in dem öster= reichischen Städtchen Kenzingen im Breisgau zutrug, erregte überall ein ungewöhnliches Aufsehen. In jener kleinen Stadt wirkte in evangelischem Sinn und Geist der fromme Pfarrherr Magister Jakob Other aus Speher. Der Bischof von Constanz forderte ihn um dieser Sache willen zur Verantwortung vor sein Gericht; allein der Rath und die Bürgerschaft der Stadt, welche treu zu ihrem Prediger hielten, erlaubten ihm dies nicht. Da Kenzingen ein österreichisches Lehen war, so kam von der Ensisheimer Regierung der gemessene Befehl an den dortigen Rath den Prädikanten sofort zu entlassen und ihm das österreichische Gebiet zu untersagen. Diesem Befehle fügte sich die ohnmächtige Stadt ohne Widerstand; doch gaben, als der Prediger fortzog, ihm eine große Menge der achtbarsten Bürger, 150 an der Zahl, das Geleite bis an das nächste Dorf. Mittlerweile war in aller Stille österreichisches Kriegsvolk herangerückt, besetzte die Thore und bemächtigte sich der wehrlosen Stadt. Als die Bürger, ohne die geringste Ahnung dessen was sich während ihrer Abwesenheit zugetragen hatte, in die Stadt zurückkehren wollten, fanden sie die Thore besetzt und wurde ihnen der Eingang verweigert. Mit schwerem Herzen mußten die unglücklichen Flüchtlinge die Heimath verlassen. Die meisten Bürger wandten sich nach Straßburg, der

„Herberge der Barmherzigkeit", wo sie eine gastfreundliche ächt christliche Aufnahme bei ihren Glaubensbrüdern fanden.

Die Oesterreicher aber behandelten Kenzingen wie eine eroberte Stadt und verbreiteten Schrecken und Jammer. Die zurückgebliebenen Weiber wurden mißhandelt und gezwungen in die Messe zu gehen; alle lutherischen Schriften mußten ausgeliefert werden und wurden verbrannt. Der Stadtschreiber, bei welchem man ein Neues Testament entdeckt hatte, wurde zum Tod verurtheilt. Er mußte auf dem Scheiterhaufen niederknieen, wurde in Gegenwart seiner Frau und Kinder enthauptet und nachher ward sein Leichnam verbrannt. Auf diese Weise wurde die Stadt Kenzingen zum alten Glauben zurückgeführt.

Nach dem blutigen Ausgang des für die Ausbreitung der Reformation im Elsaß so verderblichen Bauernkrieges, wüthete die österreichische Regierung mit unnachsichtlicher Strenge und Grausamkeit gegen die armen verblendeten Landleute. Umsonst mahnte der Rath von Straßburg durch seine Abgeordneten zur Mäßigung und Milde. Die katholische Reaktion kannte weder Maß noch Ziel. Nach des Chronisten Daniel Specklin Angaben kamen in wenigen Monaten mehr den sechshundert Menschen grausam um's Leben. Die meisten starben in den unterirdischen Folterkammern des Schlosses oder wurden bei Nacht in der Ill ertränkt. Diejenigen, welche die Freiheit wieder erlangten, kamen mit verstümmelten Gliedern zu den Ihrigen zurück. Man traf in jener Zeit auf den Landstraßen unzählige Menschen an mit abgehauenen Händen oder Fingern, ausgerissenen Zungen oder ausgestochenen Augen, die ihr Brot vor den Häusern bettelten. Andere wurden noch vor ihrer Hinrichtung an den Gliedern verstümmelt. Mit innerlichem Grauen wandten die Evangelischen der oberen Rheingegenden ihre Augen von diesem Orte des Schreckens ab und lange Zeit nannte man die Stadt Ensisheim nicht anders landauf und landab, als die Schlachtbank des Elsasses. Specklin, der als kaiserlicher Baumeister in Ensisheim thätig war und die Ausbesserung und Verstärkung der dortigen Festungswerke zu besorgen hatte, berichtet, daß die Gelder dazu meist von den durch den österreichischen Fiskus eingezogenen Gütern der armen Bauern herrührten.

Die Religionsedikte der Ensisheimer Regierung wurden von Tag zu Tag schärfer. Die Ausübung des evangelischen Glaubens und Gottesdienstes wurden in den österreichischen Besitzungen nicht nur auf das Strengste verboten, sondern es ward auch bei Androhung

hoher Strafe den katholischen Kaufleuten und Krämern untersagt Han=
delsgeschäfte mit Evangelischen abzuschließen. Im Jahre 1561 setzte
Kaiser Ferdinand I. die Todesstrafe auf den Uebertritt eines Katho=
liken zur Sekte der Wiedertäufer. Im Jahre 1587 wurde der neu
erschienene römisch=katholische Katechismus des Jesuitenpaters Cani=
sius, welcher voller Gehässigkeiten war und den Religionshaß offen
predigte, in den vorder=österreichischen Landen eingeführt. Die
Unduldsamkeit in religiösen Dingen ging so weit, daß als ein
evangelischer Mann, Georg Geiler von Appenweyer bei Colmar,
um das Bürgerrecht von Meyenheim nachsuchte, dasselbe ihm vom
österreichischen Statthalter, der „Religion wegen" rundaus abge=
schlagen wurde.

Wie groß und anhaltend noch ein Jahrhundert später der religiöse
Fanatismus der katholischen Bevölkerung im Ober=Elsaß gegen die
Evangelischen war, ist zur Genüge aus den Greueln des dreißigjährigen
Krieges bekannt, welche die Sundgauer Bauern gegen die Schweden
ausübten, die dann durch letztere eine blutige Sühne fanden. Dieselben
fanden in der Gegend von Altkirch statt.

Nicht mehr Erfolg als in dem vorder=österreichischen Lande hatten
die Reformationsversuche im bischöflich=straßburgischen Gebiete. Bei
dem Ausbruch der Reformation saß der gelehrte und milde Erasmus
von Limpurg auf dem bischöflichen Stuhle von Straßburg. Er
schritt zwar gegen die Prediger dieser Stadt anfänglich ein, als sie
die neue Lehre verkündigten und lud sie vor das bischöfliche Gericht
nach Zabern und that sie auch nach ihrem nicht Erscheinen in den
Bann; doch im Ganzen blieben nach wie vor, selbst nach der Abschaf=
fung der Messe im Februar 1529, seine Beziehungen zu der Stadt
Straßburg freundliche.

Im bischöflichen Gebiete jedoch drang die Reformation nicht
durch. Zwar hatte es während der Zeit des Bauernkriegs den Anschein,
daß die neue Bewegung auch in den acht bischöflichen Aemtern des
Elsaß sich ausbreiten wollte. Denn gerade Molsheim und Zabern
waren die Hauptheerde des Aufstandes und die beiden Hauptführer,
„Obristen des gemeinen Haufens", wie sie sich nannten, der aufrüh=
rischen Bauernschaft, Ittel Jörg und Erasmus Gerber
waren bischöfliche Unterthanen. Allein nach der blutigen Unterdrückung
des elsässischen Landvolkes durch den grausamen Herzog Anton von
Lothringen hörte die Ausbreitung der Lehre des reinen Evan=
geliums mit einem Male auf. Die Schreckenstage von Zabern und

Scherweiler (Mai 1525) brachte der Reformationssache im straßburgisch=
bischöflichen Gebiete den Todesstoß.

In Zabern war die Bürgerschaft evangelisch gesinnt; sie hatte
im Einverständniß mit den Bauern, ihnen die Stadtthore geöffnet;
Rufach, der Hauptsitz des obern Mundats, das treffliche Schulen
besaß und dem Elsaß eine Anzahl gelehrter Männer geliefert hatte,
war auch der Reformation nicht abhold; Benfeld neigte sich der=
selben ebenfalls zu. In späteren Zeiten, als diese bischöfliche Stadt
an Straßburg verpfändet wurde, bildete sich daselbst sogar eine
evangelische Gemeinde, die eigene Prediger berief und bis in die
Mitte des siebzehnten Jahrhunderts fortbestand. Der ungünstigen
Verhältnisse halber konnte die Reformation daher im straßburgisch=
bischöflichen Gebiete nicht zum Siege gelangen, den die Fürstbischöfe
von Straßburg hatten zwei mächtige Bundesgenossen an den Erz=
herzogen von Oesterreich und an dem Hause Lothringen.

Der Herzog Anton und der Kardinal Karl von Lothringen
waren ja die Helden der beiden Religionskriege, des Bauernkrieges
von 1525 und des bischöflichen Krieges von 1592, welche das Elsaß
im sechzehnten Jahrhundert mit Schrecken und Greueln aller Art
erfüllten.

In der zweiten Hälfte des sechzehnten Jahrhunderts, unter dem
strengen Regimente des starren und unbeugsamen Fürstbischofs
Johann von Manderscheid, wurden die von ihm berufenen
Jesuitenpater durch ihre Schulanstalten und Missionsreisen und Pre=
digten, die rüstigen Vorkämpfer und treuen Wächter des katholischen
Glaubens, nicht allein im straßburgisch=bischöflichen Gebiete, sondern
auch im übrigen Elsaß.

Das ganze Ober=Elsaß, mit Ausnahme des sog. Ober=Mundats
von Rufach, stand unter der geistlichen Gerichtsbarkeit des Fürstbischofs
von Basel, der daselbst auch zahlreiche Herrschaften besaß. Daß dort,
wo das Haus Oesterreich so mächtig war, die Reformation sich wenig
ausbreiten konnte, ist leicht begreiflich. Nur die Herzoge von Würt=
temberg führten sie in der Grafschaft Horburg und in der Herr=
schaft Reichenweyer ein. Mit Mühe konnten die evangelischen
Colmarer Bürger die freie Religionsübung im Jahre 1575 erlangen.
Mülhausen errang, wie wir gesehen haben, unter großen Kämpfen,
das edle Kleinod des Glaubens. Die mächtigsten Herren im Ober=
Elsaß waren die Freiherren und späteren Grafen von Rappoltstein;
sie besaßen aber nur wenig eigenthümliche Güter, sondern hatten viele

Lehen der Fürstbischöfe von Basel inne. Auch dann als sie zur
Reformation übergetreten waren, konnten sie in den fürstlich=bischöflich=
baselschen Herrschaften für die Sache des reinen Evangeliums nichts
thun. Der ober=elsässische Adel, an dessen Spitze das Haus von
Reinach war, stand meist in österreichischen Diensten und blieb
vorwiegend katholisch. An dem Hause Habsburg aber hatten die
Fürstbischöfe von Basel eine treue Stütze, so daß alle Refor=
mationsbestrebungen in ihren ober=elsässischen Besitzungen ohne Erfolg
blieben.

Nach dem westphälischen Frieden, als das Elsaß an Frankreich
gekommen war, wurde Ludwig XIV. der eifrige Beschützer der katho=
lischen Kirche im Elsaß und zugleich der hohe Gönner der beiden
Grafen von Fürstenberg, die nach einander den bischöflichen Stuhl
von Straßburg einnahmen. Er verehrte dem Straßburger Münster
einen kostbaren und sehr werthvollen Kirchenschmuck, gründete aus
seiner königlichen Schatulle neue katholische Pfarreien, die sog. „Königs=
pfarreien", führte das Simultaneum, d. h. die gemeinsame
Benutzung der bisherigen rein evangelischen Kirchen durch Katholiken,
ein, ließ neue Gotteshäuser, wie die St=Ludwigskirche in Markirch
und in Straßburg erbauen und besoldete aus der königlichen Kasse
zahlreiche katholische Geistliche im Elsaß. Auch förderte er auf alle
mögliche Weise den Uebertritt der Protestanten zur römisch=katholischen
Kirche. Unter diesen Umständen konnte selbstverständlich von einer
Ausbreitung des evangelischen Glaubens in dem straßburgisch=bischöf=
lichen Gebiete keine Rede mehr sein. Die Evangelischen mußten sich
damit begnügen das Erbe der Väter zu erhalten.

Ein kleiner Theil des nördlichen Elsaß gehörte zum Bisthum
Speyer. Das Gebiet desselben erstreckte sich von den Städten Weißen=
burg und Lauterburg bis zum Selzbach. Auch in jener Gegend regte
sich im sechzehnten Jahrhundert der Geist der Reformation. In der
Reichsstadt Weißenburg gelangte dieselbe, ähnlich wie in Colmar, nach
langen und schweren Kämpfen theilweise zum Siege. Einige benach=
barte kurpfälzische Orte nahmen gleichfalls die Lehre des reinen Evan=
geliums an. Auch im Städtchen Selz fand eine mächtige evangelische
Bewegung statt. Bestand doch daselbst seit 1575 eine evangelische
Ritterakademie, in welcher sechzig junge Adelige höhern Unter=
richt und Unterhalt empfingen. Doch in jener Gegend konnte die
Reformation keine feste Wurzel fassen. Die Keime des neuen Lebens,
die sich so lieblich und verheißungsvoll entwickelt hatten, wurden nach

dem dreißigjährigen Kriege alle wieder erstickt, als die Bischöfe von
Speyer, nach dem Vorgang derjenigen von Straßburg und Basel, um
die Gunst Ludwigs XIV. buhlend, alle ihre deutschen Ueberzeugungen
verleugneten und Kaiser und Reich preisgaben. Die Reformirten, die
hier in Mehrzahl waren, mußten, im nördlichen Elsaß, gerade wie in
der benachbarten Pfalz, vom „Allerchristlichsten König" die schwersten
Drangsale erdulden.

XXVII.

Der Gang der Reformation im Westreich.

I. Die Grafschaft Lützelstein.

Unter dem Namen Westreich, auch Westerich und Westrich, pflegt man von Alters her die walbige Grenzgegend zu bezeichnen, welche auf den Wasgauhöhen, die Elsaß von Deutsch-Lothringen trennen, beginnt und sich bis an das alte Herzogthum Lothringen erstreckt. Das „Westrich" gehörte topographisch und politisch nie zum Elsaß, aber auch nicht zum eigentlichen Lothringen; es bildete viel-mehr eine Reihe von kleinen Herrschaften, unter welchen wir nament-lich hervorheben: Die Grafschaften Lützelstein und Nassau-Saarwerden und die Herrschaften Diemeringen, Finstingen und Aßweiler. Im Jahre 1793 fielen alle diese Gebiete Frankreich anheim; die französische Republik annektirte sie und da die Bewohner dieser Gegenden durchaus nicht zu Lothringen wollten geschlagen sein, so wurde das „Westrich" mit dem neu errichteten niederrheinischen Departement vereinigt. Bei der Reorganisation des protestantischen Cultus in Frankreich durch den ersten Consul im Jahre 1802, wurde das ganze großentheils protestantische Westreich dem Direktorium der Kirche Augsburgischer Confession in Straßburg, die von da an dessen Verwaltungsbehörde bildete, untergestellt.

In einer elsässischen Reformationsgeschichte verdient das Westrich wegen der Glaubenstreue, welche die Evangelischen jenes Gebiets in schweren Verfolgungszeiten an den Tag legten, eine Ehrenstelle ein-zunehmen. Wir wollen in den beiden Abschnitten, die wir dieser

Gegend widmen, insbesondere die alte Grafschaft Lützelstein und die im obern Saarthal gelegene frühere Grafschaft Nassau-Saarwerden berücksichtigen.

An einem wichtigen Gebirgspasse der Vogesen, über welchen sich eine belebte Verkehrsstraße hinzieht, die den Handel zwischen Elsaß und Lothringen vermittelt, erhebt sich in wildromantischer Lage die alte Bergveste Lützelstein, das Stammschloß des gleichnamigen längst ausgestorbenen Rittergeschlechts. Schon im achten Jahrhundert war die Burg vorhanden. Die Ritter von Lützelstein kommen in den Turnierbüchern des Mittelalters häufig vor. Sie gelangten mit der Zeit zu weltlichen und geistlichen Ehren und Würden. Ein Konrad von Lützelstein saß 1151 auf dem bischöflichen Stuhle zu Augsburg. Ein Graf Simon Wecker bekleidete 1392 das Amt eines kaiserlichen Landvogts zu Hagenau, ein Graf Vollmar war 1397 Domdechant zu Straßburg. Zu Anfang des dreizehnten Jahrhunderts übergab Graf Hugo von Lützelstein seine Grafschaft dem Bischof von Straßburg zu Lehen (1220). Dadurch traten die Lützelsteiner zu dem Elsaß in nähere Beziehungen.

Den Höhepunkt ihrer Macht erreichten die Lützelsteiner gegen Ende des vierzehnten Jahrhunderts, wo Graf Heinrich die Schwester des Markgrafen Rudolf von Baden, eine verwittwete Gräfin von Leiningen im Jahre 1377 ehelichte. Heinrich gerieth mit Herzog Leopold von Oesterreich in verdrießliche Händel, in deren Folge er sich unter den Schutz des deutschen Reichs begab und als Belohnung dafür die Zolleinkünfte des Dorfes und Schlosses Einhardshausen erhielt (1382). Dasselbe beherrschte wie Lützelstein einen wichtigen Vogesenpaß und befand sich an derselben Stelle, wo einige Jahrhunderte später Pfalzgraf Georg Johann von Veldenz die Stadt Pfalzburg erbaute (1570).

Heinrich von Lützelstein, der mächtigste Graf seines Geschlechts, erwarb im Jahre 1391 vom Bischof von Metz die Herrschaft Geroldseck. Sein Sohn Burkard wurde 1393 durch einen Theil der Domherren des Straßburger Hohen Stifts zum Bischof erwählt; allein sein Mitbewerber Wilhelm von Diest, der vom Papst unterstützt war, behielt die Oberhand. Burkard verzichtete aus Friedensliebe auf die bischöfliche Würde; er trat in den weltlichen Stand zurück und vermählte sich. Nach seinem Tode hinterließ er zwei Söhne: Jakob und Wilhelm, mit welchen das alte Lützelsteiner Grafengeschlecht ausstarb.

Die beiden Brüder wurden in viele Fehden verwickelt, unter andern in die sog. Leiningensche, auf welche wir jedoch, des beschränkten Raumes wegen, hier nicht näher eingehen können. Sie zogen sich den Zorn des mächtigen Kurfürsten Friedrich des Siegreichen von der Pfalz zu, der die Veste Lützelstein im Spätjahre 1452 mit 16,000 Mann acht Wochen lang belagerte. Am 11. November mußte die Besatzung sich ergeben. Die beiden Grafen Jakob und Wilhelm waren nächtlicherweise aus der Burg entkommen; sie wanderten in die Verbannung, wo sie bald darauf beide in den traurigsten Verhältnissen starben. Da sie ohne Leibeserben waren, erlosch mit ihnen das alte Lützelsteiner Grafengeschlecht. Ihr Erbe kam an die Pfalzgrafen von Veldenz.

Dieselben besaßen die Grafschaft Lützelstein bis 1694, wo das Haus Veldenz mit Leopold Ludwig ausstarb. Die beiden erbberechtigten Grafen von Birkenfeld und von Sulzbach beanspruchten die Grafschaft gegen den Schwedenkönig Karl XI., der zugleich Pfalzgraf von Zweibrücken war. Nach langen Zwistigkeiten kam endlich 1734 ein Vergleich zu Stande, in Folge eines Rechtsspruches des obersten königlichen Gerichtshofes (Conseil Souverain d'Alsace), der die Erbangelegenheit zu Gunsten der beiden Grafen von Birkenfeld und von Sulzbach entschieden hatte.

Die Grafschaft Lützelstein bestand damals aus sieben Aemtern mit 27 Dörfern. Der Hauptort derselben war das malerisch auf hohem Bergeskamm gelegene Städtchen Lützelstein, das aus zwei verschiedenen Theilen, dem eigentlichen Städtchen oder der Veste und der Vorstadt besteht. Das Städtchen ist auf einem freistehenden, in das Thal hineinragenden Felsen erbaut und liegt an der Grenzscheide des Elsaß und des Westrichs, am Fuße der Berghöhe Altenburg, auf deren Gipfel wohl in grauer Vorzeit ein altes Schloß gestanden. Im Gegensatz zu jener bedeutenderen Berghöhe, trägt wohl Lützelstein seinen Namen von lützel (im Mittelhochdeutschen klein, also „kleiner Felsen", französisch: La Petite-Pierre). In der Nähe erhob sich früher ein zweites, ebenfalls gänzlich verschwundenes Schloß, Imstall genannt.

Die Grafschaft Lützelstein ward unter dem Pfalzgrafen Georg Johann I. von Veldenz, dem Erbauer Pfalzburgs, evangelisch. Er berief sich auf das sog. „Reformationsrecht", welches durch den Augsburger Religionsfrieden den deutschen Reichsständen vom König Ferdinand und vom Kaiser Karl V. im Jahre 1555 zugestanden worden

war. Schon des Pfalzgrafen Vater, Ruprecht, der Bruder des Her=
zogs Ludwig II. von Zweibrücken, war den Grundsätzen der Refor=
mation nicht abhold, allein politische Gründe, worunter in erster
Linie die Nachbarschaft der lothringischen Herzöge, der gewaltigen und
fanatischen Grenznachbarn, hielten ihn von entschiedenem Vorgehen
zurück.

Nach seinem Tode änderte sich aber die politische Lage. Sein
Sohn, Georg Johann, hatte dieselben Rücksichten nicht zu nehmen,
darum ging er muthig voran. Thätigen Beistand bei der Einführung
der Kirchenerneuerung leistete dem Pfalzgrafen sein Hofrath, der
gelehrte und dabei von Herzen fromme Johann Phillot (Philotus)
zu Lützelstein, ein französischer Flüchtling, der auf den Universitäten
von Paris, Straßburg und Heidelberg die Rechtskunde studirt und
den Titel eines doct. juris (Doktor der Rechte) erworben hatte.

Philotus wandte sich auf Begehren des Pfalzgrafen im Jahre
1555 an seinen Freund Konrad Hubert, evangelischen Prediger
an der St=Wilhelmer Kirche zu Straßburg und bat denselben ihm zu
evangelischen Predigern und Lehrern für die Grafschaft Lützelstein
behülflich sein zu wollen. Allein der Straßburger Rath konnte nur
wenige abgeben. In Lützelstein, dem Hauptorte der Grafschaft, wo
der Pfalzgraf oft Hof hielt, wird übrigens bereits im Jahre 1527
Herr Niklaus erwähnt, den der Straßburger Reformator Matthäus
Zell einen „guten Mann" nennt und zum Helfer am Münster nahm,
als derselbe bei seiner Weigerung die Messe künftighin zu lesen, um
das Jahr 1529 seine Pfarrstelle aufgeben und Lützelstein verlassen
mußte.

Im Jahre 1560 wird Joseph Ketzer (ein für einen Geistlichen
ominöser Name) als evangelischer Prediger in Lützelstein angeführt.
Sein Nachfolger war Konrad Schlütter. Zu dieser Zeit erhielten auch
Tiefenbach, Weinburg, Hangweiler, Wintersburg,
Lohr und Grausthal Geistliche und um das Jahr 1570 waren
alle Pfarrstellen in der ganzen Grafschaft mit evangelischen Predigern
besetzt. Grausthal, bis 1550 der Sitz einer nicht unberühmten adeligen
Benediktinerinnen=Abtei, daher ursprünglich „Gräfinnenthal" genannt,
sollte zugleich Hangweiler bedienen; mehrere Pfarrer von Grausthal
schienen selbst in Hangweiler ihren Wohnort gehabt zu haben. Auch
in Fleisheim, welches zuerst zu Lützelstein später aber zur Herr=
schaft Lixheim gehörte, hatten die Evangelischen eine Kirche, die aber
später den Katholiken eingeräumt werden mußte und Burscheid,

ein besonders Lehen, war im siebzehnten Jahrhundert ganz evangelisch; der Pfarrer von Wintersburg bezog den Zehnten daselbst.

Auch die Gegend von Saarburg war im sechzehnten Jahrhundert für's reine Evangelium gewonnen. So die Dörfer Bühl und Niedeweiler und andere Ortschaften. Um die weitere Ausbreitung der Reformation zu hindern, suchten die lothringischen Herrscher zu diesem Zwecke evangelische Gebiete zu erwerben.

Der Pfalzgraf Georg Johann I. von Veldenz gründete auch 1570, an der Stelle des bisherigen Dorfes und Schlosses Einartzhausen (auch „Einhardshausen") die Stadt Pfalzburg. Die Einwohner derselben erhielten von Kaiser Maximilian II. die feierliche Zusage der freien Religionsübung nach dem Augsburgischen Bekenntniß. Da sich aber in der Stadt auch viele französische Flüchtlinge niederließen, so wurden je ein deutsch-lutherischer und ein französisch-reformirter Prediger angestellt. Schon im Jahre 1573 bestanden hier zwei evangelische Gemeinden.

Der letzte deutsche Pfarrer von Pfalzburg, Andreas Irsamer, wurde 1587 von Amt und Stelle vertrieben. Denn der verarmte Pfalzgraf Georg Hans, der „durch allerhand weitaussehende Unternehmungen, kostspielige inventiones und sonsten während seiner Regierung geführten Oekonomien in eine tiefe Schuldenlast gerathen", mußte Pfalzburg, in dessen Schloß er bis 1582 gewohnt hatte, veräußern. Am 23. Juli 1583, verkaufte er die Stadt nebst den Schlössern und Dörfern Lützelburg, Mittelbronn, Haselburg, Hültenhausen und Wilsberg, wo überall eine vorwiegend evangelische Bevölkerung war, für 400,000 Goldgulden auf Wiederkauf, der aber nicht erfolgte, an Herzog Karl III. von Lothringen. Dieser erkannte die Wichtigkeit der Stadt und des Gebirgspasses, den sie beherrschte; er befestigte Pfalzburg und suchte allmählich den dortigen Evangelischen ein Recht nach dem andern zu entreißen. Als der Herzog unter dem Vorwand, die evangelischen Bürger seien von der Lehre der Augsburgischen Konfession abgewichen, im Jahre 1620 gebot, daß wer nicht zur römisch-katholischen Kirche zurückkehre, auswandern müsse, verließ der größte Theil der Bürgerschaft die Stadt und ließ sich in dem pfalzgräflich-birkenfeldischen Städtchen Bischweiler im Unter-Elsaß nieder, wo die französischen Réfugiés, die dort gleichfalls eine freundliche Aufnahme gefunden, die Tuchindustrie einführten. Herzog Heinrich II. von Lothringen schickte 1621 zwei Jesuiten nach Pfalzburg, um die zurückgebliebenen Evangelischen zu bekehren. Der eine

derselben, der Pater Nikolaus Oude, hielt auf dem Rathhaus eine
Disputation mit dem reformirten Prediger Brasi, die aber ohne Erfolg
blieb. In Folge der zunehmenden Bedrückungen nahm die evangelische
Bevölkerung von Pfalzburg immer mehr ab und im Laufe des acht=
zehnten Jahrhunderts verschwand sie gänzlich. Erst die französische
Revolution brachte den dortigen Protestanten die lang ersehnte
Glaubens= und Gewissensfreiheit.

In der Grafschaft Lützelstein wurden im Jahre 1680, auf Befehl
des Bischofs von Metz, den Evangelischen sämmtliche Kirchen genommen
und den Katholiken eingeräumt. Nach jahrelangen Unterhandlungen,
Vorstellungen und Bitten erhielten die Evangelischen endlich das sog.
S i m u l t a n e u m, d. h. das Recht oder vielmehr die Gnade des
„Mitgebrauchs" der Kirchen, die sie einst als Eigenthum besessen
hatten. Die Bedrückungen aber dauerten doch fort. So wurde unter
anderen Johann Windemius, der evangelische Pfarrer von Winters=
burg im Jahre 1688 gefänglich eingezogen, mit schweren Ketten
beladen und unter starker Bedeckung wie ein gemeiner Verbrecher nach
Metz abgeführt. Sein ganzes Vergehen bestand darin, daß er, gegen
des Königs von Frankreich Gebot, das er nicht kannte, zwei Refor=
mirte in der lutherischen Religion unterrichtet hatte. Erst die franzö=
sische Revolution machte diesem Zustande der religiösen Verfolgung
ein Ende.

Wir wenden nun unsere Blicke nach dem obern Saarthale und
zwar nach der stattlichen Grafschaft N a s s a u = S a a r w e r d e n.

———

XXVIII.

Der Gang der Reformation im Westreich.

II. Die Grafschaft Nassau-Saarwerden.

Die ehemalige Grafschaft Nassau-Saarwerden, welche die Saar in zwei beinahe gleiche Hälften durchschnitt, gehörte ursprünglich den Grafen von Saarwerden an, welche bereits im zehnten Jahrhundert in den Turnierbüchern des Mittelalters vorkommen. Sie blieb in deren Händen bis zum Jahre 1397, wo sie durch Heirath der letzten Grafentochter Walpurgis von Saarwerden mit Friedrich, Grafen von Mörs, an letzteres Haus kam.

Im Jahre 1507 fand 'eine erste Theilung statt. Nach dem Tode der beiden Brüder Johann und Jakob von Mörs, brachte Katharina, die einzige Tochter des ersteren, die Hälfte der Grafschaft ihrem Gemahl, dem Grafen Johann Ludwig von Nassau-Saarbrücken als Mitgift zu. Auch die übrige Hälfte der alten Grafschaft fiel Katharina im Jahre 1527 nach dem Tod des Grafen Johann Jakob von Mörs dem gräflichen Hause von Nassau zu.

Im Jahre 1544, kurz vor seinem bald darauf (1545) erfolgten Tode, theilte der Graf Ludwig von Nassau-Saarbrücken seine Besitzungen unter seine drei Söhne und zwar in folgender Weise:

Philipp II., der älteste Sohn erhielt die Grafschaft Saarbrücken mit der Vogtei Herbitzheim; Johann IV., die Grafschaft Ottweiler, und Adolf die Herrschaft Kirchheim. Die Grafschaft Saarwerden wurde als Wittwengut der Gräfin Katharina und deren Mutter Beatrice zugetheilt; die drei Brüder sollten sie nach deren Ableben gemeinschaftlich und unvertheilt besitzen.

Als Philipp II. im Jahre 1554 mit Tod abging, vermachte er sein Gebiet seinen beiden Brüdern. Johann IV., Graf von Nassau-Saarbrücken überließ seinem Bruder Adolf die Regierung der Grafschaft Saarwerden und der Vogtei Herbitzheim und als dieser 1559 starb, kamen sämmtliche Besitzungen des alten Grafen Johann Ludwig wieder in eine Hand.

Im Jahre 1574 starb Johann IV., der letzte männliche Nachkomme des gräflich Saarbrückenschen Hauses. Laut dem Erbvertrag von Weilburg von 1563, traten seine nächsten Anverwandten, die beiden Brüder Albrecht und Philipp, Grafen von Nassau-Weilburg seine Erbschaft an. Albrecht bekam das Gebiet von Weilburg mit den Herrschaften Ottweiler und Kirchheim und Philipp die Grafschaften Saarbrücken und Saarwerden mit der Vogtei Herbitzheim. Die Verwaltung beider Landestheile sollte eine gemeinsame bleiben.

Die Herzöge von Lothringen machten wie von Alters her Ansprüche auf die Grafschaft Saarwerden, aber das kaiserliche Reichskammergericht von Speyer wies dieselben zurück.

Im Jahre 1602 vereinigte Graf Ludwig, der Neffe Philipps III. die nassauischen Besitzungen nochmals in eine Hand. Aber nach dessen 1627 erfolgtes Ableben fand eine Theilung derselben unter seinen vier Söhnen statt.

Die erste reformatorische Bewegung in der Grafschaft Saarwerden zeigte sich während des Bauernkrieges. Als ein Bauernhaufen aus dem Elsaß um die Osterzeit des Jahres 1525 über die Höhen des Wasgaus in das Westreich drang, schlossen sich Viele aus der „Grafschaft" an die Anführer an. Dieselben verschanzten sich in den ersten Tagen des Mais 1525 vor dem adeligen Nonnenkloster in Herbitzheim in einem festen Lager. Bald darauf aber zogen sie gegen Zabern, wo des Herzogs Anton von Lothringen blutiges Racheschwert sie ereilte. Hiedurch und mit der Zeit wurde die wilde Glut der Freiheitsbestrebungen gedämpft, aber der dringende Wunsch nach einer Umgestaltung der kirchlichen Verhältnisse blieb in den Herzen lebendig.

Mittlerweile war die „Grafschaft" im Jahre 1527 an das Haus Nassau gekommen. Dem Grafen Johann II., der in kaiserlichen Kriegsdiensten stand, fehlte es an Zeit und Lust, sein Land zu reformiren. Er war auch beinahe immer abwesend. In dem benachbarten Elsaß und im übrigen nassauischen Gebiete verbreitete sich jedoch die Lehre des reinen Evangeliums immer weiter und seitdem Graf

Philipp IV. von Hanau-Lichtenberg am 28. Mai 1545, durch die Synode von Buchsweiler die Reformation im Hanauer Lande einge- führt hatte, drangen auch die Strahlen der aufgehenden Sonne des Evangeliums in die angrenzende Grafschaft Nassau-Saarwerden. Nach dem Augsburger Religionsfrieden, der den deutschen Fürsten das Reformationsrecht in ihrem Gebiete ausdrücklich zusicherte, führte der Graf Adolf von Nassau die Religionsänderung zunächst in der Haupt- stadt der Grafschaft, in Alt-Saarwerden ein.

Er fand einen treuen Gehülfen und Berather an seinem Leib- arzte, dem bekannten Naturforscher Hieronymus Bock aus Berg- zabern. Der Anfang der Reformation war bereits 1552 gemacht worden durch Aufhebung des Klosters Herbitzheim und fünf Jahre darauf, 1557, war das Werk schon so weit vorangeschritten, daß kein katholischer Geistlicher mehr in der ganzen Grafschaft war.

Unter dem Schutze des Augsburger Religionsfriedens blühten die jungen evangelischen Gemeinden in segensreichem Gedeihen heran. In der Grafschaft Nassau-Saarwerden wirkten mehr als zwanzig evangelische Geistliche; sie bekannten sich zur Augsburgischen Kon- fession, welche die Grafen unterzeichnet hatten, doch die Concordien- formel wurde von denselben nicht anerkannt. Durch die Fürsorge der Landesherren wurden sämmtliche Kirchengüter der ganzen Grafschaft unter eine Verwaltung, die sog. Kirchschaffnei gebracht und aus dieser Kasse die Kirchen- und Schuldiener besoldet und Kirchen und Pfarrhäuser in gutem Stand erhalten. Auch ließ Graf Ludwig von Nassau für seine Länder Saarbrücken und Saarwerden im Jahre 1618 eine Kirchenordnung zu Frankfurt am Main drucken, nach- dem bereits seine Vorgänger, die beiden Brüder Albert und Philipp von Nassau 1576 eine Ordnung und Reformation ihrer Kirchen hatten veröffentlichen lassen.

Bald nach der Einführung der Reformation flüchteten sich in die Grafschaft Saarwerden auch zahlreiche Reformirte aus Frankreich und den Niederlanden, wo sie um ihres Glaubens willen verfolgt wurden. Es wurden diesen Flüchtlingen einzelne Dörfer wie Alt- weiler, Görlingen, Burbach, Rauweiler, Kirchberg angewiesen, welche sie ausschließlich bewohnten. Der Reformator Wilhelm Farel hatte sich mit Erfolg für dieselben bei dem Grafen Adolf von Nassau, sowie bei dem Superintendenten von Saarwerden, Israel Achatius, verwendet. Auch wurden diese ursprünglich rein französischen refor- mirten Gemeinden bald mit Predigern versehen. Eine Menge franzöfischer Orts- und Familiennamen haben das Andenken an diese Einwanderer bis auf den heutigen Tag in jener Gegend unter dem Volk erhalten. Lange Zeit hindurch wurden diese Dörfer, im Unterschiede zu den übrigen, die „welschen Dörfer" genannt.

Siebenzig Jahre lang hatten die evangelischen Gemeinden der Grafschaft Saarwerden friedlich sich entwickelt und standen in schönster Blüte, als die Unglücksperiode des dreißigjährigen Krieges über sie hereinbrach und ihnen Vernichtung zu bringen drohte. Seit mehr als einem Jahrhundert nämlich hatten die Herzoge von Lothringen auf das Erbe der alten Grafen von Saarwerden, als auf ein bischöflich-metzisches Lehen, Ansprüche erhoben. Sie behaupteten es seien blos männliche Lehen, welche demnach nicht in weiblicher Linie, durch Heirath, an die Grafen von Nassau hätten übertragen werden können. Es entspann sich daraus ein hundertjähriger Prozeß, welcher endlich im Jahre 1629, — dem Jahre des Restitutionsedikts Kaiser Ferdinand II. — durch das Reichskammergericht von Speyer dahin entschieden wurde, daß dem Herzog von Lothringen die drei Orte Bockenheim (Bouquenom), Weibersweiler und die Stadt Saarwerden als metzische Lehen zugesprochen wurden, während die übrige Grafschaft sammt der Vogtei Herbitzheim den Grafen von Nassau verblieb, die zugleich verurtheilt wurden, eine Entschädigung für die widerrechtlich inne gehabten drei Orte an Lothringen bezahlen sollten. Unter dem Vorwand, sich die Entschädigungssumme zu sichern, ließ der Herzog von Lothringen sogleich nach Verkündigung jenes Urtheilsspruchs nicht blos die drei Orte, sondern die ganze Grafschaft durch seine Truppen besetzen.

Es begann nun gegen die Evangelischen in der „Grafschaft" eine vierzigjährige schwere Verfolgungszeit. Auf den 16. August 1629 mußten sämmtliche evangelische Geistliche auf Befehl des Herzogs von Lothringen mit Weib und Kind das Land verlassen. Dreizehn Prediger, darunter David Hiemeyer, ein achtundsechzigjähriger Greis, wurden bei Nacht aus ihren Wohnungen durch lothringische Musketiere abgeholt und wie gemeine Verbrecher nach Saarwerden geführt, wo ihnen bei Todesstrafe und Verlust aller Güter geboten wurde binnen 24 Stunden die Grafschaft zu verlassen. Die vertriebenen Pfarrer begaben sich in das nahe Saarbrücken zu dem Grafen von Nassau, der ihnen ein Schreiben an den lothringischen Regierungspräsidenten in Saarwerden, den Baron Albert be Roche mitgab. Dieser letztere ging aber auf des Grafen Bitte nicht nur nicht ein, sondern erklärte, daß wenn der Graf von Saarbrücken in eigener

Person käme, so würde er ihn ohne Weiteres festnehmen und mit Ketten beladen nach Nancy abführen lassen. Ja er war so aufgebracht, daß er den lothringischen Reitern den Befehl ertheilte in Begleitung eines Scharfrichters sämmtliche Orte der Grafschaft zu durchziehen, alle Prediger, die sie antreffen würden, gefangen zu nehmen und wo Einer sich ihnen widersetzen würde, denselben sofort an den nächsten Baum aufzuknüpfen. Er ließ alle Straßen scharf bewachen, die aus dem Saarwerden'schen in benachbarte Gebiete führten und befahl den Soldaten, wo sie einen flüchtigen evangelischen Kirchendiener erblicken würden, denselben, und hätte er auch die Grenze überschritten, nieder=zuschießen. Sämmtliche Pfarrwohnungen wurden mit Soldaten besetzt und rein ausgeplündert.

Unter unsäglichen Gefahren entkamen die geächteten Prediger nach dem rheingräflichen Diemeringen, dem pfalzgräflichen Lützelstein und dem hanauischen Buchsweiler. Alle Kirchen und Kirchengüter der Grafschaft wurden von den Katholiken weggenommen und katholische Priester eingesetzt. Der alte Prediger David Hiemeyer schildert in einem herzbeweglichen Schreiben die damalige grausame Verfol=gung dem Dr. Johann Schmidt, Präses des Kirchenkonvents in Straßburg.

Nach langen und flehentlichen Bitten und Vorstellungen bei dem Herzog von Lothringen erlangten endlich die evangelischen Einwohner der Grafschaft die Erlaubniß, einen einzigen evangelischen Pfarrer für alle 28 Gemeinden des Saarwerden'schen Landes anstellen zu dürfen. Sie erwählten zu diesem mühseligen und beschwer=lichen Posten einen ihrer vormaligen vertriebenen Prediger Justus Holler, der eine Zeitlang als Diakonus zu Kehl, dann als Pfarr=gehülfe zu Kunheim im obern Elsaß sein trauriges Exulantenleben gefristet hatte. Derselbe hielt den Gottesdienst zu Bockenheim, wo er auch seinen Wohnsitz hatte, und mußte, ehe er sein schweres Amt antrat, einen Eid ablegen, daß er nichts gegen die Ehre Gottes, der Jungfrau Maria, der lieben Heiligen und des Herzogs von Lothringen predigen wolle. Nach Hollers Tode, im Jahre 1667, blieb dessen Stelle, ungeachtet allen Bittens und Flehens der evangelischen Ein=wohner der Grafschaft, ein volles Jahr unbesetzt. Endlich im Juli 1668 wurde ein neuer Prediger für die ganze Grafschaft Saarwerden ernannt in der Person von Johann Heinrich Winzheimer aus Darmstadt, welchen der lothringische Statthalter von Saarwerden, Herr von Romecourt, am 26. Juli bestätigte.

Mit dem Jahre 1670 schienen günstigere Zeiten für die Evan=
gelischen anzubrechen. Dem Grafen von Nassau=Saarbrücken war es
nämlich mit vieler Mühe gelungen in den westphälischen Friedensschluß
die Zurückgabe der ihm wider Fug und Recht entrissenen Grafschaft
Saarwerden einrücken zu lassen. Allein es dauerte noch volle neun
Jahre ehe diese Bestimmung endlich zur Ausführung kam. Erst im
Jahre 1679 bei Abschluß des Friedens von Nymwegen, trat das Haus
Nassau in seinem alten Besitzstand ein und hörte der Glaubenszwang
auf. An mehreren Orten wurden evangelische Prediger angestellt, so in
L o r e n z e n , W o l f s k i r c h e n und D r u l i n g e n und allmählich
fingen die Evangelischen an, sich von den langen Unterdrückungen
wieder zu erholen.

Aber der bald darauf ausbrechende Reichskrieg vernichtete wieder
plötzlich alle Hoffnung auf eine bessere Zukunft. Der Graf Gustav
Adolf von Nassau hatte durch seine unwandelbare Treue gegen den
Kaiser die Rache der Franzosen herausgefordert. Dieselben verheerten
die Grafschaft mit Rauben, Morden, Sengen und Brennen. Jeder
evangelische Gottesdienst wurde untersagt; die Prediger wurden verjagt
und katholische Priester kamen an ihre Stelle. Die Jesuiten zogen in
Begleitung von Soldaten im Land umher, um die evangelischen Einwohner
zur Abschwörung ihres Glaubens zu zwingen. Alle Bibeln, Predigt=,
Gebet= und Erbauungsbücher wurden verbrannt; ja es wurden sogar,
auf Befehl des französischen Gouverneurs, des Grafen von Bissy, mehrere
Kirchen niedergerissen. Heerdenweise wurden die armen Geängsteten von
einer rohen und fühllosen Soldateska in die Messe getrieben.

In den benachbarten rheingräflichen, lützelsteinischen und hanauischen
Kirchen suchten nun die um ihres Glaubens willen Verfolgten Trost
und Aufrichtung. Viele brachten ihre Kinder bis nach Straßburg zur
Taufe oder zum Religionsunterricht; viele empfingen dort das
h. Abendmahl oder ließen dort ihre Ehen einsegnen. Eine Menge von
Evangelischen zog auch ganz aus der Grafschaft weg, nur um ihres
Glaubens ruhig und ungefährdet leben zu können.

Endlich gelang es dem Grafen L u d w i g K r a f t von Nassau
der Verfolgung ein Ziel zu setzen. Nach dem 1697 geschlossenen
Frieden von Ryßwick räumten die französischen Truppen sein Gebiet und
Ludwig XIV. übergab die Grafschaft Nassau=Saarwerden der Mutter
des Grafen. Derselbe erlangte mit der Zeit des Königs Gunst und
nun konnten seine evangelischen Unterthanen wieder aufathmen. Im
Jahre 1698 wurden vier evangelische Pfarrer in die Grafschaft berufen,

von denen jeder neun Filiale zu versehen hatte. Sie hatten ihren Wohnsitz in Pistorf, Lorenzen, Käskastel und Hirschland. Erst im Laufe des achtzehnten Jahrhunderts erhielten die übrigen Pfarreien wieder Geistliche, nachdem sich die während der Verfolgungszeit zerstreuten evangelischen Einwohner wieder gesammelt hatten. Es wurden Prediger nach Drulingen, Berg, Bütten, Herbitzheim, Altweiler, Weyer, Harskirchen und Wolfskirchen berufen. Mehrere ehemalige Pfarrorte wie Domfessel, Eyweiler, Dermingen, deren Einwohnerzahl während des Krieges stark abgenommen hatte, wurden als Filiale mit anderen Pfarreien verbunden. Die Kirchengüter, welche alle, laut dem Besitzstande des Normaljahres 1624 den Evangelischen unbestritten angehörten, wurden denselben zurückgegeben. Auch ließ der Fürst, theils auf seine Kosten, theils aus denjenigen der Kirchschaffnei, die während des Krieges zerfallenen oder zerstörten Kirchen zu Altweiler, Diedendorf, Burbach und Hirschland wieder aufbauen.

Aus den Trümmern der einstigen ganz evangelischen Gemeinde Bockenheim erhob sich am andern Ufer der Saar, auf nassauischem Gebiete das Städtchen Neu-Saarwerden, dessen Anfänge mit dem Jahre 1700 beginnen. Durch die Fürsorge des trefflichen Grafen Ludwig Kraft von Nassau wurde auch 1710 ein evangelisches Gotteshaus erbaut, an welchem in besagtem Jahre der Pfarrer Gustav Herrenschmidt (von Geburt ein Ulmer), der bisher in Pistorf gewesen, berufen wurde. Allmählich hob sich die Stadt, die ganz evangelisch war, während das auf dem andern Saarufer liegende lothringische Bockenheim katholisch blieb. In der zweiten Hälfte des vorigen Jahrhunderts siedelten sich jedoch auch protestantische Familien in Bockenheim an und im Jahre 1793 wurden die beiden Saarstädte mit einander und mit der französischen Republik vereinigt und erhielten den heute noch üblichen Namen Saar-Union.

Die Herrschaft Diemeringen mit dem gleichnamigen Städtchen und den Dörfern Razweiler und Dehlingen, gehörte noch im fünfzehnten Jahrhundert zur Grafschaft Saarwerden, in deren Mitte sie liegt. Durch Heirath kam Diemeringen 1491 an den Wild- und Rheingrafen Johann VI. von Salm, und durch dessen Enkel Philipp an die Seitenlinie der Rheingrafen von Dhaun und Kirburg. Der Wild- und Rheingraf Philipp Franz von Dhaun, der in kaiserlichen Kriegsdiensten stand, führte um die Mitte des sechzehnten Jahrhunderts die Reformation in Diemeringen ein.

Die Religionsänderung war bereits im Jahre 1575 ganz voll=
zogen. Der erste evangelische Pfarrer von Diemeringen, dessen Erwäh=
nung geschieht, war Karl Dormeyer, welcher 1588 starb. Die Kirche
von Diemeringen war blühend und besaß von 1608 bis 1758 zwei
Geistliche, von welchen der zweite Diakonus hieß und zugleich Lehrer
an der dortigen lateinischen Schule war und zu verschiedenen Zeiten
Nazweiler und Dehlingen als Filiale versah. Doch war Dehlingen
eine selbständige Pfarrei, die schon um 1590 einen evangelischen Geist=
lichen besaß. Das Gebiet der Herrschaft Diemeringen diente häufig
den Verfolgten aus der nahen Grafschaft Saarwerden als Zufluchts=
stätte. Als aber während des dreißigjährigen Krieges mehrere der
Rheingrafen in schwedischen und weimarischen Diensten standen und
für die evangelische Sache in den Kampf zogen, nahm der Herzog
Karl von Lothringen aus Rache die Länder des Rheingrafen im Jahre
1629 weg.

Der evangelische Gottesdienst hörte aus diesem Grunde in Dieme=
ringen auf und der dortige Pfarrer Daniel Biermann mußte sein
Heil in der Flucht suchen. Durch den Westphälischen Frieden erlangten
zwar die Rheingrafen ihre Besitzungen wieder, allein erst im Jahre
1659 kam die Herrschaft Diemeringen wieder in ihre Hände. Im
März dieses Jahres fand der erste evangelische Gottesdienst durch den
neuen Pfarrer Johann Georg Ledermann wieder statt.

Während des französischen Krieges von 1674 bis 1679 litt die
Stadt Diemeringen große Drangsale und war während zehn Jahren
ohne eigentlichen Pfarrer. Dennoch wurde durch die treue Fürsorge
des Landesherrn, des Rheingrafen Johann X., der in französischen
Diensten stand, ununterbrochen Gottesdienst gehalten durch den Pfarrer
von Dehlingen, Johann Valentin Theurer (einen Württemberger von
Geburt). Ueberhaupt sorgten die Rheingrafen treulich für ihre evan=
gelischen Unterthanen, obgleich sie meist in Kriegsdiensten aus der
Herrschaft abwesend waren; sie begabten dieselbe mit rühmlicher Frei=
gebigkeit und ließen sogar im Jahre 1693 eine eigene Kirchenordnung
drucken. Bis zu ihrer Vereinigung mit Frankreich im Jahre 1793
erfreuten sich die evangelische Bevölkerung der Herrschaft Diemeringen
der Wohlthat der freien Religionsübung.

Anders hatten sich die Verhältnisse in der benachbarten Herr=
schaft Finstingen gestaltet. Wie Diemeringen war auch Finstingen
einst saarwerdensches Gebiet; durch Heirath gelangte die Herrschaft
zur Hälfte an die Rheingrafen und zur andern Hälfte an den nieder=

ländischen Herzog und deutschen Reichsfürsten Karl Philipp von Croy.
Die Rheingrafen residirten gewöhnlich auf dem Schloß zu Finstingen
und so wurde die evangelische Religion sowohl in der Stadt als in
den umliegenden Dörfern im Jahre 1575 eingeführt; der Herzog von
Croy, der Mitherr der Herrschaft war, blieb jedoch katholisch. Gegen
Ende des sechzehnten Jahrhunderts waren bereits sieben evangelische
Geistliche in der Herrschaft angestellt. Die Rheingrafen hatten sich
die meisten ihrer Pfarrer von Einem Ehrwürdigen Kirchenkonvent aus
Straßburg erbeten. In Finstingen selbst waren zwei Prediger, der
Stadtpfarrer und der Diakonus, welcher zugleich Lehrer an der dortigen
lateinischen Schule war; der Stadtpfarrer bekleidete auch das Amt
eines Inspektors in den beiden Herrschaften Finstingen und
Diemeringen und hielt die Kirchenvisitationen ab.

Am 13. Januar 1584 schlossen der Rheingraf und der Herzog
von Croy einen Vertrag mit einander ab, laut welchem den Katholiken und Lutheranern, mit Ausschluß aller anderen Religionsparteien,
die freie Religionsübung gewährt wurde. Den Katholiken wurde zur
Abhaltung ihres Gottesdienstes eine Kapelle im Schlosse zu Finstingen
eingeräumt, aber der katholische Geistliche sollte nicht in der Stadt
wohnen. Die Katholiken durften auch nur in gewissen Straßen der
Stadt ihre Prozessionen halten. Durch diesen Vertrag verzichtete
der Herzog von Croy auf sein Patronatsrecht bei Berufung evangelischer Pfarrer, sowie auf das Chor der Finstinger Kirche; er entsagte
auch im Namen der Katholiken, auf sämmtliche Kirchen der Herrschaft
und überließ dieselben mit ihren Gefällen und Gütern den Evangelischen. Aus diesem Vertrag geht zur Genüge hervor, daß die Mehrzahl der Bewohner der Herrschaft zum evangelischen Bekenntniß
gehörte.

Während des dreißigjährigen Kriegs litt die Herrschaft mancherlei
Drangsale; das befestigte Städtchen Finstingen diente oft den Flüchtlingen aus der Umgegend als eine sichere Zufluchtsstätte. Der bekannte
satirische Schriftsteller Johann Michael Moscherosch, der in
den Jahren 1637 bis 1640, als rheingräflicher Amtmann zu Finstingen
wohnte, beschreibt auf anschauliche und tief ergreifende Weise die Noth
der damaligen Zeit in seinen Briefen und Schriften.

Nach dem Westphälischen Friedensschluß begann für die Herrschaft
Finstingen eine schlimme Zeit. Im Jahre 1665 kam sowohl der
rheingräfliche als der Croysche Antheil der Herrschaft an den lothringischen Prinzen Heinrich von Vaudemont. Nun begannen die

Bedrückungen, die nach dem Ausbruch des französischen Krieges von 1674 noch zunahmen. Die Evangelischen wurden überall zurückgedrängt. 1680 nahm man ihnen wider Fug und Recht ihre Kirche und gab sie den Katholiken. Der evangelische Geistliche Johann Luft verrichtete die heiligen Amtshandlungen in den Häusern, allein da ihm auch dies untersagt wurde, mußte er Finstingen verlassen. In den Dörfern der Herrschaft war man in ähnlicher Weise vorgegangen. Alle Kirchen und Kirchengüter wurden den Evangelischen entrissen und den Katholiken eingeräumt. In Folge dieser traurigen Vorgänge verließen viele Protestanten ihre Heimat; einige schworen ab, die meisten aber blieben ihrem Glauben treu. Die Zurückgebliebenen besuchten die nahen saarwerdenschen Kirchen; dort wurden während des achtzehnten Jahrhunderts die Taufen und Trauungen verrichtet, denn kein evangelischer Geistliche durfte es in jener traurigen Zeit wagen das Finstingensche Gebiet zu betreten.

Umsonst waren alle Bitten und Vorstellungen der Evangelischen aus der Herrschaft Finstingen; umsonst alle Proteste der evangelischen deutschen Reichsfürsten und Reichsstände bei dem Herzog von Lothringen. Als König Stanislaus in Lothringen regierte und als nach dessen Tode das Herzogthum 1766 mit Frankreich vereinigt wurde, trat eine Milderung der strengen Maßregeln ein, aber ihr volles Glaubensrecht und die religiöse Freiheit erlangten dieselben erst durch die französische Revolution.

Zwischen der alten Grafschaft Saarwerden und der Grafschaft Lützelstein lag das kleine Dorf Aßweiler, welches der Sitz einer eigenen Herrschaft war, das die Herren von Steinkallenfels von den Herzogen von Zweibrücken zu Lehen trugen. Unter dem Schutze dieser Herren breitete sich die evangelische Lehre aus. Aßweiler wurde zuerst von Lützelstein und später von Lohr aus bedient. Die Reihe der selbständigen evangelischen Pfarrer dieser Gemeinde beginnt erst im Jahre 1646 mit Magister Mader. Zu Ende des achtzehnten Jahrhunderts erbaute ein Anverwandter der Herren von Steinkallenfels, der Engländer Sir Kathkart ein reformirtes Gotteshaus. Der Pfarrer dieser Gemeinde, welche früher von Holland aus besonders unterstützt wurde, hat die Seelsorge unter den hin und her zerstreuten Reformirten der Umgegend zu besorgen.

Auch im Städtchen Lixheim, das seinen Ursprung der früheren durch die pfälzischen Kurfürsten gestifteten Benediktinerabtei Sankt-Lukas (daher Luchisin, Lickfim, Lixheim, Lixem) verdankt, deren Mönche den Gottesdienst dort versahen, gewann die Reformation Boden. Der bekannte Reformator Wolfgang Musculus (eigentlich Meusel, aus Dieuze in Lothringen) lebte dort einige Jahre (1526 und 1527) als Mönch und als er Gewissenshalber aus dem Kloster austrat, folgten einige seiner Mitbrüder seinem Beispiele. Die letzten drei Mönche, die im Kloster geblieben waren, ließen sich 1528 von dem Kurfürsten von der Pfalz pensioniren. Der größte Theil des Klosterguts wurde von dem Kurfürsten Friedrich II. zu dem Universitätsvermögen von Heidelberg geschlagen.

Dies ist in großen Umrissen geschildert der Gang der Reformation im Westreich gewesen. Dieses Gebiet hat eine selbständige politische und religiöse Geschichte, allein in einer Darstellung der Kirchenreformation des Elsaß, zu welchem es in nahen Beziehungen stand, war es am Platze dem kleinen Grenzlande und dessen wackeren Bewohnern einige besondere Abschnitte zu widmen.

Wir kehren nunmehr wieder in das Elsaß zurück und nehmen den unterbrochenen Faden der geschichtlichen Ereignisse aus der Reformationszeit dieses Landes wieder auf.

XXIX

Der Schmalkaldische Krieg und die Unglückszeit des Interims.

Am 18. Februar 1546 war Doktor Martin Luther, der Vater und Begründer der deutschen Reformation, in seiner Geburtsstadt Eisleben zu seiner Ruhe eingegangen. Er erlebte das Kriegselend nicht mehr, das er längst geahnt und vorausgesagt hatte. Von allen Seiten hörte man von Rüstungen des Kaisers und von dessen Bündniß mit dem Papste. Die Straßburger hatten die evangelischen Fürsten und Stände wiederholt zur Einigkeit gemahnt und ein Schutz- und Trutzbündniß mit den Schweizern vorgeschlagen, was aber die Sachsen rundaus verwarfen.

Der Straßburger Rath hatte in Erwartung des baldigen Ausbruchs der Feindseligkeiten Vertheidigungsanstalten getroffen; Geschütze und Kugeln wurden im Zeughaus gegossen; Häuser in der Nähe der Stadt abgerissen und zwei Fähnlein Landsknechte angeworben. Ueberhaupt nahm Straßburg einen thätigen Antheil an den Berathungen der oberdeutschen, d. h. süddeutschen Städte in Ulm. Die Stadt schickte 2000 Mann nebst 12 Kanonen, unter dem Befehl des Grafen von Fürstenberg zum schwäbischen Bundesheere. Aber der Schmalkaldische Krieg nahm bekanntlich für die evangelische Sache einen unglücklichen Ausgang. Zu einem einheitlichen Zusammengehen hatten es die Evangelischen nicht gebracht; ihre Streitkräfte waren zersplittert, die Führer uneinig, darum hatte der Kaiser mit Hülfe des ehrgeizigen Herzogs Moritz von Sachsen, der nach dem Kurhut trachtete, ein gewonnen Spiel. Die Bundestruppen wurden überall zurückgedrängt, das kursächsische Heer bei Mühlberg an der Elbe am 24. April 1547 geschlagen und der Kurfürst Johann Friedrich der Großmüthige gefangen genommen; bald darauf übergab sich auch der Landgraf Philipp von Hessen in des Siegers Hände.

Tiefe Betrübniß und Entmuthigung und ein ängstliches Harren der Dinge, die da kommen würden, erfüllten die Herzen der Bürger von Straßburg als eine Hiobspost nach der andern eintraf. Der Rath erkannte in allen diesen Niederlagen die strafende Hand Gottes um der Sünde der Menschheit willen und verordnete außer dem monatlichen „großen Bettage", daß „alle Tage, Morgens, wenn die Achter Predigt aus ist, eine besondere Glocke geläutet werden solle; wer die hört, wo er auch sei, soll auf die Knie niederfallen und beten".

Die einzelnen evangelischen Stände machten, einer nach dem andern, oft unter harten Bedingungen, ihren Frieden mit dem Kaiser. Die günstige Lage der Stadt kam dem Straßburger Rath sehr zu statten. Da die Stadt an der Westgrenze des Reiches lag und nähere Beziehungen zu Frankreich hatte, so fand sie dort Unterstützung und einen geheimen Rückhalt. Der König Franz I. von Frankreich schoß den Straßburgern auf ihr Begehren auf das Bereitwilligste 80,000 Goldgulden vor und bot ihnen auch französische Truppen an, was der Magistrat aber höflich ablehnte.

Kaiser Karl V. war von diesen Vorgängen auf das Genaueste unterrichtet und darum beschloß er für diesmal mit der Stadt „säuberlich" umzugehen. Als die Straßburger Abgeordneten, an ihrer Spitze der Stättmeister Jakob Sturm von Sturmeck, in Ulm erschienen, wo der Kaiser gerade sein Hoflager hielt, wurden sie gnädig von ihm aufgenommen. Die Stadt Straßburg erlangte unerwartet günstige Bedingungen; sie mußte innerhalb sechs Monate 30,000 Gulden Kriegssteuer bezahlen und zwölf Geschütze nebst Pulver und Kugeln aus ihrem Zeughause abliefern; dagegen blieb sie im Besitze aller ihrer früheren Rechte und Freiheiten.

Auf dem Reichstag zu Augsburg von 1548, welchem drei Straßburger Abgeordnete, worunter abermals Jakob Sturm, beiwohnten, ließ der Kaiser einen Entwurf unterbreiten, welcher unter dem Namen des Interim in der Reformationsgeschichte bekannt ist und später zum Reichsgesetz erhoben wurde. Nach diesem berüchtigten Religionsedikt sollten in der evangelischen Kirche Lehre, Gottesdienst und kirchliche Verfassung einstweilen (lateinisch: interim) d. h. bis zur Zusam

menberufung einer Kirchenversammlung, fast wieder ganz nach katho=
lischer Weise eingerichtet und gehalten werden. Den Evangelischen
wurden blos wie einst den Hussiten durch das Concilium von Basel,
zwei Zugeständnisse gemacht: die Priesterehe und der Gebrauch des
Kelchs im heil. Abendmahl. Das Interim befriedigte aber weder die
Evangelischen noch die Katholiken; trotzdem forderte der Kaiser, daß
es überall im deutschen Reiche ohne Widerspruch und Widerstand
angenommen und sofort allgemein eingeführt würde.

Am 26. Mai 1548 wurde das neue Religionsedikt im ganzen
Reiche öffentlich bekannt gemacht und auch dem Straßburger Rath
mitgetheilt. In Straßburg war die Aufregung groß; die Prediger,
namentlich Martin Butzer und Paul Fagius, unterhielten dieselbe,
indem sie in den stärksten Ausdrücken sich wider das Interim aus=
ließen. Matthäus Zell hatte diese verhängnißvolle Zeit nicht mehr
erlebt; er war schon am 9. Januar 1548 heimgegangen zu seinem
Herrn.

Um das Volk einigermaßen zu beschwichtigen, schickte der Straß=
burger Rath zwei Abgeordnete an Karl V. ab, um ihn zur Milde zu
bewegen. Die Abgesandten trafen ihn in Nördlingen; der Kaiser
nahm sie zwar nicht ungnädig auf, allein er erklärte ihnen ohne
Umschweife: „er könne der Stadt nichts Besonderes nachgeben, das
Interim müsse unter allen Umständen angenommen werden; übrigens
wolle er der Stadt noch einen Monat Bedenkzeit gewähren.“

Dieser kaiserliche Bescheid, der bald darauf in der Stadt bekannt
wurde, rief in Straßburg eine tiefe Niedergeschlagenheit in allen
Gemüthern hervor. Die einsichtsvolleren Bürger sahen ein, daß es
ein tollkühnes aussichtsloses Unternehmen wäre, wenn die von allen
Hülfsmitteln entblößte und ohne Bundesgenossen dastehende Stadt
dem Kaiser mit Waffengewalt entgegentreten wollte. Ein Ausweg
blieb zwar übrig, derjenige, sich unter französischen Schutz zu begeben;
aber gerade damals hörte man wenig Tröstliches aus Frankreich;
allenthalben fanden dort blutige Verfolgungen wider die Reformirten
statt. War es demnach nicht zu befürchten, daß die Stadt Straßburg,
wenn sie den Franzosen ihre Thore öffnete, auch später das edle Kleinod
der Glaubensfreiheit verlieren würde?

In dieser höchst bedrängten und gefahrvollen Lage legte der
Straßburger Magistrat eine bewunderungswürdige Weisheit an den
Tag. Er machte den Vorschlag, einen vermittelnden Schritt zu thun
und dem Kaiser zu erklären, die Stadt sei bereit, dem Bischof einige

Kirchen zu überlassen, damit in denselben das Interim eingeführt
würde; in den übrigen Kirchen dagegen sollte der evangelische Gottes=
dienst wie zuvor gehalten werden. Was die Feier der Marien= und
Aposteltage und der Fasttage betrifft, so wolle man dieselben als
Mittelbinge so lange halten, bis ein allgemeines christliches Concilium
darüber einen Beschluß gefaßt hätte. Dieser weise Vorschlag, der von
Jakob Sturm gemacht wurde, drang endlich bei der am 30. August
zusammenberufenen Schöffenversammlung durch.

Der Kaiser, an welchen der Stättmeister Sturm mit noch zwei
Rathsabgeordneten abgeschickt wurde, genehmigte diesen Beschluß. Nun
begannen die Unterhandlungen zwischen der Stadt und dem milden
und friedfertigen Bischof Erasmus von Limburg. Am 23. November
1549 kam endlich ein Vertrag zu Stande, nach welchem vier Straß=
burger Kirchen den Evangelischen zum ausschließlichen Gebrauch über=
lassen wurden, nämlich: St=Thomä, St=Nikolai, St=Aurelien und die
Wilhelmerkirche. Im Münster und in den drei Stiftskirchen: Alt= und
Jung=St=Peter und Allerheiligen fand der Gottesdienst nach römisch=
katholischer Weise statt.

Die evangelischen Prediger hatten unter diesen schwierigen Ver=
hältnissen keinen leichten Stand. Der Rath ermahnte sie beständig
zur Mäßigung, allein sie hielten es für eine heilige Pflicht, das Volk
vor dem Interim als vor einem Abfall von dem reinen Evangelium
zu warnen. Am 25. Januar 1549 schickte der Rath einige Abgeordnete,
an deren Spitze der einsichtsvolle Jakob Sturm sich befand, an
E. E. Kirchenkonvent ab, um die Prediger zu bitten, den letzten Schöffen=
schluß nicht auf der Kanzel zu tadeln oder anzugreifen. Die Geistlichen
erklärten, „sie wollen zwar den Schöffenschluß auf der Kanzel nicht
tadeln, allein zu predigen behalten sie sich vor, daß man müsse Gott
mehr gehorchen als den Menschen."

Mit dieser allgemeinen Versicherung war der Rath keineswegs
beruhigt; denn der Bischof hatte gedroht, wenn die Prediger nicht
schweigen würden, alle Unterhandlungen mit der Stadt sofort abzu=
brechen. Auch von dem Kaiser, der seit der Kölner Reformation gegen
Butzer sehr aufgebracht war, mußte man Schlimmes befürchten. Butzer
und Fagius waren aber die Hauptgegner des Interims in Straß=
burg. Aus allen diesen Gründen beschloß daher der Rath am 1.
März 1549, die beiden treuen Zeugen der Wahrheit, trotz ihrer viel=
fachen Verdienste um die Reformation, ihres Amtes zu entheben und
sie zu ersuchen die Stadt zu verlassen „bis wieder — Gott walt's!

— beſſere Zeiten kämen". Der edle Stättmeiſter Jakob Sturm, Butzers langjähriger und bewährter Freund, wurde beauftragt, dieſen Rathsbeschluß den beiden ſtandhaften Bekennern des Evangeliums mitzutheilen. Er that es mit ſchwerem Herzen und thränenden Augen. Am 23. März hielten Butzer und Fagius ihre letzten akademiſchen Vorleſungen und bereiteten ſich alsdann zur Abreiſe vor. Die letzten Tage ihres Aufenthalts in Straßburg brachten ſie in ſtiller Zurück= gezogenheit in dem gaſtfreundlichen Münſterpfarrhauſe bei Zells Wittwe, Katharina, geb. Schütz, zu. Den 5. April 1549 verließen ſie die alte Heimat, die ſie nimmer ſollten wiederſehen.

Die Einführung des Interims zog ſich in Straßburg in die Länge. Da die ganze Stadt evangeliſch geworden war, mußten Aus= wärtige herbeigezogen werden, um die katholiſchen Kirchen zu füllen; auch fehlte es an Prieſtern und an Vorſängern und Chorknaben. Am 29. Januar 1550 wurde die baldige Einführung des Religionsedikts auf den Zunftſtuben bekannt gemacht, mit dem Bemerken „die Bürger möchten ſich gedulden, es werde vielleicht nicht ſo lang währen". Zuletzt ermahnte noch der Rath das Volk, die katholiſchen Prieſter, die wieder in die Stadt gezogen kamen, ruhig ihrer Wege ziehen zu laſſen und ſie nicht zu beſchimpfen. Aus dieſem Grunde wurden die alten Mandate wegen des Schmähens wieder allenthalben verleſen und angeſchlagen.

Am Tage Mariä Lichtmeß, den 2. Februar 1550, wurde zum erſten Male nach langer Unterbrechung wieder die Meſſe im Straß= burger Münſter geleſen. Es gab wohl bei dieſem Anlaß einige Unruhen, über welche der Biſchof ſich beklagte; allein dieſelben wurden wieder beigelegt. Der Rath mußte übrigens die Bürger immer zur Ruhe und zur Mäßigung ermahnen, denn der Unwillen des Volkes gegen das verhaßte Interim machte ſich bei jeder Gelegenheit Luft.

Die Interimszeit hatte übrigens neben allem Schlimmen auch ihr Gutes. Es ging zu Straßburg wie anderwärts nach dem alten bewährten Spruch: Noth lehrt beten und Anfechtung lehrt auf's Wort merken. Nie waren die Kirchen gefüllter, nie die Zuhörer andächtiger und heilsbegieriger, nie die Stimmung eine ernſtere als damals. Es mußte die Zahl der Gottesdienſte — ſo groß war der Andrang in die Kirchen — vermehrt werden; zu St=Thomä wurden die Stühle weggeräumt, um mehr Platz zu gewinnen. Um der Kirchennoth ein Ende zu machen, faßte der Rath den Beſchluß, die in der Mitte der Stadt gelegene und ſeit langer Zeit leerſtehende

alte Predigerkirche zum Gottesdienste herrichten zu lassen. Man
brachte aus dem Münster die nöthigen Stühle und Leuchter herbei
und Dr. Hedio wurde zum Nachmittagsprediger ernannt. Weil es ein
neues Gotteshaus war, das auf diese Weise eröffnet wurde, nannte
man dasselbe trotz seines Alters, von dieser Zeit an die: Neue
Kirche.

Zu Anfang der fünfziger Jahre des sechzehnten Jahrhunderts
stand es um die Sache der Reformation im deutschen Reiche schlecht.
Durch die Schlacht von Mühlberg war die Macht der evangelischen
Fürsten gebrochen worden; der Kurfürst von Sachsen und der Land=
graf von Hessen befanden sich in harter Kerkerhaft; die anderen
Fürsten, wie Wolfgang von Anhalt, waren flüchtig oder eingeschüchtert.
Die Reichsstädte hatten sich, eine nach der andern, mit Ausnahme
des festen Magdeburg, der „Kanzlei Gottes", in welcher die heftigsten
Flugschriften wider das Interim und „den Schalk hinter ihm" im
Druck erschienen, unter das schwere Joch gebeugt und manche ihrer
Freiheiten eingebüßt. Die alten verbrieften Rechte der Reichsstände
wurden förmlich hintangesetzt und des Kaisers Wille allein galt als
Reichsgesetz. In kirchlichen Angelegenheiten trat Karl V. ebenso
gewaltthätig auf als in politischen; er hatte das Interim eingeführt
und den Reichsständen ohne weiteres aufgedrängt. Wehe dem, der sich
weigerte, es anzunehmen! Das schreckhafte Beispiel der Stadt Constanz
am Bodensee, die alle ihre Rechte und Privilegien verloren hatte und
mit Gewalt zur römischen Kirche zurückgeführt worden war, weil
sie sich der Einführung des Interims widersetzte, hatte den Muth
der Stärksten gebrochen. Der Kaiser stand auf dem Gipfel seiner
Macht; jetzt hatte er nur noch einen Wunsch, nämlich die Einheit
der Kirche in Deutschland wieder herzustellen.

Nach menschlichem Dafürhalten schien es mit der Sache der
Reformation am Ende zu stehen. Da geschah das Unglaubliche. Der
Kurfürst Moritz von Sachsen, der einst an seinen Glaubensgenossen
zum Verräther geworden war, fiel von dem Kaiser ab und rückte in
Eilmärschen von Magdeburg, das er auf Befehl Karls V. belagert
hat, gegen Insbruck vor. Der Kaiser war in einer völlig hülflosen
Lage, von Truppen entblößt und dazu von der Gicht übel geplagt.
Er mußte mitten im Winter in nächtlicher eiliger Flucht vor dem
Feinde fliehen.

Moritz von Sachsen beging jedoch einen großen politischen Fehler,
der dem deutschen Reiche Jahrhunderte lang zum Unheil gereichte.

Er schloß mit dem König Heinrich II. von Frankreich ein Bündniß und rief dadurch die Franzosen in's deutsche Reich. Heinrich II., der sich angeblich als Beschützer der deutschen Freiheit aufwarf, besetzte die drei lothringischen Bisthümer Metz, Toul und Verdun und rückte auch über die Zaberner Steige in's Elsaß ein. Am 3. Mai 1552 besetzten die französischen Truppen die bischöfliche Stadt Zabern. Von hier aus richtete der König eine Menge von Aufrufen, die in deutscher Sprache abgefaßt waren, an die elsässische Bevölkerung. In denselben erklärte er, daß er die Waffen nur ergriffen habe, um die bedrohte deutsche Freiheit wieder herzustellen und den Uebergriffen des Kaisers ein Ziel zu setzen. Er drückte die Hoffnung aus, daß alle treuen Deutschen in diesem Vorhaben ihn unterstützen würden.

Der König von Frankreich ließ den Rath von Straßburg um Lebensmittel und freien Durchzug seiner Truppen durch die Stadt bitten. Die Straßburger versprachen ihm Proviant zu schicken, allein sie lehnten entschieden den Einzug der Franzosen in die Stadt ab. Dreimal forderte der Connétable (oberste königliche Feldherr) von Montmorency die Stadt auf, ihm ihre Thore zu öffnen; all' seiner Liebe Mühen blieb vergeblich. Der König von Frankreich rückte mit seinen Truppen bis auf die Hausberger Höhen vor. Als ihm aber die Straßburger Konstabler (Artilleristen) aus ihrer großen Kanone, die „Meise" genannt (daher der Beiname der Straßburger: „Meise= locker"), als Willkommgruß eine Kugel entgegensandten, welche dicht neben dem königlichen Zelte niederfiel, da wurde der König andern Sinnes und ertheilte den Befehl zum Rückzug.

Bald nach dem Abzuge der französischen Armee erschien Kaiser Karl V. mit einem Heer von 50,000 Mann in der Rheingegend, mit der Absicht gegen Lothringen vorzurücken und die „jungfräuliche" Festung Metz wieder zu erobern. Im September besuchte er auf seinem Durchmarsche durch das Elsaß auch die Stadt Straßburg und zwar nur auf einige Stunden. Er stieg in einem Rathsherrenhause in der Münstergasse ab, besichtigte das Münster, wo er von der Geistlichkeit empfangen wurde, nahm eine Mahlzeit ein und begab sich noch denselben Abend nach dem Dorfe Hönheim, wo er übernachtete. Es geschah dieser Besuch den 19. September 1552. Es war dies das erste und letzte Mal wo die Stadt Straßburg den Kaiser in ihren Mauern sah.

Die Vortheile, welche Moritz von Sachsen und seine Bundes= genossen in Deutschland errungen hatten, sowie die Wegnahme der drei lothringischen Bisthümer, welche für das Reich verloren blieben, stimmten den Kaiser zur Nachgiebigkeit. Er wurde in dieser Gesinnung durch seinen Bruder, den König Ferdinand, bestärkt. So kam zunächst der **Passauer Vertrag** und 1555 der **Religionsfrieden von Augsburg** zu Stande. Durch denselben wurde die evangelische Kirche endlich als eine zu Recht bestehende und gesetzliche Ordnung und Institution in Deutschland anerkannt und die Augsburger Konfessionsverwandten — nicht aber die Reformirten — erlangten die Glaubensfreiheit. Kurfürst Moritz hatte den Abschluß des Religionsfriedens nicht mehr erlebt; er war bereits den 11. Juli 1553 in der Schlacht von Sievershausen gefallen.

Der Augsburger Religionsfrieden brachte zunächst der Stadt Straßburg keinen Vortheil, denn derselbe enthielt die Bestimmung, „daß in den Reichsstädten, wo zu selbiger Zeit beide Religionen geübt worden, es auch ferner dabei verbleiben und kein Theil dem andern darin Eintrag thun solle".

Der Rath von Straßburg erkannte, daß durch diese Bestimmung das Interim thatsächlich in der Stadt fortbestehen würde. Darum erkannten Rath und Einundzwanziger man müsse die drei Stiftskirchen eigenen Gewalts reformiren. Eine günstige Veranlassung bot sich auch bald dar, um dieses Vorhaben auszuführen. Am 23. November war der Vertrag abgelaufen, den die Stadt mit dem Bischof wegen der Schirmbriefe der Kapitelherren und der katholischen Geistlichen abgeschlossen hatte. Der Magistrat beschloß dem klugen Rath zu folgen, welchen der Kurfürst Friedrich von der Pfalz ihm gegeben hatte, nämlich: „gleichwie die Stadt jene drei Stiftskirchen den Papisten durch einen Vertrag eingeräumt habe, ebenso müsse man dieselben durch einen Vertrag wieder erlangen". Die katholische Geistlichkeit selbst fühlte, daß sie keinen Boden in der Stadt gewonnen hatte und daß ihres Bleibens dort nicht sei. Mit Hülfe der drei benachbarten evangelischen Fürsten, des Kurfürsten Friedrich von der Pfalz, des großen Ottheinrichs Nachfolger; des Markgrafen Karl von Baden und des Herzogs Christoph von Württemberg, welche der Stadt ihren Beistand zusagten, wurden der Bischof und die Stiftsherren zur Nachgiebigkeit gestimmt. Der Bischof gab nach langem Zaudern die Erklärung ab „er wolle den katholischen Geistlichen weder gebieten noch verbieten, ihren Kirchendienst in der Stadt zu halten." Die drei Kapitel ihrerseits baten den Rath blos um Schutz für ihre Personen und Güter und um die freie Verwaltung ihrer innern Angelegenheiten. Die Stiftskirche Alt-St-Peter wurde 1560 wieder den Evangelischen zu ihrem Gottesdienste überlassen. Im Mai 1561 erlaubte der Rath auf die dringenden Bitten der Bürgerschaft, daß auch das Münster und die Jung-St-Peterkirche für den evangelischen Gottesdienst wieder benutzt werden durften.

Auf diese Weise ward zu Straßburg das lästige Interim, das den dortigen Bürgern so verhaßt war, wieder abgeschafft.

XXX.

Die bruderhöfischen Händel und der bischöfliche Krieg.

Das hohe Stift am Münster von Straßburg war von Alters
her ein „reichsunmittelbares Stift", das heißt es war weder dem
Fürstbischof von Straßburg noch dem Papst in Rom, sondern allein
dem deutschen Kaiser unterworfen. Seine Mitglieder erkannten auch
die bischöflichen Verordnungen nicht als für sie herausgegeben und
nicht bindend, an, sondern das Stift regierte sich selbst. Das Hohe
Stift oder Straßburger Domkapitel bestand aus vier und zwanzig
Grafen aus den ältesten deutschen Adelsgeschlechtern.

Nach dem Vorgang des Grafen Sigismund von Hohenlohe,
eines aufgeklärten und einsichtsvollen Herrn, der auch als religiöser
Schriftsteller durch sein: Kreuzbüchlein bekannt ist und der die
reformatorischen Bestrebungen des Mathäus Zell und Martin Butzers
nach Kräften unterstützte, waren einige Domherren zur Reformation
übergetreten und evangelische Mitglieder in das Hohe Stift gewählt
worden. Der durch seine weise Mäßigung bekannte Bischof Erasmus
von Limburg hatte solches stillschweigend geduldet; ja er stand selbst
mit evangelischen gelehrten Männern auf freundschaftlichem Fuße. Die
Umstände gestalteten sich aber anders, als im Januar 1569 der Bischof
Johann von Manderscheid den bischöflichen Stuhl von Straß=
burg bestieg. Derselbe war ein finsterer, wenig zugänglicher Mann,
dabei starren und unbeugsamen Sinnes. Er berief 1571 die Jesuiten
in das Elsaß und gebrauchte sie als die eifrigen und unermüdlichen Vor=
kämpfer wider die evangelische Kirche, der sie großen Schaden zufügten.

Durch des Bischofs Einwirkung brachen auch im Hohen Stift allerlei Wirren aus, welche unter dem Namen der bruderhöfischen Händel bekannt sind. Durch dieselben wurde die Einigkeit, welche bisher unter den Mitgliedern des Domkapitels, trotz der Religions= verschiedenheit, geherrscht hatte, auf immer zerstört.

In der Nähe des Münsters erhob sich der stattliche Bruderhof, welchen das Hohe Stift mit Genehmigung des Raths von Straßburg, hatte erbauen lassen. Dasselbe diente den Domherren, die keine eigenen Kanonikatshäuser besaßen, zum Aufenthalt und auf dessen geräumigen Speichern befanden sich die Getreide= und Vorrathskammern des Domkapitels.

Im Jahre 1584 langte zu Straßburg der Kurfürst und Erzbischof von Köln, Gebhard Truchseß von Waldburg an. Dieser hohe Herr war aus innerer Ueberzeugung zur Reformation übergetreten und hatte sich in den Stand der Ehe begeben, den er auch als eine heilige Gottesordnung für die Priester ansah. In Folge dessen mußte er Land und Leute hergeben; denn die Geistlichkeit erregte das Volk wider ihn und die evangelischen Fürsten standen ihm nicht thatkräftig bei. Da Gebhard neben seinen übrigen Aemtern auch die Würde eines Domdechanten im Hohen Stift bekleidete, so wandte er sich mit etlichen anderen, gleichfalls evangelisch gewordenen Domherren, Straßburg zu.

Als die aus Köln gekommenen Stiftsherren ihren Platz im Kapitel einnehmen wollten, erhob der Dompropst Christoph von Nellen= burg dagegen entschiedene Einsprache und widersetzte sich ihrer Auf= nahme in das Hohe Stift. Die katholische Stiftspartei schloß Gebhard und seine Freunde aus dem Domkapitel aus; die evangelischen Stifts= herren dagegen unterstützten ihre Glaubensgenossen. Es kam zu einer Spaltung im Kapitel. Die katholischen Domherren verließen Straßburg und nahmen die Schätze und Kleinodien des Hohen Stifts mit sich. Die meisten derselben begaben sich in die bischöfliche Residenzstadt Zabern. Die evangelischen Kapitelherren blieben zu Straßburg und nahmen von dem leerstehenden Gebäude des Bruderhofs Besitz. Da ihnen ihre Gefälle nicht mehr regelmäßig ausbezahlt wurden, so ver= kauften sie 9000 Viertel Frucht, welche daselbst aufgespeichert lagen.

Die Stadt Straßburg beobachtete anfänglich in den bruderhöfischen Händeln eine kluge Neutralität. Allein zuletzt gab der Rath dieselbe auf und schloß am 8. November 1591 ein Schutz= und Trutzbündniß mit den evangelischen Stiftsherren. Dieses Bündniß hatte für die Stadt schlimme Folgen.

Am 22. April 1592 starb plötzlich und ganz unerwartet an einem Schlagflusse der Fürstbischof Johann von Manderscheid in seinem Schlosse zu Zabern. Die sieben katholischen Domherren, die sich in dieser Stadt befanden, zeigten diesen Todesfall sofort dem Kaiser Rudolf II. an; derselbe ertheilte ihnen die Weisung mit der Bischofs= wahl einzuhalten, bis der kaiserliche Bevollmächtigte in's Elsaß ge= kommen wäre. Die acht evangelischen Stiftsherren dagegen, welche in Straßburg sich aufhielten, luden die übrigen ein, sich mit ihnen zu vereinigen, um nach altem Brauch und Herkommen den neuen Bischof gemeinschaftlich zu erwählen.

Am 30. Mai schritten die evangelischen Stiftsherren zur Wahl eines geistlichen Oberhirten; von ihren katholischen Collegen war keiner erschienen. Die Stimmenden erwählten einmüthig den damals in Straß= burg studirenden jungen Margrafen Johann Georg von Branden= burg. Diese Wahl war keine glückliche; denn einmal war der jugend= liche Fürst erst fünfzehn Jahre alt und war mithin den Schwierig= keiten seiner neuen Stellung kaum gewachsen; ferner konnte er, so lange er das „kanonische" d. h. durch die kirchlichen Bestimmungen festgesetzte Alter von 25 Jahren nicht erreicht hatte, nicht zum Bischof ernannt werden, sondern mußte sich mit dem Titel eines Admini= strators (Verwesers) des Bisthums begnügen. Unmittelbar nach der Wahl erkannte der Magistrat von Straßburg den Neuerwählten an; sämmtliche evangelische Geistlichen beglückwünschten ihn; der Markgraf dagegen lud die Rathsherren und die Prediger zu einem festlichen Abendimbiß ein.

Zehn Tage darauf erwählten die katholischen Domherren zu Zabern Karl von Lothringen, Bischof von Metz und Kardinal der römi= schen Kirche auf den fürstbischöflichen Stuhl von Straßburg. Auch diese Wahl war hauptsächlich eine politische; denn einmal bekleidete Karl bereits ein Bischofsamt, zum andern war er mit dem Hause der Guise eng verbunden und auch ein eifriges Mitglied der katholischen Ligue von Frankreich. Schon vor der Wahl hatten die katholischen Stiftsherren den Kardinal ersucht mit Heeresmacht die Zaberner Steige zu besetzen und in das Elsaß einzurücken. Das war der Anfang des so verderb= lichen bischöflichen Krieges, der während neun Monaten die gesegneten Fluren des Elsaß verheerte.

Kaum war die Kunde dieser Feindseligkeiten nach Straßburg ge= langt, so schickte der Rath Truppen aus, welche die bischöflichen Schlösser Kochersberg und Dachstein besetzten und bis in die Gegend von

Zabern vorrückten. Bald darauf fiel auch Erstein in die Gewalt der Straßburger. Nun brachen aber von den Höhen her die Lothringer in das offene Land ein und überzogen es mit Feuer und Schwert.

Das Elsaß wurde der Schauplatz eines verheerenden Krieges, der meist in kleinen Scharmützeln bestand, aus denen bald die eine, bald die andere Partei als Sieger hervorging. Zu einem entscheidenden Treffen kam es jedoch nicht. Die Straßburger wandten sich an ihre Verbündeten, die tapferen Eidgenossen, mit welchen sie im Mai 1588 ein Schutz= und Trutzbündniß geschlossen hatten. Diese schickten ihnen 3000 Mann Hülfstruppen. Man wies den Schweizern das ehemalige Nonnenkloster Sankt Claus in Undis (am Wasser) in der Krautenau zur Kaserne an. Der Rath gestattete ihnen in der ehemaligen Kloster=kirche den reformirten Gottesdienst zu halten, doch verbot er den Bürgern demselben beizuwohnen. Auch wurden zwei feste Lager in der Nähe von Straßburg errichtet; eines bei Illkirch, das andere in der Wanzenau an den Ufern des Rheins.

Zwanzigtausend Mann richteten nunmehr während einiger Monate große Verheerungen im Elsaß an und kämpften mit wechselndem Glück wider einander. Doch hatten die lothringischen Truppen bessere Führer als ihre Gegner und blieben daher meistens im Vortheil. Die Schweizer, unzufrieden darüber, daß es zu keinem entscheidenden Treffen kam, begehrten ihre Rückberufung in die Heimat, was auch zu Ende des Jahres geschah. Die Eidgenossen wurden durch zweitausend deutsche Landsknechte ersetzt, welche der Markgraf von Baden der Stadt zuführte. Den Oberbefehl über die brandenburgisch=straßburgischen Truppen führte der Fürst Christoph von Anhalt, ein kriegstüchtiger und erfahrener Feldherr, der in den Religionskriegen in Frankreich ein deutsches Hülfskorps befehligt hatte. Doch weil der Krieg sich so in die Länge zog, spotteten die Straßburger über die langsame Kriegführung des Fürsten und nannten denselben in ihrem Uebermuth, mit Anspielung auf seinen Namen den „Fürsten von Hinterhalt."

Städter und Landleute litten gleich sehr unter der Geißel des Kriegs. Den Bauern wurde Haus und Hof niedergebrannt, Weib und Kind mißhandelt, Feld und Flur verwüstet. Der Bürger dagegen mußte unerschwinglich hohe Preise für die nothwendigsten Lebensmittel bezahlen. Galt doch der Sack Weizen 15 bis 20 Pfund Pfennig (etwa 60 Mark); zudem lag Handel und Wandel im ganzen Lande trostlos darnieder. Als die Stadtkasse sich immer bedenklicher leerte, forderte man den Bürgern ihr Silbergeschirr, ließ es abschätzen und umschmelzen und gab ihnen dafür fünfprozentige Leibrenten, die im sog. „Herren= stall" (der städtischen Verwaltungskammer bei den gedeckten Brücken) zu beziehen waren. Auch unter den Mitgliedern des Raths herrschte keine Einigkeit. Die Kammern der Dreizehner und der Fünfzehner machten sich gegenseitig die heftigsten Vorwürfe und ein ehrgeiziger Rathsherr mit Namen Friedrich Prechter, der es insgeheim mit der katholischen Partei hielt, schürte nach Kräften das Feuer der Zwietracht im Rathe. Wohl wurde er seines Amtes entsetzt und die Schöffen beschlossen einmüthig inskünftige kein Rathsmitglied mehr zu ernennen, welches die fürstlich Augsburgische Confession nicht unter= schrieben hätte, allein das Mißtrauen war nun einmal da und es brachte schlimme Früchte hervor. Es erschienen in jener Zeit eine Menge Flugschriften polemischen, satirischen und humoristischen Inhalts, worin eine Partei die andre angriff und verdächtigte.

Der Schauplatz des Krieges war die fruchtbare unter=elsässische Ebene, vornehmlich das straßburgisch=bischöfliche Gebiet und die Um= gegend der Reichsstadt Hagenau. Die am meisten heimgesuchten Orte waren: Rheinau, Barr, Wasselnheim, Dorlisheim, Wolxheim und Schäffolsheim.

Während der Kriegsunruhen kamen kaiserliche Gesandte, elsässische und schweizerische Abgeordnete zusammen, um ihre Vermittlung anzu= bieten und zum Frieden zu rathen; allein ihre Bemühungen blieben völlig erfolglos. Endlich, als beide Theile erschöpft waren, schlossen sie am 17. Februar 1593 einen vorläufigen Vergleich ab, durch welchen bis zum endgültigen Friedensschluß die Einkünfte des Bisthums zwischen beiden Bewerbern getheilt wurden.

Zwei Jahre darauf (1595) kam, durch die den Evangelischen wohlwollende Vermittlung des Königs Heinrich IV. von Frankreich, der Vertrag von Saarburg zu Stande; allein die ränkevollen Lothringer hielten denselben nicht inne und dadurch fanden beständige Reibungen statt. Endlich machte der im Jahre 1604 abgeschlossene Vertrag von Hagenau dem bischöflichen Krieg ein Ende. Der Mark= graf von Brandenburg entsagte mittels einer Geldentschädigung auf alle seine Ansprüche auf das Bisthum Straßburg und Karl von Lothringen wurde von der Stadt als rechtmäßiger Fürstbischof anerkannt. Straßburg leistete ihm den Eid der Huldigung, wogegen der Bischof sich verpflichtete der Stadt alte Rechte und Freiheiten anzuerkennen.

Dies war das klägliche Ende des verhängnißvollen unrühmlichen bischöflichen Krieges, welcher sicherlich nicht zum Ausbruch gekommen wäre, wenn ein Stättmeister Jakob Sturm von Sturmeck noch das Staatsruder geführt hätte. „In Summa", schreibt ein Straßburger Chronist, „ist unsers Kriegsvolks, so wir gehabt haben, zum aller= wenigsten zehntausend Mann gewesen; es seindt zwei und dreißig fehnlin Schweizer und Landsknecht gewesen, sechzehnhundert zu Pferd und haben ungefehrlich uff sechzehn thonnen goldes (etwa zwölf Mil= lionen Mark) verkriegt und nit viel usgericht."

XXXI.

Die Zeiten des dreißigjährigen Krieges.

Mit dem Ablauf des sechzehnten Jahrhunderts hat die Reforma=
tionsbewegung im Elsaß ihr Ende erreicht. Ueberall tritt die katholische
Kirche, besonders seit der Gründung des Jesuitenordens, feindselig
gegen den Protestantismus auf, um ihn zu bekämpfen und womöglich
zu vernichten. Das Vorspiel eines Religionskrieges hatte das Elsaß
bereits durch den bischöflichen Krieg erlebt; die Greuel des dreißig=
jährigen Krieges, der auch das blühende Elsaß in eine mit Trümmer
bedeckte Einöde verwandelte, standen ihm bevor.

Im Jahre 1617 fand die Jubelfeier der Reformation allent=
halben, auch im Elsaß, statt. Bei diesem Anlaß erschienen eine Menge
von Fest= aber auch von Streitschriften. Der Federkrieg ging dem
Kampfe mit dem Schwert voran.

Die Ursachen und der Verlauf des dreißigjährigen Krieges sind
bekannt. Ohne deßhalb näher darauf einzugehen, bemerken wir nur
im Allgemeinen, daß der Hauptgrund dieses unseligen „großen deutschen
Krieges" in der Unverträglichkeit der religiösen Anschauungen zu suchen
ist, welche die Völker jener Zeit erfüllte und trennte. Obwohl die
Zwietracht noch heute dauert, äußert sie sich doch nicht mehr in blu=
tigen Kämpfen, während ehedem Katholiken und Protestanten, voll
feurigen Glaubenseifers, von der Wahrheit ihrer religiösen Anschauungen
und dem Unrecht der Gegner in einer Weise überzeugt waren, die
wir selbst bei den glaubigsten Männern unserer Zeit vergeblich suchen
und die sich jetzt, wiewohl auch da gemildert, nur bei den nationalen

Parteiführern in einem zweisprachigen Lande beobachten läßt. Es
kann da kein Wunder nehmen, wenn der religiöse Kampf noch wilder
tobte, als heutzutage der politische, und daß man sich nicht mit der
bloßen Unterdrückung des Gegners begnügte, sondern nur in seiner
Ausrottung Befriedigung fand.

Wenn wir in erster Linie die Unverträglichkeit der religiösen
Ueberzeugungen als die Hauptveranlassung des dreißigjährigen Krieges
angaben, so kommen noch andere Ursachen dazu, nämlich: die Unbot=
mäßigkeit der Stände in Oesterreich, die Habsucht der Fürsten, die
sich mit geistlichen Gütern bereichern wollten, der Ehrgeiz einzelner
Parteihäupter, der nur in der allgemeinen Zerrüttung befriedigt
werden konnte; dies Alles trug zum Auflodern des Kampfes mächtig bei.

Das Elsaß als Grenzland zwischen dem deutschen Reiche und
Frankreich, war während des Krieges oftmals der Tummelplatz der
feindlichen Heere und wurde schwer heimgesucht[1]. Was die evangelische
Kirche des Elsaß und des Westreichs während dieser kriegerischen
Periode zu leiden hatte, das wollen wir versuchen in großen Um=
rissen zu schildern.

Schon bei dem Einfall des Grafen Ernst von Mansfeld
aus der Rheinpfalz in das Unter=Elsaß in den Jahren 1622 und
1623 litt das Land große Noth. Verwüstungen aller Art, Geld=
erpressungen, Raub und Mord, bezeichneten die Bahn der Mans=
feldischen Schaaren. Obgleich die Truppen Mansfelds unter der
Fahne eines evangelischen Fürsten, des unglücklichen Kurfürsten und
Böhmerkönigs Friedrich von der Pfalz fochten, so nahmen sie in ihren
Gewaltthätigkeiten nicht die mindeste Rücksicht auf ihre Glaubens=
genossen. Die evangelischen Einwohner von Müttersholz bei
Schlettstadt wurden so hart bedrückt, daß ihrer Viele nach der Schweiz
flohen. In Ottweiler bei Drulingen im Westreich wurden viele
Bauern von den Soldaten erschlagen; die Kirche ging in Flammen
auf; die Glocken wurden fortgeschleppt. In Hürtigheim unweit
Straßburg wurden die Bewohner vertrieben; Viele starben, Andere
verdarben in Hunger und Kummer. Das Feld lag allenthalben brach
und öde und wurde nicht mehr bebaut, aus Furcht vor dem Feinde.
So oder in ähnlicher Weise sah es an vielen anderen Orten aus.

---

[1] Vergleiche des Näheren: Die Geschichte des Elsaß. Ein Buch für
Schule und Haus. Von Julius Rathgeber, Pfarrer zu Neudorf bei Straßburg.
Zweite verbesserte Auflage. Straßburg, R. Schultz und Comp. Verlag 1882.

In Folge der andauernden Kriegsnoth entstand eine große Theuerung. Die Lebensmittel stiegen täglich im Preise. Zu diesen Uebeln kam noch das unheimliche Treiben der sog. Wipperer und Kipperer; das waren Falschmünzer und Wucherer, welche das gute gangbare Geld in leichtere schlechte Münze umprägten.

Eine höchst willkührliche Maßregel des Kaisers Ferdinand II. war das berüchtigte Religionsedikt vom 6. März 1629. Durch dasselbe sollte die evangelische Kirche den Todesstoß erhalten. Ihre Lage wäre auch sehr gefährdet gewesen, wenn nicht der Heldenkönig Gustav Adolf von Schweden als Retter der schwer bedrohten evangelischen Glaubensfreiheit auf dem Plan erschienen wäre. Laut dem kaiserlichen Edikt sollten nämlich alle, seit dem Vertrag von Passau (1552) von den Protestanten eingezogenen geistlichen Güter den Katholiken zurückgegeben werden. Auch das Elsaß spürte die verderblichen Wirkungen desselben. In der Stadt Hagenau waren schon wider alle Verträge, im Jahre 1624 kaiserliche Commissare erschienen, hatten die evangelische Kirche mit Gewalt den Protestanten entrissen und deren Prediger und Schulmeister aus der Stadt ausgewiesen. In Colmar erschien im Oktober 1627 eine kaiserliche Commission, welche ebenso gewaltthätig als willkührlich auftrat. In allen Zunftstuben wurden katholische Zunftmeister eingesetzt; die evangelischen Rathsherren verloren ihre Aemter als Würden und ein Jesuitenpater ersetzte den von seiner Stelle enthobenen evangelischen Prediger. Im Laufe des Jahres 1629 wollte sogar der Abt von Ebersheimmünster Besitz von dem reichen St. Petersstift in Colmar nehmen.

Auch der Rath von Straßburg wurde aufgefordert das Hohe Stift (Münster) und die beiden St=Peterstifte (Jung= und Alt=St=Peter), sowie das frühere Predigerkloster den Katholiken zurückzugeben. Dagegen erhob aber der Magistrat kräftige Einsprache; allein er konnte nicht hindern, daß sämmtliche evangelische Domherren seit dem Jahre 1624 aus dem Hohen Stifte ausgewiesen wurden. In dem Stiftsdorfe Lampertheim bei Straßburg wurde bereits 1627 die evangelische Religionsübung verboten und der Ortspfarrer vertrieben. Dieser betrübte Zustand dauerte vier volle Jahre.

Die ganze Sachlage änderte sich mit einem Male durch die Ankunft Gustav Adolfs und die Siege der Schweden in Deutschland. Auch im Elsaß empfand man diesen Rückschlag und die Evangelischen athmeten wieder auf.

Die freie Reichsstadt Straßburg, der Graf Philipp

Wolfgang von Hanau=Lichtenberg und die meisten unter=elsäſſiſchen Ritter und Herren hatten ſich zeitig für die Schweden erklärt. Als der edle König Guſtav Adolf am 16. November 1632 bei Lützen gefallen war, wurde nicht nur in Straßburg, ſondern in allen evan= geliſchen Städten des Elſaß zu Ehren des gefallenen Helden eine Todtenfeier mit Predigt, Standreden, Lob= und Trauergedichten gehalten. Als bald darauf der ſchwediſche Feldmarſchall Guſtav Horn die Städte Benfeld, Schlettſtadt und Colmar nach kurzer Belagerung eroberte, ſetzte er überall die evangeliſche Religion wieder in ihre Rechte ein. Ein Gleiches geſchah auch in den Dörfern, ſo in Lampertheim und an anderen Orten.

Im Jahre 1635 rückte der kühne und unternehmende Herzog Bernhard von Sachſen=Weimar in das Elſaß ein. Derſelbe war nach dem Geiſte ſeiner Zeit ein frommer und gottesfürchtiger Fürſt. Er beſuchte regelmäßig den Gottesdienſt, las fleißig die Heilige Schrift und erbaute ſich an Luthers „Poſtillen“ (Predigtbüchern) und an Arnds „Wahrem Chriſtenthum“. Er hielt einen eigenen Feld= und Hofprediger, welcher ihn mit ſeinem Diakonus auf allen ſeinen Feldzügen begleitete. Jeden Morgen und allabendlich hielt der Feld= prediger vor des Herzogs Quartier eine Erbauungsſtunde für die Offiziere und Soldaten. Das h. Abendmahl wurde jeden Monat und auch an den hohen chriſtlichen Feſttagen gehalten. Jedes Regiment der weimariſchen Armee hatte außerdem noch ſeinen beſonderen Feldprediger. Dieſelben bildeten unter dem Vorſitze des Hofpredigers ein ſog. Feldkonſiſtorium.

Vor Beginn der Schlacht ſtimmten die Feldprediger ein kräftiges geiſtliches Lied an; die Soldaten ſangen mit und die Feldmuſik fiel dann ein und begleitete den mächtig dahinbrauſenden Geſang. Eine ſchöne Sitte, welche einſt Guſtav Adolf, der fromme Kriegsheld, in ſeinem Heere eingeführt hatte und welche die Soldaten mit Glaubens= muth und edler Begeiſterung erfüllte. Gegen die Katholiken war der Herzog duldſam und weitherzig; er gewährte ihnen allenthalben freie Religionsübung; dabei aber ſchützte er auch auf das Kräftigſte ſeine Glaubensgenoſſen in ihren Rechten.

Freilich verwilderten während der langen Kriegsjahre ſowohl die Schweden als die weimariſchen Truppen und verübten im Elſaß ähnliche Greuel wie die Kaiſerlichen. Letztere ſuchten beſonders die evangeliſchen Orte ſchwer heim, ſo die Stadt Biſchweiler und Umgegend, Bofzheim und viele andere Ortſchaften. Unbeſchreiblich

groß war das Elend, dem das offene Land preisgegeben war. Viele
Dörfer standen ausgeplündert und verödet da und waren von ihren
einstigen Bewohnern verlassen. Die Landleute flüchteten schaarenweise
in die benachbarten Waldungen oder auch in einsame Gebirgs=
schluchten. Der größte Theil des fruchtbaren und gesegneten Landes
lag unangebaut. Theuerung, Pestilenz und Seuchen aller Art, Folgen
der allgemeinen Noth und der großen Entbehrungen, rafften Tausende
von armen Menschen dahin. Eine Menge herrenloser Hunde und
umherstreifender Wölfe und Füchse fielen heißhungrig die elenden
Flüchtlinge, welche dem Schwert und den Kugeln glücklich entronnen
waren, in der Wildniß an.

Zu Ende des dreißigjährigen Krieges war die Bevölkerung der
Stadt Weißenburg auf hundertvierzig Bürger herabgesunken. Im
Hanauer Lande standen ganze Dörfer leer und öde; in Oberbronn
hatte eine Wölfin mit ihren Jungen ihre Höhle mitten im ver=
lassenen Flecken aufgerichtet; in vielen Dörfern fanden ein und zwei
Jahrzehnte lang keine kirchlichen Einsegnungen von Ehen mehr statt;
die Kinder wurden nicht mehr getauft und konfirmirt; Todte nicht
mehr in Begleitung der Geistlichen bestattet. So sah es in Weiters=
weiler, Hambach, Wintersburg, Eckwersheim, Birlen=
bach, Scharrachbergheim, Andolsheim, Horburg, im
Unter= und Ober=Elsaß aus. Das hochgelegene Gebirgsdorf Altweyer
(Aubüre) zwischen Rappoltsweiler und Markirch gelegen, das früher
ein ansehnlicher Ort war, sah seine Bevölkerung beinahe aussterben.
Das Städtchen Markirch im Leberthal, noch in der ersten Hälfte
des siebzehnten Jahrhunderts ein Hauptsitz des elsässischen Bergbaus,
der dort äußerst schwunghaft betrieben wurde, kam durch die Ver=
heerungen des Kriegs nach und nach völlig in Verfall. Die Berg=
werke standen still; die Bergleute zogen schaarenweise fort; die Häuser
fielen in Trümmer; ganze Familien starben aus.

Wie es dazumal in vielen Gegenden des Elsaß und der benach=
barten, ebenso schwer heimgesuchten Pfalz aussah, davon entwirft der
herzoglich zweibrückische Rath Balthasar Venator (ein Nachkomme
von demselben war in der ersten Hälfte dieses Jahrhunderts Pfarrer
im Städtchen Barr) ein über alle Maßen grauenvolles Bild. Er
schrieb unterm Datum des 10. August 1637 an einen Freund: „Daß
der Heißhunger die unglücklichen Landleute bis zur Menschenfresserei
treibe; daß man Meilen weit reisen könne ohne eine lebende Seele
anzutreffen; der Reisende müsse, wie in der arabischen Wüste sich mit

Speis und Trank versehen; selbst die Vögel und die Feldmäuse haben sich aus dieser unwirthlichen und trostlosen Gegend (dem Westrich) zurückgezogen."

Fast sämmtliche Herrschaften und Obrigkeiten im Elsaß befanden sich in jener traurigen Zeit in einem Zustande völliger Auflösung; die meisten Grafen und Herren hatten ihre Burgen verlassen und sich nach Straßburg geflüchtet. Die Amtleute und Rathsherren hatten ihre Kanzleien und Rathsstuben geschlossen; die Rentkammern und öffent= lichen Kassen waren überall leer.

In kirchlicher Beziehung sah es im Lande nicht besser aus. Das Schicksal der meisten elsässischen Landgeistlichen war ein höchst bekla= genswerthes. Sie waren allen Rohheiten, ja den unmenschlichen Grau= samkeiten der wilden Soldateska, deren Treiben und Gebahren Schiller in „Wallensteins Lager", so treffend geschildert hat, am meisten ausgesetzt. Namentlich von Seiten der kaiserlichen Soldaten hatten die evangelischen Prediger oder „Prädikanten", wie man sie nannte, unendlich viel zu leiden. Die Einnahmequellen, aus welchen die früheren kärglichen Besoldungen geflossen waren, versiegten allmählich ganz. Im Fleckensteinischen Gebiet und in der Grafschaft Hanau=Lichtenberg hatten die meisten Pfarrer zehn Jahre lang und drüber auch nicht einen Pfennig Gehalt empfangen; sie mußten sich während jener betrübten Zeit auf das kümmerlichste durchhelfen. Viele evangelische Landpfarrer wurden durch die rohen Krieger von Haus und Hof verjagt und in's Elend getrieben. Andere entflohen mit ihrer geängsteten Heerde in Wald und Gebirg.

Bei diesen schlimmen Zeitläufen gingen eine Menge wichtiger Kirchenurkunden und Archive verloren. Ein großer Theil der Land= geistlichen flüchtete nach Straßburg und lebte dort von milden Bei= trägen und Liebesgaben der evangelischen Bürger. Nicht wenige Prediger verließen den Kirchendienst, der sie nicht mehr nährte und nahmen Schulstellen an. Andere wieder fanden einen sichern Zufluchtsort in festen Bergschlössern, wo sie eine kleine Gemeinde um sich sammelten und Gottesdienst hielten. Das geschah z. B. auf den Burgen zu Lichtenberg und zu Herrenstein bei Neuweiler.

An manchen Orten war jahrelang kein öffentlicher Gottesdienst mehr gehalten worden, weil die Geistlichen dazu fehlten. Dies war der Fall in Buchsweiler, wo beständige Truppenmärsche stattfanden, in Müttersholz bei Schlettstadt, in Markirch, Ostheim, Rappoltsweiler. In letzterer Stadt hatten die Herren von

Rappoltſtein ihre Schlöſſer verlaſſen und ſich nach Straßburg geflüchtet, und ihr Hofprediger, der ſchutzlos da ſtand, mußte ein Gleiches thun. Mehr denn ein evangeliſcher Pfarrer wurde von den Soldaten fort= geſchleppt. Dies geſchah unter anderen dem evangeliſchen Prediger von Beblenheim, den ſeine Gemeinde nur gegen ein hohes Löſegeld (1200 Thaler) aus den Händen der Lothringer befreite.

Da viele evangeliſche Geiſtliche im Laufe des dreißigjährigen Krieges durch den Tod dahingerafft wurden, ſo entſtand im Elſaß ein bedenk= licher Predigermangel. Nur wenige Jünglinge hatten Glaubensmuth und Ausdauer genug, um ſich dem dornenvollen und entſagungsreichen Predigerberufe zu widmen. Auch die Straßburger Lehranſtalten, das Gymnaſium wie die Hohe Schule ſahen die Zahl der Zöglinge, welche in den Kirchen= und Schuldienſt eintraten, ſchwinden. Dr. Johann Schmidt, der Präſes des Kirchenkonvents, drückt ſich darüber in einer Leichenpredigt folgendermaßen aus:

„Wir haben zu ſeufzen große Urſach, zumal auch darum, weil es leider nunmehr an tüchtigen Leuten, denen das geiſtliche Väter=, Hirten= und Wächteramt in der Kirche vertrauet werden möchte, an allen Orten mangeln will. Es iſt allbereit bei uns, unangeſehen, daß wir eine Univerſität und hohe Schule haben, dahin kommen, daß wir unter unſern Stadtkindern nicht genugſam finden, mit welchen die verſchiedenen Pfarrſtellen, ſo bishero auf dem Land herum erledigt worden, möchten verſehen werden. Müſſen uns nach „Fremden" um= ſehen und deren Dienſt ſuchen und haben's für eine Gutthat zu achten, wenn ſie ſich willfährig erzeigen."

Zum Beleg dieſer Worte bemerken wir, daß in dem kurzen Zeit= raum von 1632 bis 1638 allein in Straßburg und deſſen Landgebiet, welches vier Aemter umfaßte, nicht weniger als ſiebenzehn Pfarrer ſtarben. Bereits im Jahre 1631 hatte der Rath von Straß= burg Maßregeln zur Unterſtützung der bedrängten Pfarrwittwen getroffen.

Viele früher wohlhabende und volkreiche Gemeinden entvölkerten ſich dermaßen, daß ſie als Filiale mit anderen Dörfern vereinigt werden mußten. So wurden Gerſtheim mit Obenheim, Hor= burg mit Andolsheim, Engweiler, Kirrweiler und Zutzendorf mit Obermodern verbunden. In den hanauiſchen Aemtern Wörth an der Sauer und Lembach und in dem flecken= ſteiniſchen Kirchſpiele Sulz unterm Wald waren nur noch zwei evangeliſche Pfarrer übrig geblieben, welche „aus Erbarmen" umher=

reisten, um die Sterbenden zu trösten und aufzurichten, mit den Kranken zu beten und die heiligen Sakramente zu verwalten. Es waren dies die beiden trefflichen Männer und treuen Glaubenszeugen: Johann Georg Leopard und Hieronymus Bancowitz.

Leopard bekleidete seit 1632 das Pfarramt in Sesenheim; er konnte aber nur ein Jahr lang daselbst bleiben. Des Krieges Drang= sale und Nöthen zwangen ihn sich auf eine einsame Rheininsel, das sog. „Dalhunder Wörth" zu flüchten. Dort brachte er mit seiner Familie fünf lange Jahre in einer elenden Strohhütte zu und wirkte von seinem stillen Patmos aus in der ganzen Umgegend mit großer Selbstaufopferung und im Segen. In Folge unausgesetzter Entbeh= rungen fiel der treue Prediger schwer krank und mußte nach seiner Vaterstadt Straßburg zurückkehren, wo er im Jahre 1632 heimging, tief betrauert von seinen Freunden und Gemeindegliedern.

Hieronymus Bancowitz, von böhmischer Abkunft, war flecken= steinischer Schloßprediger im Dorfe Hohweiler bei Sulz unterm Wald. Er war ein Mann voll freudigen Glaubensmuthes und unermüdlichen Eifers. In den drangsalvollen Kriegsjahren harrte er auf seinem Posten aus und wirkte als evangelischer Wanderprediger in der ganzen Umgegend auf vierzig Stunden im Umkreis.

Endlich kam der längst ersehnte Friedensschluß zu Münster in Westphalen zu Stande. Allmählich erholte sich das entvölkerte und verarmte Land von den schweren Wunden des Krieges. Der Land= mann athmete wieder auf; die Häuser wurden wieder aufgebaut, die Felder auf's Neue bestellt, die Straßen in Stand gesetzt und langsam, aber stetig bevölkerten die Dörfer sich wieder. Die französische Regie= rung sandte im Jahre 1656 Herolde und Trompeter in die benach= barten Länder, um denjenigen, welche im Elsaß sich ansiedeln würden, unentgeltlich Holz und Baumaterial zum Aufbau der Häuser, Acker= feld und Wiesen und sechsjährige Befreiung aller Abgaben und Steuern anzubieten. Diese lockenden Anerbieten blieben nicht ohne Erfolg; es kamen viele Einwanderer aus der Schweiz, aus der Markgraffschaft Baden, aus Schwaben und aus der Pfalz und siedelten sich im Elsaß an. Dieselben gehörten großentheils der reformirten Confession an. Die eingewanderten Schweizer gründeten reformirte Gemeinden, wie Coßweiler bei Wasselnheim, Rosenweiler bei Dettweiler u. a. O., die zum Theile noch heute bestehen. In der zweiten Hälfte des sieb= zehnten Jahrhunderts war die Zahl der Reformirten im Elsaß eine recht beträchtliche. Sie nahm aber in Folge der späteren Verfolgungen

Ludwigs XIV., nach der Aufhebung des Edikts von Nantes (18. Oktober 1685) wieder bedeutend ab. Auch Wiedertäufer wanderten ein und ließen sich besonders in einsamen Gebirgsthälern oder auf waldigen Bergwiesen des Ober-Elsaß und des Westrichs nieder. Sie zeichneten sich vortheilhaft durch ihre einfachen Sitten, ihre Redlichkeit in Handel und Wandel und ihr stilles und eingezogenes Wesen aus und waren um dieser Eigenschaften willen allgemein geschätzt und beliebt.

———

XXXII

Zwei treue Glaubenszeugen aus der Zeit des dreißigjährigen Krieges.

Von den Drangsalen des dreißigjährigen Krieges, welche unsere Väter in vollem Maße zu erdulden hatten, aber auch von dem Glaubensmuth, der sie beseelte und von dem starken und unerschütterlichen Gottvertrauen, mit welchem sie erfüllt waren, geben die zwei folgenden Lebensbilder einen deutlichen Beweis. Wir führen in denselben dem geneigten Leser zwei Männer vor, welche der evangelischen Kirche des Elsaß zum Ruhm und zur Zierde gereichen. Der Name des einen Hans Michael Moscherosch ist in weiten Kreisen durch seine geistvollen Schriften bekannt, der Name des andern schlichten Zeugen der Wahrheit ist in das Buch des Lebens mit unauslöschlichen Zügen eingeschrieben.

Hans Michael Moscherosch, der Satiriker, wurde den 5. März 1600 im hanauischen Amtsflecken Willstätt, unweit Kehl geboren. Sein Vater war daselbst Amtmann. Der talentvolle strebsame Knabe besuchte das benachbarte Gymnasium von Straßburg und studirte später auf der dortigen Universität die Rechte. Nach einer zu seiner weitern Ausbildung unternommenen Reise durch Frankreich, wurde ihm von dem Grafen von Leiningen-Dagsburg eine Hofmeisterstelle bei seinem Sohne anvertraut. 1629 erhielt er von dem Grafen von Kraichingen in Deutsch-Lothringen die Amtmannstelle am gräflichen Gericht. Noch ist das herrliche und glaubensinnige Gebet erhalten, mit welchem der von Herzen fromme, demüthige und gewissenhafte Mann sein schweres Amt antrat.

Als einige Jahre später Lothringen und auch die Gegend, in welcher Moscherosch lebte und wirkte, durch den Krieg verheert wurde und die Zustände immer unsicherer wurden, begab sich Moscherosch mit seiner Familie nach Straßburg. Im Jahre 1636 berief ihn der Herzog von Croy (ein in Belgien ansässiges Geschlecht, das aber im Westrich Besitzungen hatte) als Amtmann nach dem Städtchen Finstingen im obern Saarthale. Hier hatte er alle Drangsale des dreißigjährigen Krieges auszustehen. Dreimal wurde er ausgeplündert; es gab Zeiten, wo, wie er schreibt: „er keinen Schritt noch Tritt thun konnte, ohne Gefahr des Lebens, wo er immer sorgen mußte, es stünde ein Bluthund hinter ihm und wollte ihn niederstoßen, wo er sich befahren mußte, der Feind würde ihm und den Seinigen plötzlich den Hals abstechen."

In dieser täglichen Lebensgefahr fühlte er sich gedrungen im Jahre 1641, „aus ehlicher Treue und vätterlicher Fürsorge, und weil es nicht genug sey, den Kindern Leben und Unterhalt verschafft zu haben", seinen Kindern gleichsam seinen letzten Willen niederzuschreiben und zu hinterlassen in dem vortrefflichen Büchlein: Christliches Vermächtniß oder schuldige Fürsorge eines treuen Vatters. „Mitten unter dem feindlichen Rachen, mitten unter dem Getümmel und Getürmel der ungehemmten und ungehaltenen Mord= kriegsgurgeln, bei welchen weder Maß noch Ordnung ist", schrieb er in der Woche, in welcher ihm sein drittes Kind geboren wurde, in 27 Tagen diese goldenen Rathschläge für die Erziehung der Jugend. Kaum hatte er seine Schrift vollendet, so erscholl plötzlich in Finstingen die Schreckenskunde, „der Feind, der grausame Feind, der weder Gott noch Menschen Glauben hält, sey — an der Mauer — an dem Thor — ja hätte das Thor schon eingenommen".

Während der Amtmann Moscherosch, ohne sich nur so viel Zeit zu nehmen „sein Kind zu gesegnen", mit seinem Gewehr seinem Posten am Oberthor zulief, sprang seine Frau „aus dem Kindbett" und flüchtete sich mit den beiden älteren Kindern nach dem höher gelegenen Finstinger Schlosse. „Als ich danach," schreibt Moscherosch in seinem Vermächtniß an seine Kinder, „gefragt worden, wo euer Schwesterlein Ernestine Ameley (Amalie) sey, so nur vierzehn Tage alt war, so ist eurer Mutter allererst eingefallen, daß es daheim unter einem Pack Windeln in dem großen Schrecken und der Angst war verborgen worden. Das muß ja ein Trübsal seyn, da auch eine Mutter ihres noch säugenden Kindes vergessen sollte".

Zu der täglichen Leibs= und Lebensgefahr kam noch die in erschrecklichem Maße zunehmende Verarmung. Der wohlthätige Finstinger Amtmann war im Geben unermüdlich. Er unterstützte die Armen beinahe über Vermögen, so daß er „fast selbst darüber darben mußte." Er schreibt in Beziehung darauf in seinem Vermächtniß: „Almosen geben ist in jener Zeit mein bester Schatz gewesen. Habe ich gern gegeben, Gott hat es mir viel lieber wiederum gegeben — ich sage greiflich, augenscheinlich, zehnfältig. Je mehr ich hingegeben, desto mehr habe ich gehabt; die Frucht ist mir, mit Verwunderung meines Gesindes, auf dem Speicher, das Mehl in dem Kasten, das Brod in dem Backofen und so zu sagen in den Mund gewachsen. Der Segen Gottes hat mich unaussprechliche Dinge sehen lassen."

Lange Zeit hindurch wurde Moscherosch wie so vielen Beamten damals, der Gehalt nicht ausbezahlt. Da mußte er sich selbst sein Brod erwerben und seine Zuflucht zum Pfluge nehmen. „Ich ernähr' nächst Gott, mich und Euch," schreibt er an seine Kinder, „heutiges Tages nicht auf meinen ansehnlichen, gefährlichen Amtsdienst (denn darauf erringe ich bei diesen Zeiten nichts als Abneigung des Leibes und Erarmung an allen Lebensmitteln), sondern auf dem allerredlichsten Handwerk, auf dem A c k e r b a u, nach Weise der Alten."

In jener trüb= und drangsalvollen Zeit fing Moscherosch jenes Werk zu schreiben an, welches ihm in der deutschen Literatur einen unsterblichen Ruhm zugesichert hat. Unter dem Namen: P h i l a n d e r (auf deutsch: Mannhold) von S i t t e w a l t (Anagramm d. h. Buch= stabenversetzung von seinem Geburtsorte: Willstätt) hatte er begonnen in vierzehn Flugschriften, in der einem spanischen Schriftsteller (Franzisco de Quevedo aus Madrid) entlehnten Form von Gesichten oder Träumen, die Thorheiten und Laster seiner Zeitgenossen zu geißeln. Später sammelte Moscherosch diese vierzehn satirischen Abhandlungen in einen Band, der 1645 zu Frankfurt am Main erschien unter dem Titel: „Wunderliche und wahrhaftige Gesichte P h i l a n d e r s von S i t t e w a l t, das ist Straff=Schriften Hans Michael Moscherosch von Willstädt."

Die anhaltenden Bedrückungen und Unannehmlichkeiten, welchen er zu Finstingen beständig ausgesetzt war, bewogen ihn, sich mit den Seinigen nach Straßburg zu begeben, von wo er als erklärter Schwe= denfreund nach der Festung B e n f e l d als schwedischer Kriegsrath berufen wurde. Nach einiger Zeit jedoch erhielt er einen Ruf als Stadtschreiber und Fiskal nach seinem von ihm so geliebten Straßburg, das ihm zur zweiten Heimat geworden war.

Im Jahre 1656 berief ihn der Graf Friedrich Casimir von Hanau-Lichtenberg zum Präsidenten der Kanzleikammer und des Consistoriums nach Buchsweiler. Später verließ Moscherosch, in Folge neuer Verdrießlichkeiten, den hanauischen Dienst und erhielt eine Rathsstelle bei dem Kurfürsten von Mainz. Er diente demselben und zugleich der verwittweten Landgräfin von Hessen mit großer Treue. Seinen Wohnort verlegte er von Buchsweiler nach Kassel. Im Jahre 1669 als Moscherosch auf der Reise zu seinem Sohne nach Frankfurt am Main begriffen war, erkrankte er zu Worms, wo er am 4. April starb und auch begraben wurde.

Johann Michael Moscherosch ist als gläubiger Christ, als Menschenkenner und Menschenfreund, als Beamter und als Schriftsteller gleich achtungswerth und verdienstvoll. Er war — und das wollen wir hier besonders hervorheben — ein treuer Zeuge der Wahrheit in jener bewegten und unruhigen Zeit.

Ein anderer minder bekannter, aber gleichfalls unerschütterlicher und muthiger Glaubenszeuge aus der Zeit des dreißigjährigen Krieges, war Philipp Kirchner, evangelischer Prediger im hanau-lichtenbergischen Dorfe Morsbronn bei Wörth an der Sauer. Derselbe versah Jahrelang, weil der Mangel an Predigern des reinen Evangeliums immer mehr zunahm, das ganze hanauische Amt Wörth seelsorgerlich. Nach dem Kriege siedelte der Pfarrer Kirchner in das rechtsrheinische, im Amte Lichtenau gelegene, hanauische Dorf Bischofsheim über. Von dort aus richtete er 1662 ein bewegliches Schreiben an die Regierung von Buchsweiler. Er schildert darin die namenlosen Drangsale und Leiden, die er erduldet und beansprucht eine Vergütung für die langen Kriegsjahre, während welcher er keinen Pfennig Gehalt empfangen hatte und in Folge dessen Geld hatte entlehnen müssen und in Schulden gerathen war.

Kirchner entwirft in seinem Schreiben ein naturgetreues, aber schreckliches Bild der jammervollen Zustände jener traurigen Kriegszeit. „Sobald ich," schreibt er, „Anno 1632 auf die Pfarr Morsbrunn vocirt (d. h. berufen) worden bin, gieng das Elend gleich an. Das Pfarrhaus ward durch die Soldaten verbrannt und ich mußte mich, auf Verordnung des Amtmanns, zu Wörth häuslich niederlassen. Hier wurde ich durch die Einquartirungen und Plünderungen von Franzosen und Kaiserlichen übel geplagt. Das Städtlein wurde von den Croaten erstürmt, wobei auch viele Bürger getödtet oder verwundet wurden; mich selbst nahmen sie gefangen, knebelten mich um den Kopf, daß mir das Blut zur Nase auslief, zogen mir meine Kleider aus und warfen mir ein paar Schnall= höslein zu. Ich mußte ihren Raub in's Lager nach Mitschdorf tragen, kam aber Abends mit den Gefangenen und dem Geleit wieder in's Städtlein.

„Bald zogen die Schweden heran um das Croatenlager zu über= fallen und wir entliefen sämmtlich mit Weib und Kind aus dem Städtlein Wörth, retirirten uns auf die Schlösser Winstein und Schöneck und ließen unsere ganze Habe in Stich. Dieweil aber ohn' Geld auf dem Schloß nichts zu bekommen war, wagte ich's allein und wanderte nach Straßburg. Weil aber alle Dorfschaften voll Soldaten lagen, verließ ich den gebahnten Weg und gieng Nachts über rauh Land. Unterhalb Bietlenheim watete ich durch die Zorn; eine Heerde Schweine jagte mir große Furcht ein, doch kam ich glück= lich gegen Tag nach Morsbrunn und wollte ein wenig ausruhen in einem zerfallenen Haus; bald kam ein Wolf zu mir hinein, den ich aber durch mein Geschrei wieder forttrieb. . . . Ich kehrte mit etlichen Bürgern nach Wörth zurück und übernachtete daselbst. Aber bei An= bruch des Tags überfiel uns ein Trupp Soldaten, jagten mich nebst einem andern Bürger auf einen hohen Thurm, unter dem die Sauer in's Städtlein fließt, sprengten uns von der Höhe in's Wasser hinaus; wurden durch der heyligen Engel Schutz erhalten, daß keinem der hohe Sprung schadete; entronnen also aus ihren Händen und retteten uns in den Wald in eine Spelunke. Da trafen wir zween Männer an beim Feuer, trockneten uns und erquickten uns mit einem Trunk, den jene die Nacht über gekeltert hatten. Hierauf zogen die Kriegsvölker in's Winterquartier und wir kamen nach Wörth.

„Als der Frühling herankam und die Landleute wieder aus dem Städtlein zogen", erzählt Kirchner weiter, „so überfiel sie der schwarze Hunger, also daß Etliche mit faulem Roßfleisch, so hin und wieder bei den Truppenmärschen und Gefechten auf der Straße war liegen blieben, sich nährten. In Mitschdorf erzählte mir die Müllerin, wie sie in einem Vierteljahr kein Brod gesehen, sondern mit Roß= häuten ihren Hunger gestillet. Ein Bauer von Lampertsloch erhielt sich lange von lauter Schnecken. In Preuschdorf haben etliche Kinder einer verstorbenen Frau den Leib aufgeschnitten, Herz, Lung und Leber herausgenommen, gekocht und gessen!

„Als auf die Osterzeit die Einwohner, wegen neuer Gefahr, sich in den Wald flüchteten, hielt ich mit ihnen auf einem dürren, umgefallenen Eichbaum das heylige Abendmahl und hielten dann mit gebratenen Eicheln unsern Morgenimbiß."

Pfarrer Kirchner berichtet endlich in seinem Schreiben, daß er selbst vor Hunger oft schier verschmachtet und zuletzt in eine schwere Krankheit verfallen sei, aber durch die treue Hand seines himmlischen Vaters aus Noth und Tod wunderbar errettet worden sei.

Ob der arme hanauische Pfarrer die geforderte Entschädigung von seiner Regierung erhalten, darüber schweigt die Geschichte. Sein Schweigen jedoch ist ein werthvoller Beitrag zur Kirchen= und Sitten= geschichte aus der Zeit des dreißigjährigen Krieges. In demselben werden uns die mannigfachen Nothstände jener Periode beschrieben, zugleich aber auch wird uns daraus gezeigt wie wahr das Paul Gerhard'sche Wort ist: „Weg hast du allerwegen, An Mitteln fehlt Dir's nicht, Dein Thun ist lauter Segen, Dein Gang ist lauter Licht!" An der wunderbaren Rettung des frommen Dieners Gottes hat sich aber auch das Wort des Dulders Hiob bewährt: „Aus sechs Trübsalen hast Du mich, o Herr errettet und in der siebenten wird mich kein Uebel berühren." (Hiob 5)[1].

---

[1] Vergleiche über Kirchners Schicksale die interessante Volksschrift von August Jäger: Der Pfarrer und sein Sohn. 2. Auflage. Straßb. 1884.

XXXIII.

Die evangelischen Gemeinden des Elsaß unter Ludwig XIV.

Durch den westphälischen Friedensschluß war beiden evangelischen Confessionen, den Reformirten wie den Lutheranern, die völlige Religionsfreiheit zugesichert worden. Da ungefähr die Hälfte der elsässischen Bevölkerung Luthers und Zwingli's Lehre angenommen hatte, so gebot schon die politische Klugheit dem König von Frankreich die religiösen Ueberzeugungen seiner neuen Unterthanen zu schonen. Allein Ludwig XIV. und die Frau von Maintenon, die gänzlich unter dem Einflusse der Jesuiten stand, sahen es als ein verdienstliches Werk an in Frankreich den politischen Grundsatz durchzuführen: Ein König, Ein Gesetz, Ein Glauben (Un Roy, une Loy, Une Foi).

Im Oktober 1685 hob Ludwig XIV. das Edikt von Nantes auf, durch welches sein Großvater Heinrich IV. im Jahre 1598 den Reformirten in Frankreich die freie Religionsübung im ganzen Reiche zugesichert hatte. Etwa eine Million Menschen, darunter viele Edelleute, Kaufleute und Gewerbtreibende wanderten aus. In Holland, England und Brandenburg wurden sie mit offenen Armen aufgenommen und brachten diesen Ländern einen Zuwachs von Bildung, Reichthum und Gewerbthätigkeit.

Obgleich der hohe königliche Gerichtshof (Conseil Souverain d'Alsace) die Aufhebung des Edikts von Nantes nicht einregistrirt hatte und somit die durch völkerrechtliche Verträge den Evangelischen zugesicherte Religionsfreiheit im Elsaß fortbestand, erschienen doch im Laufe der Zeit eine Reihe von königlichen Verordnungen, welche durch

14

geheime Instruktionen noch verschärft wurden. Sie sollten dazu dienen der weiteren Ausbreitung des reinen Evangeliums Einhalt zu thun und unbefestigte oder schwache Gemüther in den Schooß der römisch= katholischen Kirche zurückzuführen.

Wo in einem und demselben Orte z w e i Kirchen sich befanden, mußte die eine ohne weiteres den Katholiken eingeräumt werden. War jedoch nur eine Kirche vorhanden, so sollte dieselbe, sobald s i e b e n k a t h o l i s c h e   F a m i l i e n im Orte ansässig waren, in der Weise zwischen den Evangelischen und den Katholiken getheilt werden, daß das Schiff den Gottesdiensten beider Konfessionen abwechselnd dienen sollte, während das Chor ausschließlich den Katholiken zufiel. Um nun die sieben vorgeschriebenen Familien zu erlangen, war man in der Wahl der Mittel nicht allzu gewissenhaft, sondern rechnete zu den Ansässigen auch die fremden Knechte und Mägde, die im Orte gar keinen festen Wohnsitz hatten. Dieser gleichzeitige gemeinsame Gebrauch der Kirchen, der in vielen Dörfern bis in die neueste Zeit sich erhalten hat, ist unter dem Namen: S i m u l t a n e u m bekannt. Später beanspruchten die Katholiken auch einen Theil der evangelischen Kirchengüter, den sie auch durch des Königs Gunst wider Fug und Recht erhielten.

Ferner mußten alle außer der Ehe erzeugten Kinder der Pro= testanten katholisch getauft und erzogen werden, es sei denn, daß die Eltern sich verheiratheten, ehe das uneheliche Kind das fünfte Jahr erreicht hatte.

Den evangelischen Pfarrern wurde seit 1683 auf das Strengste verboten, Proselyten aus der katholischen Kirche zu machen. Den abtrünnigen Protestanten dagegen wurde eine dreijährige Befreiung von Einquartierungen und Abgaben zugesichert, ja sogar seit 1685 eine dreijährige Frist vor Schuldforderungen der Gläubiger in Aussicht gestellt, wenn sie zur katholischen Kirche übertreten würden.

Im Jahre 1686 erschien eine königliche Verordnung, laut welcher wenn ein Vater oder eine Mutter die protestantische Religion ändern würde, alle Kinder sofort der katholischen Kirche zufielen, wenn sie ihre erste Communion noch nicht gemacht hatten.

In ganz katholischen Ortschaften durfte kein Evangelischer, nicht einmal als Pächter sich niederlassen. Eigenthum dort zu erwerben war ihm untersagt.

Endlich ward den lutherischen wie den reformirten Consistorien, welche bisher auch als Ehegerichte thätig waren, streng verboten Ehen zu scheiden, weil das kanonische Recht die Ehen als unauflöslich betrachtete und Ehescheidungen in der katholischen Kirche nicht zuläſſig waren.

Unter allen dieſen Verordnungen Ludwigs XIV., die ſchwer auf den Proteſtanten laſteten, verdient nur eine einzige hervorgehoben zu werden, die ſich, trotz allen anfänglichen Widerſtrebens mit welchem ſie aufgenommen wurde, als eine heilſame erwies. Es war diejenige vom 1. Februar 1682, durch welche die Evangeliſchen den G r e g o = r i a n i ſ c h e n (oder verbeſſerten) K a l e n d e r annehmen mußten. Ebenſo wohlthätig war die Beſtimmung, daß in den Kirchenbüchern für Katholiken wie Proteſtanten die Amtshandlungen der Pfarrer (Taufen, Trauungen und Beerdigungen) von zwei Zeugen mußten unterſchrieben werden.

Größeren Bedrückungen noch als den oben erwähnten, waren die Evangeliſchen in den Landestheilen ausgeſetzt, wo die Herrſchaft katholiſch war. In dem Zeitalter der Reformation war die Lehre des reinen Evangeliums, ohne auf beſondere Hinderniſſe zu ſtoßen, in manche Orte gedrungen, welche theils Lehen, theils katholiſche Patro= nate oder Mitpatronate waren; denn es kam ja zum öfteren vor, daß ein Dorf zwei oder drei verſchiedenen Herren gehörte, die gemein= ſame Beſitzer desſelben waren. Dieſen Rechtszuſtand hob Ludwig XIV. als oberſter Lehensherr willkürlich auf. Ganz evangeliſche Ortſchaften, welche königliche Lehen wurden oder welche der König an ſeine Günſt= linge vergab, mußten in Folge deſſen zum Katholizismus übertreten. Es würde hier zu weit führen in alle Einzelheiten einzugehen. Wir wollen aus der jammervollen Zeit der „Gegenreformation“, wie man Ludwigs XIV. Regierung mit Recht nennen kann, nur einige Belege anführen. Dieſelben werden genügen um zu zeigen, daß wenn es in des Königs Macht gelegen wäre und wenn das Elſaß nicht noch einen Rückhalt am deutſchen Reich gehabt hätte, er mit ſeinen luthe= riſchen Unterthanen im Elſaß mit der gleichen Rückſichtsloſigkeit ver= fahren wäre, wie mit den Reformirten in Frankreich.

Von den Umtrieben der Jeſuiten und der Kapuziner ſoll in einem beſondern Abſchnitte die Rede ſein. Die Bewohner der an der Rheinſtraße gelegenen hanauiſchen Orte D r u ſ e n h e i m und H e r l i s h e i m wurden in den Jahren 1686 und 1687 durch rohe Gewalt in den Schooß der katholiſchen Kirche zurückgeführt. Der letzte evangeliſche Pfarrer von Herrlisheim war J o h a n n M i c h a e l S p e n e r , ein jüngerer Bruder des berühmten Theologen Philipp Jakob Spener. Der fleckenſteiniſche Ort R ö ſ c h w o g war bereits

1685 katholisch geworden. Dort hatte ein unwürdiger evangelischer
Prediger, Johann Gregor Metzler, durch seinen unsittlichen Lebens=
wandel (er hatte zuletzt eine katholische Magd geheirathet) der Gemeinde
viel Aergerniß gegeben. Er ward seines Amts entsetzt, trat zur
katholischen Kirche über und zog viele seiner früheren Gemeindeglieder
nach. Metzler starb einige Jahre nachher, allgemein verachtet und im
bittersten Elend. Im Jahre 1687 wurde die evangelische Gemeinde
Offendorf bei Bischweiler, in welcher sieben Jahre lang mit
unermüdlichem Eifer der Pfarrer Quirinus Moscherosch, ein
Bruder des berühmten Satirikers gewirkt hatte, in Folge beständiger
Plackereien, als Frohndienste, Geldsteuern, Einquartierungen u. s. w.
zum Uebertritte gleichsam gezwungen.

In Plobsheim hatte der Junker Ludwig von Zorn
1562 die Reformation eingeführt. Im Jahre 1684 zog Ludwig XIV.
dieses Dorf, ein früheres Reichslehen, an sich und verlieh es dem
Kanzler (Syndikus) der Stadt Straßburg Johann Christoph
Günzer und dessen Schwager Nikolaus Kämpfer, Syndikus
der unter=elsässischen Ritterschaft. Beide waren einst als arme Knaben
von den Edlen Zorn von Plobsheim aufgenommen und unterstützt
worden; sie hatten ausschließlich durch deren Hülfe auf der Straß=
burger Hochschule die Rechte studiren können. Beide jedoch handelten
auf das Schnödeste gegen ihre Wohlthäter. Sie hatten insgeheim,
das in sie gesetzte Zutrauen mißbrauchend, das Zorn'sche Familienarchiv
durchforscht, verschiedene Urkunden und Rechtstitel entwendet und durch
allerlei Umtriebe sich beim Versailler Hofe angenehm gemacht. Zuletzt
traten beide zur katholischen Kirche über und erhielten das ihren
Wohlthätern bisher gehörige Dorf Plobsheim als ein königliches
Lehen. Sie zogen sofort auswärtige Katholiken in dasselbe; das
Simultaneum wurde eingeführt und der Besitz der protestantischen
Kirchengüter zur Hälfte den eingewanderten Katholiken zugewandt.
Die neuen Herren ließen kein Mittel unversucht, um die Evangelischen
in Plobsheim zum Abfall zu bewegen; bei den Wenigsten jedoch gelang
es ihnen.

Geradezu empörend ist die Bekehrungsepisode von Illwickers=
heim (dem heutigen Ostwald). Dieses straßburgische Dorf war seit
anderthalb Jahrhunderten (von 1529 an) evangelisch. Im Jahre
1681 kamen einige Kapuziner in den Ort, in der ausgesprochenen
Absicht die Leute zu bekehren. Durch Lockungen und Drohungen
brachten sie wirklich einige Bekehrungen zu Stande. Hierauf anspie=

lend sagte der evangelische Ortspfarrer Johann Jakob Kieffer 1685 in einer Predigt: „Etliche Glieder der Gemeinde sind von der evangelischen Kirche schon abgefallen; das ist aber nicht zu Gottes Ehre geschehen, sondern blos um bei dem Einen und dem Andern in der Welt angesehen zu sein." Darauf wurde eine Klagschrift wider ihn eingereicht; der bekenntnißtreue Prediger erhielt einen scharfen Verweis und mußte anderthalb Jahre nachher seine Gemeinde ver= lassen. Im Jahre 1688 rückte eine Kompagnie Dragoner in Ill= wickersheim ein. Die Bürger erhielten sämmtlich den Befehl sich auf dem freien Platze vor der Kirche zu versammeln; dort wurden sie von dem kommandirenden Offiziere aufgefordert zur katholischen Kirche überzutreten. Als sie sich dessen weigerten, trieben die Soldaten sie in einen Sumpf hinein, wo die Unglücklichen so lange ausharren mußten, bis sie halb todt vor Hunger und Kälte das Versprechen ablegten von nun an regelmäßig die Messe besuchen zu wollen. Am 15. Februar erschien der bischöfliche Generalvikar im Dorfe, reinigte die Kirche und weihte sie auf's Neue ein; zugleich erklärte er alle Männer als zur katholischen Religion angehörig. Die evangelisch gebliebenen Frauen und Mädchen leisteten aber den Bekehrern muthigen Wider= stand. Diejenigen, denen es ihre Vermögensverhältnisse erlaubten, wanderten aus und suchten ein anderweitiges Unterkommen. Noch im Jahre 1699 lebten in Illwickersheim etwa 20 bis 30 evangelisch gebliebene Frauen. Ein bemerkenswerther Umstand ist der, daß seit dem Uebertritt des Dorfes zum Katholizismus dasselbe seinen alten Namen Illwickersheim verlor und von da an Ostwald hieß.

Ein anderes Mittel der Bekehrung in jener Zeit bestand darin, daß alle sog. königliche Beamten bis auf die Dorfschulzen und Gerichtsschreiber herab entweder die Religion ändern („changiren" wie man dazumal sagte) oder ihre Stellen innerhalb drei Monaten niederlegen mußten. Manche evangelische Herrschaft suchte diese Verordnung dadurch zu umgehen, daß sie statt des Schulzen (Schultheißen) einen Stabhalter (Stellvertreter des Schulzen) ernannte [1].

Im Ober=Elsaß, wo weniger evangelische Ortschaften als in den unteren Gegenden des Landes vorhanden waren, wurden die könig=

---

[1] In manchen elsässischen Ortschaften hat sich der Name Schulz oder Stabhalter (Stawalter), sei es als Familien= oder als Zuname bis auf den heutigen Tag erhalten. Die Träger desselben sind meist katholisch.

lichen Verordnungen mit unerbittlicher Strenge durchgeführt, namentlich in der unmittelbaren Umgebung von Colmar, dem Sitz des königlichen hohen Gerichtshofes. So erschien z. B. im Jahre 1687 im württem= bergischen Dorfe Munzenheim der katholische Amtmann des Städtchens Reichenweyer mit einem Jesuitenpater und forderte die Einwohner auf in die Messe zu gehen. Zwei einzige Bürger, darunter „ein einfältiger Mensch", ließen sich dazu auch bewegen. Da aber im Dorfe die erforderlichen sieben katholischen Familien nicht waren, die zur Einführung des Simultaneums nothwendig waren, so wurden, um diese Zahl zu erreichen, ein katholischer Schulmeister, ein Waibel (Dorfwächter) und ein katholischer Schweinhirt dahin gezogen. Am Osterdienstag, Morgens um die achte Stunde, zog der Pater in Be= gleitung von etwa 200 Katholiken, Männer, Frauen und Kinder, in feierlicher Prozession mit Kreuz und Fahnen in das Dorf ein. Der katholische Stadtschreiber und Fiskal von Reichenweyer begleitete ihn, um auf Befehl des Intendanten des Elsaß La Grange, Besitz vom Chor der Kirche von Munzenheim zu nehmen. Sie forderten dem evangelischen Pfarrer Johann Jakob Walther auf Befehl des Königs (de par le Roy) die Kirchenschlüssel ab, worauf der kürzlich zum Katholizismus übergetretene Schulz von Munzenheim den Katholiken die Kirche öffnete. Die Prozession zog in das Gotteshaus, das Chor und ein Theil der Kirche wurden gereinigt und geweiht und ein Priester kam nun in den Ort. Diesem, sowie dem katholischen Schul= meister, der beinahe keine Schulkinder zu unterrichten hatte, mußten die evangelischen Bürger eine Wohnung im Dorfe verschaffen.

In Dürrenenzen, dem Filialorte der Pfarrei Munzenheim, wo sich nur eine einzige katholische Familie, diejenige des kürzlich übergetretenen Dorfschulzen, befand, zog dieselbe Prozession am näm= lichen Tage in den Ort ein und nahm wider Fug und Recht, denn die erforderliche Siebenzahl war nicht vorhanden, Besitz von der Kirche, in welcher nun gleichwie in Munzenheim, das Simultaneum eingeführt wurde.

Am 7. Oktober 1686 wurde in Appenweier (Ober=Elsaß) die Kirche der Evangelischen mit Gewalt genommen. Sie mußten von jener Zeit an den Gottesdienst im benachbarten Dorfe Sundhofen, wo gleichfalls das Simultaneum eingeführt worden war, besuchen. In Forstweier verloren die Evangelischen im Jahre 1687 ebenfalls ihre Kirche. Man zwang die Bewohner des beinahe ganz evangelischen Dorfes Bischweier mit Gewalt zum Besuch der Messe. Der pro=

testantische Geistliche wurde verjagt und den Bürgern bei Strafe von
23 Livres verboten den evangelischen Gottesdienst in Nachbarorten zu
besuchen. Im Uebertretungsfalle wurde ihnen angedroht, daß sie
„auf's Meer", nämlich auf die Galeeren geschickt würden. Diese grau=
samen und unduldsamen Verordnungen alle wurden im Namen dessen
erlassen, der den prunkhaften Namen eines: „Allerchristlichen Königs"
sich beigelegt hatte.

Wenn in der Stadt Straßburg selbst, in Folge der zwischen dem
Rath und dem französischen Minister Louvois den 30. September
1681 abgeschlossenen Kapitulation, die Evangelischen im ruhigen und
ungestörten Genuß von sieben Kirchen blieben, während sie das Münster
und die beiden Chöre der Alt= und Jung=St=Peterkirche den Katho=
liken überlassen mußten, so machten sich die Religionsbedrückungen im
Straßburger Gebiete desto fühlbarer. Dies war besonders im Amte
M a r l e n h e i m der Fall.

Vom benachbarten evangelischen Städtchen W a s s e l n h e i m aus
war die Reformation im Jahre 1524 in Marlenheim eingedrungen,
welcher Flecken zur Hälfte dem Fürstbischofe von Straßburg und zur
andern Hälfte der Stadt Straßburg gehörte. Im Jahre 1542 über=
reichten dreißig evangelische Bürger von Marlenheim eine Bittschrift
an einen Ehrsamen Rath von Straßburg und baten darin um An=
stellung eines evangelischen Pfarrers im Orte. Der Bischof widersetzte
sich zwar diesem Vorhaben, allein er mußte schließlich den Evangelischen
die freie Religionsübung gewähren. Auch in N o r d h e i m, wo der
bekannte Rektor der Straßburger Hohen Schule, Johann Sturm
einen Landsitz besaß, gewann die Reformation Boden.

Die ganze Herrschaft Marlenheim wurde 1604 an die Stadt
Straßburg verpfändet. Letztere gewährte sowohl den Katholiken als
den Evangelischen die volle Religionsfreiheit. In Marlenheim entstand
eine evangelische Schule und die Zahl der lutherischen Christen nahm
beständig zu. Im Jahre 1643 reichten die evangelischen Bürger von
Marlenheim eine Eingabe an den Rath von Straßburg, in welcher
es unter anderm hieß: „Das evangelische Christen=Häuflein habe sich
dermaßen gemehrt, daß zu Marlenheim s e c h z i g, zu Nordheim
v i e r z i g Familien sich befinden; den Mangel eines evangelischen
Geistlichen empfänden sie schmerzlich. Der auswärtige Kirchenbesuch
zu W a n g e n sey hoch beschwerlich und die Jugenderziehung leide
darunter Noth. Die Evangelischen von Nordheim seyen aber noch ver=
lassener; bisher hätten sie die Kirche von W i n z e n h e i m besucht, jetzt

aber sey, des Krieges wegen, der Pfarrer von Winzenheim nach Buchs=
weiler gezogen und komme blos noch Sonntags in seine Pfarrei."

Doch die Zeitläufe waren so traurig, daß der Rath von Straß=
burg, troß besten Willens, diesem Gesuch nicht willfahren konnte. Die
Zahl der Evangelischen nahm in Folge dessen bedeutend ab und als
Ludwig XIV. sich durch das berüchtigte Reunionsedikt[1] vom 9.
August 1680 in den Besiß der straßburgischen Aemter seßte und den
Huldigungseid verlangte, waren in Marlenheim nur noch achtzehn
evangelische Familien. Der Intendant La Grange hob 1685 ohne
weiteres die evangelische Schule in Marlenheim auf und seßte einen
katholischen Amtmann und einen Schulzen gleicher Confession in den
Ort ein. Zwei Jahre darauf (1687) verbot er die Abhaltung evange=
lischer Gottesdienste in Marlenheim. Doch durfte der protestantische
Pfarrer von Wangen die vorkommenden Amtshandlungen verrichten.
Die gleiche Vergünstigung erlangte der evangelische Geistliche des
hanauischen Ortes Dunzenheim für Nordheim. In leßterem Dorfe
fanden einige Uebertritte zum Katholizismus statt und die ihrem
evangelischen Glauben treu gebliebenen Bürger mußten den Antheil
Steuern entrichten, wovon die Katholiken befreit worden waren.

Im siebzehnten Jahrhundert erschien auch eine königliche Verord=
nung laut welcher kein Evangelischer in Zukunft in der Herrschaft
Marlenheim sich niederlassen durfte. Die Bedrückungen nahmen immer
mehr zu. Die Aebtissin des Klosters St=Stephan in Straßburg,
welche das Städtchen Wangen besaß, wollte nicht mehr zugeben, daß
die Evangelischen von Marlenheim oder Nordheim auf dem Kirchhofe
von Wangen beerdigt würden. Als der protestantische Pfarrer von
Wangen Johann Griesinger im Jahre 1731 nach Marlenheim
zu einem sterbenden Glaubensgenossen berufen wurde, um demselben
das heilige Abendmahl zu reichen, und er zu diesem Zwecke durch seinen
Sakristan die Abendmahlsgefäße hinübersandte, legte der katholische
Kaplan von Marlenheim Beschlag auf dieselben und verlangte 50 Gulden
zur Auslösung derselben.

Die Geschichte der evangelischen Kirche des Elsaß unter Ludwig
XIV. ist ein unwiderlegbarer Beleg des Geistes der Unduldsamkeit und

---

1 Im Jahre 1680 seßte Ludwig XIV. im Elsaß, in Lothringen und in
der Freigrafschaft (Hochburgund) drei sog. Reunionskammern in Breisach,
Meß und Besançon ein, welche im Namen der Krone Frankreich mit größter
Willkühr viele Herrschaften und Gebietstheile annektirten.

der Willkühr, der diesen Monarchen beseelte. Sie zeigt uns auch welchen Quälereien und Bedrückungen aller Art unter der Regierung dieses Königs, unsere Väter um des evangelischen Bekennntnisses willen ausgesetzt waren [1].

---

[1] Dem geneigten Leser empfehlen wir des weiteren das treffliche Werk des Kirchenhistorikers Timoth. Wilh. Röhrich: „Mittheilungen aus der Geschichte der evangelischen Kirche des Elsasses." 3 Bände. Paris und Straßburg. Verlag von Treuttel und Würtz. 1885. Namentlich im zweiten Bande, enthaltend: Evangelische Zeitbilder und die Kirche der Väter unter dem Kreuz, wird er manche Aufschlüsse darüber finden.

XXXIV

Die Thätigkeit der Jesuiten und Kapuziner im Elsaß.

Der Jesuitenorden wurde bekanntlich durch den spanischen Edel=
mann Ignatius von Loyola besonders zur Bekämpfung und
Ausrottung des Protestantismus im Jahre 1540 gestiftet. Er leistete
auch dem gefährdeten Papstthume, wie einst im Mittelalter die Inqui=
sition es gethan hatte, und auch dem Hause Habsburg in Deutschland,
wie dem König Ludwig XIV. in Frankreich, die ersprießlichsten Dienste.
Die Wirksamkeit des Ordens erstreckte sich gleichfalls, zum großen
Schaden und Abbruch der evangelischen Kirche, über das Elsaß, den
Westrich und Lothringen.

Der Fürstbischof von Straßburg, Erasmus von Limburg,
kam zuerst auf den Gedanken den wachsenden Fortschritten der Refor=
mation im Elsaß durch die Berufung der Jesuiten Einhalt zu thun.
Was ihn dazu hauptsächlich bewog, war das mächtige Aufblühen des
Gymnasiums und der Hohen Schule von Straßburg unter der muster=
haften Leitung des gelehrten Rektors Johann Sturm. Er beschloß
seinerseits eine höhere Lehranstalt in Molsheim zu errichten, deren
Leitung er den Jesuiten übergeben wollte. In der Zeit des Interims,
als die beiden Hauptreformatoren, Butzer und Fagius, die Stadt
Straßburg hatten verlassen müssen, berief der Bischof Erasmus den
durch seinen Bekehrungseifer bekannten Jesuitenpater Peter Canisius,
den ersten Deutschen, welcher in den Orden eingetreten war, in das
Elsaß. Canisius ist der Verfasser eines weit verbreiteten römisch=
katholischen Katechismus. Der Papst Pius IX. hat, um es hier

gelegentlich zu erwähnen, in der Neuzeit das Andenken des Canisius der katholischen Welt wieder in's Gedächtniß gerufen, indem er ihn um seiner Verdienste willen selig sprach. Eine Feier zu seinen Ehren fand vom 15. bis 17. Mai im Bisthume Straßburg statt.

Kaiser Ferdinand II. gestattete diesem glaubenseifrigen Jesuiten= pater in den vorderösterreichischen Landen, namentlich im Breisgau und im Sundgau, sog. „Controversprebigten" zu halten, die von Angriffen gegen die Evangelischen strotzten. Im Jahre 1558 hielt sich Canisius einen Monat lang in der bischöflichen Stadt Zabern auf, woselbst sich unter der Bürgerschaft eine Bewegung zu Gunsten der evangelischen Wahrheit kundgegeben hatte. Er kam auch nach Straß= burg und predigte im Münster, welches während der Interimszeit den Katholiken wieder eingeräumt worden war. Allein zu seinem Leid= wesen mußte er sich überzeugen, daß in der ganz evangelisch gewor= denen Stadt nichts auszurichten war.

Der Nachfolger des verhältnißmäßig milden Erasmus, der Fürstbischof Johann von Manderscheid, führte die Jesuiten in das Elsaß ein. Er brachte im Jahre 1571 etliche derselben aus den Niederlanden mit und überließ ihnen das Barfüßerkloster von Zabern, wo sie alsobald eine Schule eröffneten. Ein Jahr darauf, als mehrere Jesuitenpater nachgekommen waren, errichteten sie eine höhere Lehranstalt in der bischöflichen Stadt Molsheim. Der Bischof schenkte ihnen das alte Spital und legte 1581 mit eigener Hand den Grundstein zu neuen geräumigen Schul= und Wohngebäuden. Er steuerte zu diesem Zwecke beträchtliche Summen für diese Bauten.

Das freundliche an der Breusch gelegene Städtchen Molsheim war bald der Mittelpunkt der Wirksamkeit des Jesuitenordens im ganzen Elsaß. Die Patres suchten katholische Pfarrstellen im Lande zu erlangen und wo sie eine Kanzel betraten, griffen sie schonungslos die „Ketzer" an und ermahnten sie in den Schooß der alleinseligmachenden Kirche zurückzukehren. So finden wir 1579 einen Jesuiten als Pfarr= herrn in Oberehnheim. So drangen die Jesuiten in Rufach und in Hagenau ein; in letzterer Stadt überließ ihnen der Rath die schöne St=Georgskirche und das Wilhelmerkloster mit dem nachmals berühmten Wallfahrtsort Marienthal. So setzten sie sich auch in Colmar und in Schlettstadt fest. In dieser Stadt räumte man ihnen die St=Fides= kirche und in Colmar das St=Peterstift ein. Bald erhoben sich allent= halben laute Klagen gegen die Jesuiten (oder „Jesuwider", wie das evangelische Volk im Elsaß sie nannte), denen man vorwarf, daß sie

„durch seine Praktiken die Aecker, Wiesen und Reben armer Leute an sich zu bringen wüßten." [1]

Der Hauptgönner der Jesuiten im Elsaß war der Erzherzog Leopold von Oesterreich, Kardinal von Lothringen, welcher von 1607 bis 1624 auf dem bischöflichen Stuhle von Straßburg saß. Derselbe erhob 1617, im Jubeljahr der Reformation, mit Genehmigung des Kaisers Ferdinand II. und des Papstes die Akademie Molsheim zu einer katholischen Universität, welcher die Befugniß ertheilt wurde „baccalaureos und Magistros in der Philosophia, sowie Licentiatos und Doctores theologiae zu creiren" (ernennen).

In ihren Lehranstalten zu Molsheim suchten die Jesuiten haupt= sächlich junge Adelige und Söhne aus guten bürgerlichen Familien heranzubilden. Sie spornten ihren Ehrgeiz an, gewannen einen großen Einfluß auf die Jugend und bald wurden ihre Schulen so berühmt, daß sie auch protestantische Zöglinge bekamen. Es gelang ihnen durch ihre „feinen Praktiken" nach und nach Uebertritte zur katholischen Kirche besonders unter dem Adel zu Stande zu bringen. [2] Es gab damals unter den adeligen Geschlechtern des Elsaß viele gemischte Ehen. Durch den Einfluß der Jesuiten zog der katholische Theil meist den evangelischen zu seiner Kirche hinüber und die Kinder wurden dann katholisch. Im siebzehnten Jahrhundert finden wir bereits eine stattliche Reihe von Convertiten, deren Zahl in dem Maße wuchs, als Ludwigs XIV. Herrschaft im Elsaß sich immer mehr ausdehnte. Um die Hofgunst zu erwerben und um zeitliche Vortheile zu erlangen, schworen viele Herren aus dem Ritterstande ihren evangelischen Glauben ab und in Folge dessen erlitten ihre Unterthanen allerlei religiöse Beschränkungen. Der Geist, den die Jesuiten der katholischen Jugend einprägten, beseelte später die zu Männern herangewachsenen Jünglinge und an dem Ausbruch und der langjährigen Dauer des dreißigjährigen Krieges hatten die Jesuiten keinen geringen Antheil. Der Kaiser Ferdinand II. und der Kurfürst Maximilian von Bayern waren Jesuitenzöglinge und auch Wallenstein war in ihren Schulen ge= bildet worden, hatte sich aber eine freiere Weltanschauung später erworben.

---

[1] Vgl. Oseas Schadäus: „Faßnacht=Küchlein", eine selten gewordene polemische Schrift gegen die Jesuiten. Straßburg 1619, in-4. S. 208 u. 209.

[2] Der Straßburger Bischof Dr. Andreas Räß hat in einer Reihe von Bänden die fürstlichen, adeligen und bürgerlichen Convertiten seit der Reformationszeit namhaft gemacht.

In der Jesuitenanstalt von Molsheim erhielten auch von 1592 an die katholischen Geistlichen aus dem Bisthum Straßburg ihre theologische Ausbildung. Sie sogen mit den Lehren des Ordens von Loyola auch dessen Geist und Grundsätze ein und es bildete sich allmählich unter der katholischen Geistlichkeit und unter dem von ihm beeinflußten Volk ein Religionshaß und ein Fanatismus, wie man ihn selbst im Reformationszeitalter nicht gekannt hatte.

Auch im Ober-Elsaß breiteten sich die Jesuiten aus. In Ensisheim, dem Sitze der österreichischen Regierung, erbaute ihnen 1614 der Erzherzog Maximilian, der österreichische Landvogt, ein stattliches Collegiengebäude und beschenkte dasselbe fürstlich. Der Straßburger Fürstbischof Leopold von Oesterreich überließ ihnen die Propstei Oelenberg bei Mülhausen, sowie die Klöster St-Ulrich an der Larg und St-Morand in Altkirch mit all' ihren reichen Einkünften. Bei den Evangelischen waren die Jesuiten gründlich gehaßt, aber auch allgemein gefürchtet.

Unter der Regierung Ludwigs XIV. traten die Jesuiten mit größerer Kühnheit hervor. Sie erröffneten in Straßburg drei Lehranstalten: ein sog. Collegium, welches der König unter seinen besondern Schutz nahm und das aus diesem Grunde Collège royal genannt wurde, ein Priesterseminar im Bruderhofe, das eine Vorbildungsanstalt für angehende Geistliche war und eine katholische Universität. Letztere war im Jahre 1701 von Molsheim nach Straßburg verlegt worden. Außerdem wirkten sie als glaubenseifrige Missionare in den Pfarrkirchen der Stadt, vorab im Münster.

Gleich nach der Uebergabe Straßburgs an Frankreich, wechselten um irdischer Vortheile willen, mehrere angesehene und einflußreiche Bürger ihren Glauben. Die bekanntesten Convertiten jener Zeit waren Dr. Ulrich Obrecht, ein sehr gelehrter Mann, der in der Folge zum königlichen Prätor ernannt wurde, Johann Christoph Günzer, Syndikus (Kanzler) der Stadt Straßburg und Nikolaus Kämpfer, Syndikus der unter-elsässischen Ritterschaft. Die beiden letzteren erhielten nach ihrem Uebertritte von Ludwig XIV. ein Gnadengeschenk von 50,000 Gulden und 1684 das Dorf Plobsheim, das frühere Besitzthum der Edlen von Zorn, als Eigenthum, wie schon früher erwähnt.

In Straßburg selbst hielten drei gewandte und beredte Jesuiten, die Patres: Déz, Scheffmacher und L'Empereur im Münster Controverspredigten, welche von Protestanten zahlreich besucht wurden.

Die Jesuiten ließen kein Mittel unversucht, um den Leuten die Bekeh=
rung leicht zu machen. Sie handelten dabei nach dem von den Heiden
ausgesprochenen Grundsatze: Ein jeder Mensch hat seinen Preis, um
den er käuflich ist. Geld und Gut, Ehren und Würden, Stellen und
Aemter, Befreiung von lästigen Frohnen und Steuern, Gunstbezeugungen
vom Versailler Hofe, wie Geschenke von goldenen Ketten und Medaillen,
waren die Lockmittel für die Neubekehrten. Der bekannte elsässische
Kirchenhistoriker Tim. Wilh. Röhrich, schreibt in seinen Mit=
theilungen aus der Geschichte der evangelischen Kirche des Elsasses
(Band II, S. 210): „Noch vorhandene Register führen 3426 Personen
auf, die allein in den Jahren 1685 und 1686 in dem Jesuitenhaus
zu Straßburg abschworen! Was für Dinge mögen da im Dunkeln
geschehen sein!"

Auch unter dem evangelischen Landvolke im Elsaß begannen die
Jesuiten ihre Missionsthätigkeit. Der Pater Laguille erzählt in
seiner französisch geschriebenen Geschichte des Elsaß den gewöhn=
lichen Hergang einer solchen sog. „Mission". Ein Jesuitenpater predigte
gewöhnlich mehrere Sonntage nach einander über allgemeine Religions=
wahrheiten, ohne auch nur eine der streitigen Glaubenslehren zu
berühren. Aus Neugierde fanden sich einige evangelische Ortsbewohner
ein, deren Zahl von Sonntag zu Sonntag wuchs. Der Pater zeigte
sich sehr freundlich und gefällig; er besuchte hin und wieder, ohne
Unterschied der Religion, Protestanten und Katholiken und vermied
sorgfältig jedes Religionsgespräch. An einem Sonntage, gewöhnlich
wenn die Leute es gar nicht ahnten, erklärte der Pater er wolle nach
der Predigt die heilige Messe lesen; darauf hin wollten dann die evan=
gelischen Zuhörer sich entfernen. Allein der Pater lud sie in liebens=
würdigster Weise ein zu bleiben und ließ während der Messe einige
deutsche Kirchenlieder singen. Wieder blieben etliche Protestanten aus
Neugierde. Am folgenden Sonntag schlug der Jesuit den Evangelischen
vor, sich nach der Predigt in das Chor zu begeben, von wo sie der
Messe beiwohnen konnten, ohne sich weiter daran zu betheiligen. Dieser
Vorschlag wurde meist angenommen und das um so mehr als die
Evangelischen ihres eigenen Gottesdienstes beraubt waren. So ver=
flossen einige Wochen; nach einem Monat etwa meldete der Intendant
La Grange dem Versailler Hofe, die Messe werde wieder fleißig besucht
und der ganze Ort sei wieder katholisch geworden.

In Folge dessen begab sich einige Zeit nachher der Intendant
selbst mit dem bischöflichen Generalvikar Ratabon, in Begleitung

einiger Jesuitenpater und nöthigenfalls mit Soldaten in das betreffende Dorf. Der Generalvikar reinigte die Kirche, weihte sie auf's Neue und forderte die Einwohner bei strenger Strafe auf, künftighin die Messe regelmäßig zu besuchen. Auf diese Weise war das Werk der Bekehrung vollendet. So wurden eine Menge von elsässischen Dörfern, besonders auch solche die zum Bisthum Speyer gehörten, wie Altstadt bei Weißenburg, Oberseebach (theilweise), Schleithal (ganz), Winzenbach (theilweise), das Städtchen Selz und andere Orte wieder für den Katholizismus gewonnen.

Neben den Jesuiten entfalteten die Kapuziner eine große Missionsthätigkeit im Elsaß. Die Kapuziner, welche ihren Namen von der spitzen Kopfbedeckung (Kapuze), welche die Mitglieder trugen, angenommen hatten, waren im sechzehnten Jahrhundert aus dem Barfüßerorden hervorgegangen. Sie konstituirten sich in der Zeit von 1555 bis 1575 und im Jahre 1619 erhielten sie einen besondern Ordensgeneral in Rom. Sie wirkten besonders durch ihre ächt volksthümlichen Vorträge auf das gemeine Volk. Schiller hat in der Kapuzinerpredigt in „Wallensteins Lager“ einen Typus geschaffen, der unübertroffen bleiben wird. Der geniale Pater Abraham a Sancta Clara ist wohl der berühmteste und originellste unter den Kapuzinerpredigern und war eine der volksthümlichsten Gestalten seiner Zeit. Der Bildungsgrad, der Anzug und die ganze Art ihres Auftretens eignete die Kapuziner in ganz besonderm Maße dazu, das Volk für ihre Person einzunehmen und für ihre Wirksamkeit empfänglich zu machen. Sie spielten neben den Jesuiten eine Hauptrolle in dem Bekehrungsgeschäfte, das im Elsaß seit der französischen Besitznahme betrieben ward. Unter der Regierung Ludwigs XIV. setzten sie sich im Elsaß fest und zogen überall die Augen des Volkes auf sich durch ihre braunen Kutten, den Strick, den sie um ihre Lenden geschlungen hatten, durch ihre spitzen Kapuzen, langen Bärte und Sandalen an den Füßen.

Das erste Kapuzinerkloster im Elsaß entstand zu Ensisheim. Es wurde aus eigenen Mitteln errichtet durch den Grafen Rudolf von Bollweiler, kaiserlicher Rath und österreichischer Kriegsoberster in Ensisheim. Zehn Jahre später (1613) wurde ein zweites in der Nähe von Kaysersberg eröffnet. Dort, im Kloster Wünbach, erhob sich ein wunderthätiges Marienbild, zu welchem Tausende von frommen Wallfahrern hinpilgerten. 1622 wurde in Thann ein Kapuzinerkloster erbaut. Die meisten Mönche kamen aus der benachbarten Schweiz. Die Kapuziner setzten sich nach und nach in den Städten Hagenau,

Oberehnheim, Molsheim, Sulz, im Ober=Elsaß und Schlett=
stadt fest. Zur Zeit des westphälischen Friedensschlusses bestanden
bereits ein und zwanzig Kapuzinerklöster im Elsaß.

In die Stadt Straßburg drangen die Kapuziner im Jahre 1684
ein, begünstigt vom Intendanten La Grange und vom Militärgou=
verneur, dem Herrn von Chamilly, dessen Gemahlin sich durch ihren
Bekehrungseifer auszeichnete. In der Nähe der neu erbauten Citadelle,
am Ende der sog. Esplanade, errichteten die Kapuziner ein Kloster,
welches 1686 vollendet wurde. Die Straßburger Kapuziner predigten
an den Sonn= Fest= und Feiertagen im Chor der beiden Stiftskirchen
Alt= und Jung=St=Peter, zu St=Stephan und der durch Ludwig XIV.
gestifteten und nach ihm benannten St=Ludwigskirche. Sie hielten auch
die Gottesdienste und Andachtsübungen im Raspelhaus und in den
übrigen Gefängnissen der Stadt, sowie im Waisenhause. Sie über=
nahmen ebenfalls die Krankenpflege und Seelsorge im Bürgerspital
sowie im „welschen" oder Militärlazareth. Sie zogen auch missionirend
im Lande umher und nahmen besonders die Soldaten in ihre geistliche
Pflege.

Die Kapuziner wurden in Straßburg bei der katholischen Bevöl=
kerung so beliebt, daß man ihnen 1738 ein zweites Kloster mitten in
der Stadt, das St=Barbara oder kleine Kapuzinerkloster (die heutige
Synagoge) erbaute. Durch ihren Bekehrungseifer waren sie jedoch bei
den Evangelischen verhaßt; denn sie zogen Kinder ein und überredeten
sie durch Schmeichelworte und Liebkosungen, ohne Wissen der Eltern,
die Religion zu ändern. Da ein königliches Edikt vom Jahre 1681 den
Kindern gestattete vom siebenten Jahre an ihren Glauben zu ändern,
so kam es häufig vor, daß widerspenstige Söhne oder ungerathene
Töchter ihren Eltern entliefen und im Barbarakloster eine willige
Aufnahme fanden. Die frommen Väter lockten auch manches Kind
durch Versprechungen, kleine Geschenke und Naschwerk in ihr Haus.

In Colmar setzten sich die Kapuziner zu Ende des siebzehnten
Jahrhunderts fest. In Weißenburg finden wir sie seit dem Jahre
1686. Die Patres entsprachen vollständig den Erwartungen, die man
in sie gesetzt hatte. In Weißenburg zählte man vor der Ankunft der
Kapuziner nur drei katholische Familien; bis um die Mitte des acht=
zehnten Jahrhunderts war ihre Zahl auf 2000 Seelen angewachsen.
In dem benachbarten Dorfe Altstadt waren sieben katholische Familien;
in kurzer Zeit gelang es der Thätigkeit der Kapuziner den ganzen
Ort katholisch zu machen. Ganze Dörfer, besonders in der benachbarten

Pfalz wurden durch den Eifer der Kapuziner in den Schoß der römisch-katholischen Kirche zurückgeführt.

Ein Beispiel unter vielen wird genügen einen Begriff ihrer angewandten „Praktiken" zu geben. Während die Jesuiten im Schafskleide kamen, traten die Kapuziner viel plumper und rücksichtsloser auf. Im Straßburger dem Thomasstift gehörigen Dorfe Eckbolsheim wollte der evangelische Pfarrer Magister Johann Philipp Hirz am 19. Sonntag nach Trinitatis, den 20. Oktober 1686, wie gewöhnlich seine Mittagspredigt halten. Da betrat ganz unerwartet ein Kapuzinerpater die Kirche und machte dem evangelischen Geistlichen Vorwürfe darüber, daß er zwei Bürger seiner Gemeinde hindern wolle den katholischen Glauben anzunehmen. Zu guter Letzt forderte er ihn auf von der Kanzel herabzusteigen und erklärte er wolle heute die Predigt halten. Mit unerschütterlicher Seelenruhe hörte ihn der evangelische Pfarrer an, entgegnete ihm kein Wort, stieg von der Kanzel herab und schritt dann feierlich, begleitet von der ganzen Versammlung, zur Kirche hinaus. Vergeblich war das Toben des Mönches, der den forteilenden Bürger nachrief: „Es sei des Königs Wille, daß sie katholisch würden; man werde sie schon dazu zwingen und sie alle nöthigenfalls einsperren." Was geschah nun? Auf die Klage des streitsüchtigen Mönches wurde der evangelische Pfarrer von Eckbolsheim, angeblich als Urheber des Widerstandes der Evangelischen, durch die Maréchaussée (Gensdarmerie) festgenommen, nach Straßburg geführt, wo er vierzehn Tage lang im Gefängniß schmachten mußte, von wo er zwar aus Mangel an Beweisen entlassen, allein doch um 25 Thaler gestraft wurde. Das unerschrockene Benehmen des treuen Bekenners des Evangeliums brachte aber seine Frucht. Wenige Bürger nur fielen vom evangelischen Glauben ab und doch führte man in diesem Orte das lästige Simultaneum ein.

Wie groß die Erfolge der Thätigkeit der Jesuiten und der Kapuziner waren und welchen Abbruch sie der evangelischen Kirche thaten, geht aus einem Berichte hervor, welchen der französische Gesandte be Chamoy im Jahre 1699 dem Reichstag von Regensburg vorlegte. In der zweiten Hälfte des siebzehnten Jahrhunderts, von 1648 bis 1699 waren in Folge des von der französischen Regierung ausgeübten Glaubenszwangs und durch die „Praktiken" der Priester und Mönche nicht weniger als 1951 frühere evangelische Ortschaften im Elsaß und vornämlich in der Pfalz großentheils wieder katholisch geworden.

XXXV.

Dominikus Dietrich, der muthige Bekenner der evangelischen Wahrheit.

Dominikus Dietrich, der berühmte Ammeister von Straßburg, einer der Mitunterzeichner der Straßburger Kapitulation vom 30. September 1681, stammte von einer lothringischen Familie ab, welche um des evangelischen Glaubens willen ihre Heimat verlassen und sich in Straßburg angesiedelt hatte, wo sie ihren französischen Namen Didier in den deutschen Dietrich übertrug.

Dominikus Dietrich wurde zu Straßburg den 30. Januar 1620 geboren. Sein Vater war ein angesehener Kaufmann und zugleich Mitglied des Rathes der Dreizehner; seine Mutter war eine Tochter des Ammeisters Jakob Meyer. Der aufgeweckte und begabte Knabe besuchte zuerst das Gymnasium, sodann die Hohe Schule seiner Vaterstadt und studirte später die Rechte. Er vermählte sich mit Ursula Wencker, einer Tochter des Ammeisters und Straßburger Chronisten Johann Wencker. Durch seine Kenntnisse und Fähigkeiten gelangte Dietrich nach einander in die Rathskammern der Ein und Zwanziger, der Dreizehner und der Fünfzehner und im Jahre 1660 bekleidete er zum ersten Male die Ammeisterwürde. Da er die französische Sprache mit Leichtigkeit redete, so nahm er bald in seiner Vaterstadt eine hervorragende Stellung ein. Er verkehrte öfters in amtlichen Angelegenheiten mit dem französischen Residenten und vertrat vielfach die Stadt Straßburg in den damaligen oft wenig erquicklichen Verhandlungen mit Ludwig XIV. Dadurch leistete er seiner Vaterstadt zwar manchen wichtigen Dienst, büßte aber dafür viel von seiner Beliebtheit bei dem Volke ein, weil viele Bürger ihn als französisch gesinnt ansahen.

Durch ein tragisches, im Jahre 1672 stattgehabtes Ereigniß, zog sich Dominikus Dietrich viele Feinde zu. Im September besagten Jahres wurden nächtlicherweise verschiedene Pasquillen (heftige Schmäh= schriften) in Straßburg verbreitet. Der Ammeister Dietrich war in denselben in unverantwortlicher Weise angegriffen. Umsonst blieben alle Nachforschungen; der Urheber der Pasquille blieb mehrere Monate hindurch unentdeckt.

Da geschah es im Jahr 1673, daß Herr Georg Obrecht, Doktor der beiden Rechte, spät Abends das Bierhaus zum „Stern" in der Krautenau, wo er in Gesellschaft von Freunden den Abend zugebracht hatte, verließ. Eine Magd leuchtete ihm durch die finsteren Straßen nach Hause. In der Kalbsgasse, gerade vor dem Hause des Stättmeisters Bernold, ließ Obrecht wie aus Versehen, ein Schriftstück zu Boden fallen. Die Magd stand stille und sagte: „Der Herr Doktor haben etwas verloren." Obrecht gab ihr zur Antwort: „Geh' nur weiter, das Papier ist nicht von mir". Auf ihrem Rückwege hob die Magd das Schreiben auf und überbrachte es der Tochter ihres Herrn. Diese konnte den französisch geschriebenen Brief nicht lesen und zeigte ihn ihrem Vater. Auch dieser wurde nicht klug daraus und brachte das Schriftstück dem Ammeister Dietrich. Die Sache wurde auf dem Rathhause genau untersucht. Obrecht ward verhört und festgenommen. Zuerst legte er sich auf's Leugnen; am Ende aber wurde er über= wiesen und gestand ein, daß er die bisherigen Schmähschriften alle verfaßt und auch verbreitet habe. Er bat zuletzt um ein gnädiges Urtheil, weil er ein Familienvater sei und neben seinem armen Weibe noch elf lebendige Kinder habe.

Trotz der Fürsprache hochgestellter Personen und des Ammeisters Dietrich selbst, wurde Doktor Obrecht nach bestehenden, äußerst strengen Preßgesetzen, zum Tode verurtheilt. Am 9. Februar 1673 ward er enthauptet. Die näheren Umstände seiner Hinrichtung waren sehr tragisch; der Scharfrichter traf ihn leider so ungeschickt, daß er den Kopf nicht mit einem Streiche vom Rumpfe trennte; Obrecht fiel nieder und wälzte sich in seinem Blute. In dieser schrecklichen Lage sägte ihm der Henker unter allgemeiner Entrüstung und lautem Murren des Volkes das Haupt vollends ab.

Dieser unangenehme Handel hatte für Dominikus Dietrich schlimme Folgen. Mehrere der einflußreichsten Familien wurden feindlich gegen

ihn gesinnt und als des Hingerichteten Sohn Dr. Ulrich Obrecht in
der Folge zur katholischen Kirche übertrat und französischer königlicher
Prätor wurde, erwies er sich als ein Gegner des Mannes, den er
als seines Vaters Mörder ansah und trug viel zu dessen langer Ver=
bannung und Leiden bei.

Der Ammeister Dietrich sah als einsichtsvoller Staatsmann lange
vor der Kapitulation von 1681 die unhaltbare politische Stellung der
Stadt Straßburg ein. Diese alte Reichsstadt besaß nur noch den
Schatten ihrer früheren Herrlichkeit und hatte nur noch den äußern
Schein ihrer einstigen Freiheit. Die Forderungen Ludwigs XIV. wur=
den von Jahr zu Jahr größer und seine Sprache immer drohender.
Von Kaiser und Reich, die selbst ohnmächtig gegen Frankreich waren,
hatte Straßburg trotz eindringlicher Vorstellungen und Bitten bei
dem Reichstag von Regensburg und an der Wiener Hofburg wenig
Hülfe zu erfahren. Somit war es dem Ammeister Dietrich wie andern
einsichtigen Männern klar, daß die Uebergabe Straßburgs an Frank=
reich nur noch eine Frage der Zeit sei.

Der französische Resident Johann Frischmann (der jüngere) ließ
ohne Anfrage und Erlaubniß des Raths eine katholische Kapelle in
seinem Haus errichten. Hier fanden in aller Stille einige Uebertritte
zur römischen Kirche statt. Der Fürstbischof von Straßburg F r a n z
E g o n v o n F ü r s t e n b e r g, derselbe, welcher den König Ludwig XIV.
im Oktober 1681 mit den bekannten Worten Simeons anredete:
„Herr, nun lässest du deinen Diener in Frieden fahren, wie du gesagt
hast, denn meine Augen haben deinen Heiland gesehen," kam von
Zeit zu Zeit nach Straßburg, um mit dem französischen Residenten
zu verkehren. Dietrich sah mehrere Jahre vorher die politischen und
kirchlichen Veränderungen voraus, welche in Straßburg sich vollziehen
würden. Das Einzige, was sich unter den gegebenen Umständen thun
ließ und was Dietrich auch später wirklich that, war das von Erfolg
begleitete Bestreben für die Stadt möglichst günstige Bedingungen zu
erhalten.

Der Hergang der Kapitulation von 1681 ist bekannt. Der Name
des Ammeisters Dominikus Dietrich steht neben denjenigen der an=
deren Herren des Stadtregiments, welche den Vertrag mit dem
Minister Louvois am 30. September abschlossen. Die Vertreter der
Stadt wurden in deutschen Zeitungen und Flugschriften auf das Hef=
tigste angegriffen und in Folge dessen verlor Dietrich alle seine Popu=
larität. Auch in Frankreich kam er um alles Ansehen wegen der

unerschütterlichen Glaubenstreue von welcher er Proben ablegte und die ihm persönlich viel Ungemach und Leiden aller Art zuzogen, ihm aber und seiner Vaterstadt zum ewigen Ruhm gereichen.

Gleich nach der Uebergabe der Stadt richtete der Versailler Hof sein Augenmerk auf die angesehensten Familien Straßburgs, um sie für die französischen Interessen zu gewinnen und sie zum Uebertritt zur katholischen Kirche zu bewegen. Ulrich Obrecht, Christoph Günzer, Johann Nikolaus Kempfer und andere minder bekannte Persönlichkeiten thaten diesen entscheidenden Schritt und erlangten durch denselben hohe Ehren, Aemter und Würden. Der König äußerte gegen dieselben den Wunsch, daß die Mitglieder des Magistrats gleichfalls zur katholischen Kirche übertreten möchten. Darauf hin entgegnete ihm Dr. Obrecht, wohl aus übelwollender Absicht: „Sire, nichts wäre leichter als dies zu bewerkstelligen, wenn nur der Ammeister Dietrich hierin mit gutem Beispiel vorangehen würde."

In Folge dessen erhielt Dominikus Dietrich am 26. Februar 1685 von Louvois ein vertrauliches Schreiben, des Inhalts es möge der Herr Ammeister auf Allerhöchsten Befehl binnen acht Tagen am Hofe von Versailles erscheinen. Dietrich, dem nichts Gutes ahnte, kam diesem Befehl doch nach. Er reiste sogleich ab und wurde in Versailles mit großer Zuvorkommenheit empfangen. Täglich wurde er zu Hof befohlen; Niemand aber offenbarte ihm den Zweck seiner Reise. Ein einziges Mal wagte er es den Minister darüber zu befragen; dieser aber gab ihm eine ausweichende Antwort und fügte hinzu: „Der Ammeister würde es schon erfahren, wenn es an der Zeit wäre."

Endlich, im Monat Juli, bei einer öffentlichen Audienz, überreichte ihm Louvois in einem Kreis von Höflingen und hohen Damen ein offenes Buch und sagte zu Dietrich: „Herr Ammeister: Hier ist die Bibel! Lesen Sie darin des Königs Willen." Er wies dabei auf die Stelle im ersten Buche der Makkabär im zweiten Kapitel hin, die im 17. und 18. Verse also lautet: „Die Hauptleute des Antiochus sprachen zu Mattathias: Du bist der Vornehmste und Gewaltigste in dieser Stadt und hast viele Söhne und große Freundschaft; darum tritt zuerst dahin und thue, was der König geboten hat, alle Länder gethan haben und die Leute Juda, die noch zu Jerusalem sind. So wirst du und deine Söhne einen gnädigen König haben und begabet werden mit Gold und Silber und großen Gaben." Statt nun hier abzubrechen, fuhr Dominikus Dietrich, der ein bibelfester Christ war, ruhig und unerschrocken zu lesen fort: „Da sprach Mattathias frei

heraus: Wenn schon alle Länder dem König Antiochus gehorsam
wären und Jedermann abfiele von seiner Väter Gesetz und willigte
in des Königs Gebot: so wollen doch ich, meine Söhne und meine
Brüder nicht vom Gesetz unserer Väter abfallen. Da sey Gott für!
Das wäre uns nicht gut, daß wir von Gottes Wort und Gesetz
abfielen!" Kaum hatte der Ammeister geendet, so wendete sich Louvois
im höchsten Unwillen von ihm ab.

Von diesem Augenblick an war Dominikus Dietrich, der glaubens-
muthige Wahrheitszeuge in Ungnade gefallen. Bereits am folgenden
Morgen erhielt er den Befehl sich nach der Stadt Guéret, im südlichen
Frankreich, zu begeben. In Straßburg ahnte man von diesen Vorgängen nichts. Da langte am 20. Juli 1685 in königlicher Erlaß an,
laut welchem alle Aemter und Würden, welche Dietrich in seiner
Vaterstadt bekleidet hatte, an Andere vergeben würden, weil der König
es für gut befunden habe, den Ammeister einstweilen in Frankreich zu
behalten. Dietrichs Freunde und auch viele Straßburger Bürger ahnten
die Wahrheit, Niemand aber hatte den Muth Partei für den verfolgten Mann zu nehmen.

Auch in der Verbannung verleugnete Dominikus Dietrich seinen
Glauben nicht. Er blieb seiner evangelischen Ueberzeugung treu. Dies
erhellt aus dem schönen Glaubensbekenntniß, welches er am 4. April
1686 niederschrieb und seinem alten Diener mitgab, den er, weil derselbe gleichfalls evangelisch war, auf des Königs Befehl entlassen
mußte. Die Standhaftigkeit des Straßburger Ammeisters ist um so
anerkennenswerther, als ihm fast täglich von Priestern und Mönchen
zugesetzt wurde von seinem Glauben abzufallen. Selbst der berühmte
Bischof Bossüet von Meaux bot alle seine Rednerkünste und seine
Gelehrsamkeit auf, um Dietrich zu bekehren; dieser blieb fest und
unerschütterlich.

Die Familie des Ammeisters bot Alles auf, um ihm wieder zur
Freiheit zu verhelfen. Dietrichs Gattin wandte sich an die Frau Dauphine (Gemahlin des Dauphin oder Kronprinzen von Frankreich),
welche im Monat Oktober des denkwürdigen Jahres 1681, bei Anlaß
des Besuchs Ludwigs XIV. in Straßburg, in ihrem Hause gewohnt
hatte. Durch diese hohe Fürbitte (die Dauphine war eine bairische
Prinzessin) erlangte der Ammeister 1687 die Vergünstigung in seine
Heimat zurückkehren zu dürfen. Vorher jedoch sollte er sich dem Versailler Hofe persönlich vorstellen. Dietrich, der darin eine List seiner
Feinde befürchtete, erfüllte diese Bedingung nicht. Er sollte die Folgen

davon bald inne werden. In Vesoul angelangt erhielt er plötzlich den Befehl in dieser Stadt zu verbleiben. Er verbrachte dort beinahe drei Jahre, bis er endlich die Erlaubniß erhielt die Rückreise nach Straßburg anzutreten. Allein dort angelangt wurde ihm auf's Strengste verboten sein Haus zu verlassen.

Um dem evangelischen Gottesdienste, den er so lange hatte entbehren müssen, beiwohnen und die Predigt des göttlichen Wortes hören zu können, ließ sich der alte Ammeister jeden Sonntag in einer geschlossenen Sänfte, die er sein „Haus" nannte, in die nahe Clauskirche tragen. Die Sänfte wurde in die Nähe des Altars gestellt und Dietrich konnte von derselben aus den Gesang der Gemeinde, die Gebete des Pfarrers und die Predigt vernehmen.

Des Ammeisters Feinde — und unter diesen wahrscheinlich Obrecht und Günzer — hatten nichts eiligeres zu thun, als die Sache nach Versailles zu berichten und Dietrichs Freunde befürchteten schon für ihn eine neue Verbannung. Allein der alte Ammeister war ein gebrochener Mann und der König fühlte mit Recht, daß er nichts von ihm zu fürchten hätte, darum gab er der Anklage keine weitere Folge. Im Jahre 1692 erhielt Dietrich sogar die Erlaubniß wieder ausgehen zu dürfen; doch wurde ihm verboten sich der Regierungsgeschäfte anzunehmen oder ein öffentliches Amt zu versehen.

Die volle Freiheit und die Ruhe der Kinder Gottes erhielt der bewährte Glaubensstreiter Dominikus Dietrich erst am 9. März 1694, als er dieser Welt Valet sagen durfte. Er starb in den Armen seiner treuen Gattin, umgeben von seinen Kindern und Kindeskindern in seinem 75. Lebensjahre. Auf ihn läßt sich das apostolische Wort anwenden: „Selig ist der Mann, der die Anfechtung erduldet: denn nachdem er bewähret ist, wird er die Krone des Lebens empfangen, welche Gott verheißen hat benen, die ihn lieb haben" (Jakobi 1, 12).

XXXVI

Die Straßburger Universität, eine Pflegstätte der elsässischen Reformation.

Eines der größten Verdienste der Reformation des sechzehnten Jahrhunderts ist neben der Erneuerung der Kirche auch die Hebung des Schulwesens. Die evangelisch gewordenen deutschen Fürsten und Magistrate der freien Reichsstädte beschlossen einen Theil der Einkünfte der geistlichen Stiftungen der Gründung und dem Unterhalt evangelischer Lehranstalten zuzuwenden, welche den Ländern und Städten zum Heil und Segen wurden. Im Elsaß entstanden aus dieser Veranlassung mehrere höhere Lehranstalten, die man mit Recht als geistige Pfleg= und Pflanzstätten der Reformation bezeichnen kann. Die namhaftesten derselben sind das 1538 durch den edlen Stättmeister Jakob Sturm von Sturmeck in's Leben gerufene Straßburger Gymnasium, sowie die 1604 und 1612 gegründeten evangelischen Gymnasien von Colmar und von Buchsweiler, in welchen Söhne aus bürgerlichen Familien den Unterricht und die Bildung empfingen, deren sie in ihrem spätern Lebensberufe brauchten. Auch eine rein evangelische Universität besaß das Elsaß; dieselbe gereichte der Stadt Straßburg zum Ruhme und zur Zierde.

Die Wiege der Straßburger Universität war das altehrwürdige Predigerkloster. Denn als der hochherzige Stättmeister Jakob Sturm den Gedanken seines einstigen Lehrers und Erziehers Jakob Wimpfeling von Schlettstadt verwirklichte und eine Hochschule in's Leben rief, so konnte in der ganzen Stadt kein passenderes Gebäude gefunden werden, als die weitläufigen Räume des früheren Predigerklosters[1].

Im Jahre 1531 hatten die fünf letzten Dominikanermönche das Predigerkloster verlassen und schon 1538 fanden die leer stehenden Räumlichkeiten die beste Verwendung. Dort hielten die Väter und Begründer der Straßburger Hochschule Martin Butzer, Wolfgang Capito und Kaspar Hedio ihre ersten Vorlesungen. Dort sammelten sich um sie und einige andere gelehrte und gottesfürchtige Männer wie Dasypodius, Bedrotus, Caselius u. a. eine Schaar von strebsamen und wißbegierigen Jünglingen. Der erste Rektor der Straßburger Hohen Schule, welche eigentlich eine höhere Abtheilung und Erweiterung des Gymnasiums bildete, war der berühmte Gelehrte und treffliche Schul= mann Johann Sturm von Schleiden, welcher beinahe während zwei Menschenaltern den beiden Lehranstalten vorstand und dieselben zur höchsten Blüthe brachte.

Im Jahre 1566 erhob Maximilian II. die Straßburger Hohe Schule zu einer sog. Akademie. Durch den ihr ertheilten Freibrief vom 20. Mai, durften an der Straßburger Akademie alle diejenigen Wissenschaften gelehrt werden, welche in der damaligen Zeit pflegten vorgetragen zu werden, nämlich: die Theologie, die Rechtskunde, die Medizin, die alten Sprachen, die Philosophie und die Physik. Auch an Hülfsmitteln, an einer Bibliothek für den akademischen Gebrauch fehlte es nicht. Hatte doch der gelehrte Arzt Didymus Obrecht zu Straßburg selbst schon einen botanischen Garten angelegt, welchen der berühmte Naturforscher Konrad Geßner von Zürich, im Jahre 1559, wegen der Menge der darin vorhandenen seltenen Pflanzen bewunderte. Aber um mit anderen Lehranstalten auf einer Stufe zu stehen, hatte der Straßburger Hohen Schule bisher das Recht gefehlt akademische Grade zu ertheilen. Dieses Recht wurde ihr jedoch durch Maximilians Freibrief gewährt. Es wurde der Straßburger Akademie gestattet die akademischen Würden eines Magisters der freien Künste und eines Baccalaureus zu ertheilen.

Die Akademie von Straßburg wurde nachdem die Stadt ihren Austritt aus der evangelischen Liga erklärt hatte, am 5. Februar 1621

---

[1] Dasselbe erhob sich auf dem heutigen Neuen Markt (dem vordern Platze, einst der Predigerkirchhof genannt). An dessen Stelle erhebt sich heute der Pracht= bau des protestantischen Gymnasiums. Die Universitätskosten und Zahlungen der Professoren wurden großentheils durch das Thomasstift bestritten.

zu einer Universität mit den vier üblichen Fakultäten der Theologie,
der Medizin, der Rechte und der Philosophie (damals benannt facultas
liberalium artium) erhoben. Sie erhielt die Befugniß Doktoren,
Lizentiaten, gekrönte Dichter, Magister und Baccalaurei zu ernennen.
Sie bestand in unveränderter Gestalt bis zur französischen Revolution
fort. Im Jahre 1793 ging sie ein, um am 1. Mai 1872 in erneuter
Gestalt als Kaiser-Wilhelms-Universität neu zu erstehen.

Die alte Straßburger Universität war eine rein protestantische
Lehranstalt. Für die evangelische Kirche des Elsaß war ihre Gründung und ihr Bestand von hoher Bedeutung; denn die angehenden
Kirchen- und Schuldiener erhielten daselbst ihre wissenschaftliche Ausbildung. In den meisten elsässischen Städten nämlich leiteten, wie
auch anderwärts, die evangelischen Geistlichen, namentlich die Diakonen
oder Helfer (Hülfsgeistliche) die Schulen.

Zuerst herrschte an der Straßburger Universität der weitherzige
Geist Butzers und Capitos und das Geistesstreben des gelehrten
Rektors Johann Sturm, der wie wenige Schulmänner jener Zeit die
Kunst verstand die studirende Jugend für die Wissenschaft mit Begeisterung zu erfüllen. In der zweiten Hälfte des sechzehnten Jahrhunderts, unter Marbach und Pappus, erhielt die Straßburger Universität einen ausgeprägteren kirchlichen Charakter und der Geist
religiöser Engherzigkeit nahm an derselben immer mehr zu.

Unter den Stürmen des dreißigjährigen Krieges leistete die
Straßburger Universität dem evangelischen Elsaß die wichtigsten
Dienste. Ohne diese segensreiche Anstalt hätten viele evangelische
Gemeinden, welche der Krieg ihrer Seelsorger beraubt hatte, keine
Prediger und Schullehrer erhalten.

Als im Jahre 1681 die Stadt Straßburg durch Ludwig XIV.
Frankreich einverleibt wurde, erlangte der Magistrat durch den vierten
Artikel der Kapitulation den Fortbestand der Universität mit allen
ihren früheren Rechten und Freiheiten. Durch königlichen Erlaß vom
21. Mai 1685 wurde der französische Prätor oder königliche
Commissar von Straßburg zum Curator (Pfleger) der Universität
ernannt.

So willkürlich und gewaltthätig Ludwig XIV. gegen die Reformirten in seinem Königreiche verfuhr, so gewissenhaft beobachtete er
seine Verpflichtungen gegen die Universität von Straßburg, welche
unter seiner Regierung ein Hort des Protestantismus im Elsaß
wurde. Die Professoren der Universität sahen es als ihre Aufgabe

an die Lehre und die Rechte der evangelischen elsässischen Kirche gegen die feindlichen Angriffe, namentlich der Jesuiten, durch Wort und That, sowie durch zahlreiche Flugschriften zu vertheidigen.

In der zweiten Hälfte des siebzehnten Jahrhunderts wirkten an der Straßburger Universität besonders drei Männer, die es wohl verdienen, daß ihre Namen einer dankbaren Nachwelt in's Gedächtniß gerufen werden. Es waren die Doktoren und Professoren der Theologie; Johann Schmid, Balthasar Bebel und Johann Conrad Dannhauer.

Johann Schmid wurde zu Bautzen in Kursachsen 1594 geboren. Er besuchte die lateinische Schule seiner Vaterstadt und später das Gymnasium von Halle a. d. S. Hierauf nahm er zu Speyer eine Hauslehrerstelle an. Von da aus begab er sich 1612 nach Straßburg auf die Universität. Er schlug sich, da er arm war, kümmerlich fünf Jahre lang durch, indem er Correkturbogen in Buchdruckereien durchsah. Als Reisebegleiter eines jungen und reichen Patriziers besuchte er Frankreich, England und die Niederlande. Von da aus begab er sich, um seine Studien zu vollenden, zunächst nach Tübingen, alsdann nach den sächsischen Universitäten Wittenberg und Jena, wo er das reine Lutherthum in seiner strengsten Ausprägung und Gestalt kennen lernte. Im Jahre 1622 wurde er als Professor der Theologie nach Straßburg berufen; 1629 erwählte man ihn zum Präses des Kirchenkonvents und 1633 ward er Dekan des Thomasstifts.

Wenn Dr. Johann Schmid auch der kirchlichen Zeitströmung nach ein strenger Lutheraner war, so kann man ihn doch keineswegs zu den damaligen Streittheologen zählen; er zeichnete sich im Gegentheil vor vielen anderen Geistlichen durch seine wahre Frömmigkeit, Demuth und Sanftmuth auf's Rühmlichste aus. Alle Stimmen der Zeitgenossen vereinigen sich um diesen Theologen als einen solchen Mann zu preisen, in dessen Leben eine seltene Uebereinstimmung zwischen Wort und Wandel bestand und in dessen Antlitz das Bild einer reinen und frommen Seele sich spiegelte. Der hanauische Amtmann Johann Michael Moscherosch, der Tübinger Kanzler Johann Valentin Andreä, der ernste Bußprediger Joachim Lütkemann, Generalsuperintendent in Wolfenbüttel, welche alle seine Schüler und Freunde gewesen, brechen in das größte Lob des seltenen Mannes aus, wenn sie seiner mit bewegtem und dankerfülltem Herzen gedenken. Dr. Philipp Jakob Spener nennt ihn seinen lieben „Vater in Christo." Zu seinen Studenten stand der theure Mann in einem wirklich seelsorge-

rischem Verhältnisse. Mehrere derselben waren seine Haus= und Tisch=
genossen. Einer unter ihnen, der treffliche schon erwähnte Lüttemann,
schreibt an Dr. Schmid, seinen verehrten einstigen Lehrer im Jahre
1644: „Tief in meinem Herzen steht dein Bild mir eingegraben,
mein Vater, der du mich von neuem gezeugt... Ich preise den Tag,
wo ich nach Straßburg kam, um zwei Führer zu finden, von denen
der eine mich zum Philosophen gebildet, der andere (Johann Schmid)
mich zum K n e c h t e G o t t e s gemacht."

Vom Straßburger Magistrat erwirkte Dr. Schmid einen Erlaß,
laut welchem, nach dem Vorgang der sächsischen Kirchenordnung, auch
die Erwachsenen die Christenlehre besuchen mußten. Auch den evan=
gelischen Geistlichen gab der Straßburger Professor der Theologie die
heilsamsten Rathschläge. Er ermahnte sie dringend der Streittheologie
zu entsagen und mehr auf die Erbauung der Seelen hinzuwirken
suchen. Er selbst war ein höchst begabter und sehr beliebter Kanzel=
redner, dessen Predigten sich eines großen Beifalls erfreuten. „Viele
seiner Zuhörer", ruft ihm sein Leichenprediger Christoph Algeier nach,
„hat er auf den Weg der Gerechtigkeit, der Gnade und der Liebe
hineingepredigt." Er starb, allgemein betrauert 1658 zu Straßburg,
wo er so lange im Segen gewirkt.

Einer der hervorragendsten Straßburger Theologen des siebzehnten
Jahrhunderts neben dem soeben genannten war Dr. B a l t h a s a r
B e b e l. Derselbe im Jahre 1832 geboren, war bereits 1661 Pro=
fessor der Theologie. Bebel ist als Gelehrter, besonders als Kirchen=
historiker und Alterthumsforscher bekannt und geschätzt. Er gab eine
Anzahl gediegener Abhandlungen, theils in lateinischer, theils in
deutscher Sprache heraus. Er war auch ein sehr begabter und beliebter
Kanzelredner. Bebel gehörte zu der Zahl der sog. Streittheologen;
aber diese Eigenschaft war für die Zeit, in welche sein Leben und
Wirken fiel, eine beinahe unumgänglich nothwendige, denn Bebel war
ein rüstiger Kämpe der lutherischen Lehre gegen die katholischen Um=
triebe und Uebergriffe. Mit den Jesuiten, deren Ränke er kannte
und mit unerschrockenem Muthe bekämpfte, brach er manche Lanze.
Folgender Vorgang legt davon Zeugniß ab.

Am 11. Juni 1683 gegen Abend wurde Dr. Bebel auf besondere
Einladung des Fürsten von Veldentz nach dessen in der Bergherren=
gasse gelegenen Hofe gerufen. Er traf dort eine zahlreiche und glän=
zende Gesellschaft; höhere französische Offiziere und Beamte und deren
Damen nebst zwei Jesuitenpatres. Einer derselben nahte sich alsobald

dem Straßburger Professor und lud ihn mit schmeichlerischen Reden
zu einem Religionsgespräch ein. Bebel erwiderte ihm, er dürfe ohne
Erlaubniß E. E. Raths sich darauf nicht einlassen; auch scheine ihm
Ort und Umgebung hiefür schlecht gewählt zu sein. Er wollte sich
nach diesen Worten höflich empfehlen; allein man hielt ihn unter dem
Vorwand zurück, er solle nur bleiben, es würde eine ganz unverfäng=
liche und freundliche Unterredung sein. Nun drangen die Jesuiten auf
Bebel mit Anklagen und Vorwürfen gegen die lutherische Kirche ein.
Letzterer war wohl oder übel gezwungen darauf zu antworten und
seinen Glauben mit aller Wärme und Entschiedenheit zu vertheidigen.
So zog sich die Disputation bei drei Stunden hin und wurde immer
lebhafter und hitziger. Zuletzt beurlaubte sich Dr. Bebel und man
hielt ihn nun nicht mehr länger auf. Kaum war er zu Hause ange=
kommen, so verfaßte er einen längern Bericht über das stattgehabte
Religionsgespräch ab und sandte ihn an die Kammer der Dreizehner.

Bald nachher erhielt Dr. Balthasar Bebel einen Ruf nach der
Lutherstadt Wittenberg; er nahm denselben gerne an. Er starb daselbst
wenige Jahre darauf, von der Arbeit aufgerieben, den 2. Oktober
1686, im Alter von 54 Jahren.

Eine Ehrenstelle unter den Professoren der alten Straßburger
Universität gebührt noch dem gelehrten und von Herzen frommen
Dr. Johann Konrad Dannhauer[1]. Geboren den 24. März
1603 zu Köndringen im Breisgau, machte er später seine Studien zu
Straßburg, woselbst er zum Professor der Theologie ernannt wurde;
zugleich war er evangelischer Münsterprediger. Dannhauer wirkte in
großem Segen unter der studirenden Jugend. Es gereicht ihm zum
bleibenden Ruhme, daß er der Lehrer und väterliche Freund Philipp
Jakob Speners gewesen ist und diesen theuren Gottesmann zum
Dienste der evangelischen Kirche herangebildet hat. Spener gedenkt in
seinen Schriften seines einstigen Lehrers Dannhauer mit der größten
Verehrung. Er nennt ihn zum öftern seinen unvergeßlichen „Prä=
zeptor" (Lehrer und Erzieher).

Auch als Prediger und Katechet hat Dr. Dannhauer Bedeutendes
geleistet. Er war ein beliebter Kanzelredner; seine Sprache ist körnig,

---

[1] Vgl. die Schrift von Wilhelm Horning: „Spener und Dann=
hauer oder Bilder aus dem kirchlichen Leben im 17. Jahrhundert in Straß=
burg und Umgegend." Eine Jubiläumsgabe zur 400jährigen Geburtsfeier
Dr. Martin Luthers. Straßburg 1883.

seine Darstellung bilderreich; er liebt es namentlich Beispiele und
Lehren aus der Geschichte und dem Leben in seine Predigten zu ver=
weben. Er war von Herzen fromm, aber schroff in seinem Auftreten
gegen Katholiken und Calvinisten und voll Eifer für das reine Luther=
thum. Er starb zu Straßburg den 7. November 1666.

Die Straßburger Universität war für die Erhaltung des evan=
gelischen Glaubens im ganzen Elsaß von höchster Wichtigkeit. Die
Katholiken erkannten auch ihre Bedeutung; daher gründete der Fürst=
bischof von Straßburg gleichfalls eine katholische Universität in der
bischöflichen Stadt Molsheim.

XXXVII.

Philipp Jakob Spener, der Vater und Begründer des Pietismus [1].

Mitten unter den Stürmen und Drangsalen des dreißigjährigen Krieges, welcher das Elsaß mit Trümmern bedeckte, erblickte in dem freundlich am Fuße der Vogesen gelegenen, von drei Schlössern überragten Städtchen Rappoltsweiler im Ober-Elsaß, ein Mann das Leben, der vielen seiner Zeitgenossen und auch der Nachwelt zum Segen ward und von dem eine geistige Bewegung ausging, deren Wirkungen bis in die Gegenwart fühlbar sind.

Philipp Jakob Spener wurde am 25. Januar 1635 zu Rappoltsweiler geboren. Sein Vater war daselbst rappolsteinischer Registrator und gräflicher Rath. Speners Eltern waren fromme und gottesfürchtige Leute, „Stille im Lande“, wie man heute sagen würde. Beide stammten aus Straßburg; die Mutter war eine geborene Salzmann.

Das gräfliche Schloß von Rappoltsweiler, einst der Sitz eines frohen geselligen Lebens, war damals öde und verlassen. Wegen der ausgebrochenen Kriegswirren war der Graf Eberhard nach der Stadt Straßburg gezogen, hinter dessen festen Mauern er eine sichere Zufluchtsstätte fand und wo er 1637 starb. Seine Wittwe Agathe, eine geborene Gräfin von Hanau-Lichtenberg, kehrte nach dem Schloß

---

[1] Spener hat neben Hoßbach und Wildenhahn auch zwei elsäßische Biographen gehabt, nämlich die Pfarrer Julius Rathgeber und Wilhelm Horning.

von Rappoltsweiler zurück. Diese hochherzige Frau, welche sich des hoffnungsvollen Knaben des Registrators mit wahrhaft mütterlicher Treue annahm, war oft in großer Bedrängniß; doch ihr festes Gottvertrauen ließ sie auch in den schwersten Lebenstagen nicht sinken.

Im Jahre 1638 befand sie sich in einer so drückenden Geldverlegenheit, daß sie den Herzog Bernhard von Sachsen-Weimar, der damals das für unüberwindlich geltende Breisach belagerte, durch einen vertrauten und zuverlässigen Diener um ein Gelddarlehen bitten ließ und ihm zum Unterpfand ihre Kleinodienschatulle übersandte. Der edle Herzog schickte ihr die gewünschte Summe, aber auch die Edelsteine sandte er zurück, mit einem Schreiben, in welchem er der verwittweten Gräfin noch eine größere Geldsumme in Aussicht stellte, sobald er in der Lage sein würde, mehr für sie thun zu können. Allein er konnte sein Versprechen nicht mehr erfüllen, denn bald darauf raffte ihn der Tod zu Neuenburg am Rhein dahin (18. Juli 1639).

Die fromme Gräfin Agathe übte durch den Zauber ihrer edlen Persönlichkeit einen tiefen unvergeßlichen Eindruck auf das jugendliche Gemüth Speners aus. In unauslöschlichem Gedächtniß behielt der Knabe die letzten Augenblicke seiner Wohlthäterin und ihres christlichen Endes, deren Zeuge er theilweise war. Spener wurde an ihr Sterbebett gerufen und hörte mit thränenden Augen die treuherzigen und ernsten Ermahnungen der Gräfin an. Der Tod derselben ging ihm so sehr zu Herzen, daß er mehrere Wochen lang beinahe keine Speise genoß und sichtlich abnahm; er erholte sich nur langsam wieder.

Schon in jugendlichem Alter zeichnete sich Philipp Jakob Spener durch seinen tiefen Ernst, sein stilles und sittsames Wesen und seine ungeheuchelte Frömmigkeit aus. Durch Gottes Gnade blieb er vor sittlichen Ausschreitungen und Jugendsünden bewahrt. Zum Beweise jedoch, daß er auch als Kind „böse" gewesen sei, erzählte er später im vertrauten Freundeskreise, er habe sich in seinem zwölften Jahre zum Tanz verleiten lassen.

Einen großen Einfluß auf seine geistige Entwickelung und theologische Ausbildung übte der rappolsteinische Hofprediger Magister Joachim Stoll, sein nachmaliger Schwager aus. Derselbe, aus Pommern gebürtig, war ein von Herzen frommer Mann, von gründlicher Gelehrsamkeit und dabei voll praktischen Sinnes. Spener las, durch Stoll dazu angeregt, viele erbauliche Schriften, worunter vor allen anderen Johann Arnds: Wahres Christenthum, sowie

englische in das Deutsche übertragene Traktate, die in der lutherischen
Kirche, weil sie reformirten Ursprungs waren, wenig bekannt ge=
worden. Wir nennen darunter das köstliche Buch von Richard Baxter:
Die Ruhe der Heiligen. Auch Uebersetzungen von franzö=
sischen Mystikern, wie von Johann Labadie und Anderen, bildeten
seine Lieblingslektüre.

Nachdem Spener ein Jahr lang das evangelische Gymnasium
von Colmar besucht hatte, das er mit einem höchst ehrenvollen Zeugniß
verließ, begab er sich nach Straßburg auf die Universität. Seine
Studienjahre verbrachte er in stiller Zurückgezogenheit. Unter den
Straßburger Professoren übte namentlich Dr. Johann Konrad Dann=
hauer einen nachhaltigen Einfluß auf Spener aus.

Nach beendigten Studien unternahm Spener zu seiner weiteren
Ausbildung eine wissenschaftliche Reise. Er besuchte zunächst die
Schweiz. In Genf lernte er den französischen Mystiker Johann
Labadie und den Waldenserprediger Anton Léger, der Verfasser der
Geschichte der Waldenser, kennen. Von Genf aus wollte Spener nach
Frankreich reisen; er fiel aber in eine schwere Krankheit und mußte
in die Heimat zurückkehren. Im Jahre 1662 begleitete er den
jungen Grafen von Rappoltstein nach Württemberg; er wurde sowohl
in Stuttgart als in Tübingen mit großem Entgegenkommen aufge=
nommen. Der Herzog von Württemberg bezeugte ihm große Achtung
und hätte ihn gern für sein Land gewonnen.

Gerade in jener Zeit aber, im Jahre 1663, erhielt Spener einen
Ruf als Freiprediger nach Straßburg. Er nahm denselben mit
Freuden an. Er war zugleich Mittagsprediger[1] im Münster und
außerordentlicher Professor an der Universität, wo er Vorlesungen
über Heraldik und Geschichte hielt. Auf Dannhauers Anrathen erwarb
der jugendliche Universitätslehrer im Jahre 1664 die Würde eines
Doktors der Theologie. An dem Tage, wo er den Doktorhut erwarb,
trat er in den Ehestand ein mit Jungfer Susanna Ehrhardt,
der frommen und sittsamen Tochter des Dreizehners Johann Jakob

---

[1] Zu unserer Väter Zeiten fanden jeden Sonntag vier Predigten in
den evangelischen Kirchen Straßburgs statt: 1) eine Frühpredigt, um sechs
Uhr des Morgens; 2) eine sog. Amtpredigt (der Name rührt von dem
vor der Reformation gehaltenen Hochamt her), um neun Uhr; dies war die
Hauptpredigt; 3) eine Mittagspredigt, um zwölf Uhr und endlich
4) eine Abendpredigt, um drei Uhr Nachmittags.

Ehrhardt. An seinem Weibe fand Spener eine treue und hingebende
Gehülfin, die ihm namentlich alle häuslichen Lasten abnahm, so daß
er sich ganz den Aufgaben des Reiches Gottes widmen konnte. Auch
seine Schwiegermutter war eine einsichtsvolle und vortreffliche Frau,
die Spener hoch schätzte.

Im Jahre 1666, in seinem 31. Lebensjahre, erhielt Dr. Spener
einen Ruf nach Frankfurt am Main als Stadtpfarrer und zugleich
als Senior des geistlichen Ministeriums (Vorsteher der Stadtgeistlich=
keit). Nach langem Bedenken nahm er diesen Ruf an. Es war ein
schöner, aber schwerer Wirkungskreis, welchen der junge Senior antrat.
In Frankfurt, der freien Reichsstadt an den freundlichen Mainufern,
herrschte ein Geist äußerer Werkgerechtigkeit, aber dabei wenig wahres
christliches Leben. Frankfurt war eine reiche Handelsstadt; unter der
Bürgerschaft herrschten Üeppigkeit, Leichtsinn und Genußsucht; in
geistlichen Dingen war die Unkenntniß und Unwissenheit sehr groß.

Um den tiefen Schäden, die er wahrgenommen hatte, in etwas
abzuhelfen, begann Spener damit, daß er anfing erbauliche Versamm=
lungen, sog. Conventikel zu halten. Seine Absicht war die beste;
er wollte dadurch den religiösen Sinn und die evangelische Heils=
erkenntniß fördern. Bald aber artete die religiöse Bewegung aus;
viele ernstere Christen wurden bewogen die Kirche gering zu schätzen
und sich dem Separatismus hinzuneigen. Diese Gefahr ahnten von
Anfang an in richtigem Gefühl die strengen Lutheraner, namentlich
die sächsischen Theologen, welche Spener, und nicht ganz mit Unrecht,
aber freilich oft in schroffer und leidenschaftlicher Weise angriffen.
Einer seiner Hauptgegner war der darmstädtische Hofprediger Bal=
thasar Menzer.

Allgemeines Aufsehen erregte eine kleine Schrift, welche Dr. Spener
1675 zu Frankfurt herausgab. Sie erschien unter dem Titel: „Pia
desideria oder herzliches Verlangen nach einer gottgefälligen Besserung
der wahren evangelischen Kirche.“ Was der treuherzige Spener in
dieser Schrift aussprach, das waren die frommen Wünsche, welche seit
dem Ende des dreißigjährigen Krieges in vielen christlichen Gemüthern
wach geworden waren, denen aber der Verfasser zum ersten Male
Ausdruck verlieh.

Als Heilmittel der kirchlichen Schäden empfiehlt Spener: Zum
Ersten die reichlichere Ausbreitung des Wortes Gottes, zum Andern
die Aufrichtung eines allgemeinen Priesterthums, zum Dritten die
Verwandlung des bloßen Wissens der christlichen Wahrheit in eine

thätige Ausübung desselben im Leben, zum Vierten eine christliche Polemik gegen Andersgläubige, eine Polemik, welche die göttliche Wahrheit im Geiste der Liebe Christi vertheidigt, zum Fünften eine christliche und nicht blos eine wissenschaftliche Vorbereitung der Studenten der Theologie zum geistlichen Amte, und zum Sechsten eine neue, auf das Wachsthum des geistlichen Menschen gerichtete Predigtweise. Die Wirkung dieser kleinen Schrift war eine gewaltige. Von allen Seiten erhielt Spener Dankschreiben und zustimmende Aeußerungen; freilich fehlte es von gegnerischer Seite nicht an geheimen Anfeindungen.

Ein besonderes Verdienst, das sich Spener in Frankfurt erwarb, bestand in der Einführung der Konfirmation; dieselbe hatte sich in einigen Landgemeinden des Frankfurtischen Gebietes fort erhalten, während sie in der Stadt selbst eingegangen war. Auch in vielen anderen Gegenden Deutschlands war sie in Vergessenheit gerathen. Spener verschaffte der Konfirmationshandlung, die ihm von seiner elsässischen Heimat her bekannt und theuer war, nach und nach wieder allgemeine Anerkennung.

Zwanzig Jahre lang hatte Spener im Segen in der Stadt Frankfurt gewirkt, da erhielt er vom Kurfürsten Johann Georg III. einen Ruf nach Dresden und zwar als sächsischer Oberhofprediger. Er trat sein hohes aber schweres Amt im Jahre 1686 an. Seine Stellung in Dresden war keineswegs eine leichte; eine eigentliche Seelsorge hatte er nicht auszuüben. Er hatte am Sonntag blos einmal in der Schloßkirche zu predigen. Der Kurfürst hielt sich selten in der Residenz auf; er führte ein üppiges Leben; der neue Hofprediger jedoch war kein „Mann in weichen Kleidern", sondern ein ernster Johannes der Täufer, der Buße predigte und im Glauben auf Christum hinwies und nicht nach Fürstengunst trachtete; Spener war in einem Worte kein Höfling. Deßhalb stieß er überall auf mehr oder weniger verhüllten Widerstand und schon beim Beginn seines neuen Wirkungskreises brach er in einem an einen vertrauten Freund gerichteten Schreiben in die Klage aus: „Widerstand auf allen Seiten! Wo ich mich für eine Sache verwende, da ist's genug, daß gar nichts geschieht." Auch unter der Geistlichkeit Dresdens zählte Spener offene und heimliche Gegner. Am Hofe hatte er zweifelhafte Gönner und schüchterne Freunde. An den Professoren der beiden kursächsischen Universitäten Leipzig und Wittenberg hatte der neue Hofprediger erklärte Widersacher, die ihn allenthalben verdächtigten.

Im Jahre 1689 hatte sich Dr. Spener in seiner Eigenschaft als Beichtvater Johann Georgs in seinem Gewissen gedrungen gefühlt, dem Kurfürsten wegen seines anstößigen Wandels einige treuherzige und ernste Ermahnungen, die aber im ehrerbietigsten Tone gehalten waren, zu machen. Er that dies in einem längeren herzbeweglichen Schreiben. Der Kurfürst nahm es anfänglich nicht ungnädig auf, allein als er es einigen seiner Höflinge mittheilte, brachten dieselben ihn gegen Spener dermaßen auf, daß seine Stellung bei Hof je länger je unhaltbarer wurde.

Dazu kam noch ein anderer Stein des Anstoßes. In Leipzig hatten einige Studenten, die für Spener eine tiefe Verehrung hegten, darunter namentlich: August Herrmann Franke, Paul Anton und Johann Kaspar Schade, um die bekanntesten zu nennen, ein sog. „Collegium biblicum", d. h. eine öffentliche Vorlesung zur Förderung des Bibelstudiums in's Leben gerufen. Dieses Collegium wurde nicht nur von Studirenden, sondern auch von vielen Bürgern, zum großen Aergerniß der Professoren der Universität, besucht. Die Besucher jener Vorlesungen und der in der Stadt gehaltenen Erbauungsstunden erhielten spottweise den Namen „Pietisten", und die durch Spener hervorgerufene religiöse Bewegung wurde zuerst in Leipzig als Pietismus bezeichnet, welche Benennung ihr geblieben ist. Auch im Elsaß fand der Pietismus, namentlich um die Mitte des achtzehnten Jahrhunderts, fruchtbaren Boden, obgleich er von den damaligen Kirchenbehörden heftig angefeindet wurde.

Im April 1691 schlug endlich für den sächsischen Oberhofprediger die Stunde der Erlösung. Dr. Spener erhielt nämlich einen Ruf als Propst und Inspektor der Nikolaikirche in Berlin; mit dieser Stelle war die Würde eines Consistorialraths verbunden.

Die kirchlichen Zustände in Berlin waren für Spener erquicklicher als diejenigen der sächsischen Hauptstadt. Der Kurfürst Friedrich III. von Brandenburg, welcher im Jahre 1701 den Titel: König von Preußen annahm und als Friedrich I. die Reihe der preußischen Monarchen eröffnete, blieb Spener in Gnaden gewogen. Er hatte das reformirte Bekenntniß angenommen. Die geistvolle Kurfürstin Sophie Charlotte, die Gönnerin des großen Denkers Leibniz, stand Spener ferner als ihr Gemahl. Bei seiner Gemeinde hingegen fand der theure Gottesmann bald volle und ungetheilte Anerkennung und gewann das Zutrauen und die Liebe seiner Pfarrkinder in seltenem Maße. Auch) seine geistlichen Amtsbrüder kamen ihm wohlwollend und freundlich entgegen. Für seine Wünsche und Rathschläge fand er bei dem frommen Geheimen Rath von Schweiniß ein geneigtes Gehör.

Speners Katechismuslehren, seine salbungsvollen glaubensinnigen Predigten, sein freundliches Wohlwollen gegen die ihm untergebenen Geistlichen, sein von Liebe durchdrungener Verkehr mit den Kandidaten des Predigtamts und den Studenten der Theologie, die in ihm einen geistlichen Vater und Berather fanden und ihn von nah und fern aufsuchten, gewannen ihm bald die Herzen Aller. Er war daher eine der geachtetsten Persönlichkeiten in Berlin.

Dr. Spener nahm einen wesentlichen Antheil an der Errichtung der zu Ende des siebzehnten Jahrhunderts gegründeten Universität Halle an der Saale und an der Besetzung der Lehrstellen daselbst durch Professoren, die der pietistischen Richtung zugethan waren. Halle bildete bald den Gegensatz zu Wittenberg und Jena, den Hauptlehrstätten des reinen Lutherthums. Die neue Universität wurde der Mittelpunkt der pietistischen Bewegung in Deutschland. August Herrmann Franke gründete in Halle in gläubigem Gottvertrauen sein berühmtes Waisenhaus; der fromme und gelehrte Freiherr Karl Hildebrand von Canstein errichtete darin seine weltbekannte Bibelanstalt.

Der von Dr. Spener in's Leben gerufene Pietismus gewann von Tag zu Tag mehr Boden in Deutschland. Freilich kamen in der neuen Bewegung auch krankhafte Auswüchse vor. Schwärmerische Geister wichen von der Einfalt und Lauterkeit des Bibelglaubens ab und geriethen in ungesunde Richtungen hinein. So bereitete der Prediger Johann Kaspar Schade, welcher auf Speners Empfehlung nach Berlin berufen worden war, durch die peinliche, beinahe krankhafte Gewissenhaftigkeit, mit welcher er seine Amtshandlungen, besonders die Privatberichte, versah, seinem väterlichen Freunde Spener die größten Unannehmlichkeiten. Letzterer jedoch bewies in den schwierigsten Fällen christliche Nüchternheit und ruhig besonnenes Wesen und suchte die zum Separatismus geneigten Pietisten der Kirche zu erhalten. Speners Ideal war ein in den Schranken der Kirche sich bewegender christlicher Sinn, Treue in Lehre und Bekenntniß, dabei aber wahre Herzensfrömmigkeit und christliche Weitherzigkeit.

Speners Thätigkeit war eine ungemein große und vielseitige. Er war ein äußerst fruchtbarer Schriftsteller, schrieb neben Predigten und geistlichen Schriften, eine Menge von Gutachten und theologischen

Schriften und war dabei sehr treu in seinem Amt und in der Seel=
sorge. Er empfing jährlich nahezu tausend Briefe, meist seelsorgerlichen
Inhalts, die er alle eigenhändig beantwortete. Er übte in großem
Maßstabe die Pflicht der Gastfreundschaft aus, empfing allerwärts
von Hoch und Nieder, zahlreiche Besuche, ging aber nie in Gesellschaft.
Neben seinen Hausandachten widmete er täglich einige Stunden dem
Herzensgebet im Kämmerlein und war sehr treu in der Fürbitte.
Sein eheliches Leben war ein glückliches. Seine Ehe wurde mit neun
Kindern gesegnet. Drei seiner Söhne machten ihm viel Kummer und
Herzeleid, doch hielt er an am Gebet für sie[1].

Im Jahre 1704 machten sich bei Spener die Gebrechen des
Alters fühlbar. Am 11. Juni ließ er seine Amtsbrüder zu St=Nikolai
zu sich bitten, bekannte in ihrer Gegenwart laut den apostolischen
Glauben und bat sie um Verzeihung, wann er sie wissentlich oder
unwissentlich beleidigt hätte. Alle schieden von ihm mit tiefbewegtem
Herzen. Wider Erwarten erholte sich Dr. Spener wieder, doch blieb
er schwach und kränklich. Er verschied einige Monate darauf, am
5. Februar 1705, sanft und ergeben in seines Gottes Wille in den
Armen und unter den Segenswünschen der Seinigen.

Sein Ende war wie sein ganzes Leben, dessen würdigen Abschluß
es bildete, ein friedliches. Am Abend vor seinem Tode ließ er sich
dreimal das hohepriesterliche Gebet des Herrn (Evang. Joh. 17) vor=
lesen.

Speners große und seltene Verdienste um die ganze evangelische
Kirche werden in derselben unvergeßlich bleiben. Dem Elsaß aber,
der engeren Heimat des Vaters und Begründers des Pietismus,
gereicht es zum unvergänglichen Ruhme ihn einen seiner besten und
edelsten Söhne nennen zu dürfen.

---

[1] Zwei seiner Söhne führten ein leichtsinniges weltförmiges Leben.
Der eine bekehrte sich, durch die Gebete seines Vaters überwunden, nach
einem schweren Krankenlager. Ein dritter Sohn wurde katholisch. Dieser
Zweig der Familie existirt noch im Elsaß (Molsheim und Neuweiler bei
Buchsweiler).

XXXVIII.

Schlußbetrachtungen.

Das Jahr 1697, in welchem am 30. Oktober zu Ryßwick in Holland der Frieden zwischen dem König Ludwig XIV., dem Kaiser Leopold und dem deutschen Reich unterzeichnet wurde, soll auch den Abschluß unserer Arbeit bilden. Mit dem Ryßwicker Friedensschlusse hören Ludwigs XIV. Eroberungskriege auf; mit demselben ist sein Stern bereits im Niedergang begriffen.

Für das Elsaß war der Ryßwicker Friede insofern von großer Bedeutung, weil das deutsche Reich in Uebereinstimmung mit dem Kaiser dieses Land vollständiger noch als es in den Bestimmungen des westfälischen Friedensschlusses geschehen war, an die Krone Frankreich förmlich abtrat. Auch die ehemalige freie Reichsstadt Straßburg war auf Ludwigs XIV. Forderung, trotz früherer oftmaliger Proteste und Vorstellungen von Kaiser und Reich, die namentlich auf dem Reichstage von Regensburg laut wurden, von der deutschen Reichs-städtematrikel gestrichen und Frankreich zugesprochen worden. Dieser Zustand wurde durch den Ryßwicker Friede als ein zu Recht beste-hender anerkannt und bestätigt.

Für die Evangelischen des Elsaß ist dieser Friedensschluß von höchster Bedeutung gewesen, denn durch denselben wurde der Besitz-stand der protestantischen Kirche gesichert und die durch den westfä-lischen Frieden unerledigt gebliebenen kirchlichen Angelegenheiten kamen im Ryßwicker Vertrag zum endgültigen Abschluß. Die Zeit der

gewaltsamen Bekehrungen, welche auf Louvois[1] Befehl während
der zweiten Hälfte des siebzehnten Jahrhunderts so häufig vorge=
kommen waren, hörten allmählich auf und es begann mit dem acht=
zehnten Jahrhundert eine Zeit verhältnißmäßiger Ruhe, in welcher
die evangelische Kirche im Frieden sich bauen konnte. Diese Friedens=
periode dauerte, abgesehen von kleinen Beschränkungen, bis zum
Ausbruch der französischen Revolution. Während dieses Zeitraums
blieb der Zustand der Dinge im Elsaß im Großen und Ganzen unver=
ändert.

Wenn wir, am Schlusse unserer Arbeit angelangt, einen Ueber=
blick auf die zwei Jahrhunderte werfen, welche wir geschildert haben,
und die wechselnden Geschicke, die Kämpfe und Leiden, die Arbeiten
und Nothstände, die Prüfungen und die Glaubenstreue der Evange=
lischen während dieses Zeitraums uns vorhalten, so stellt sich die
große geschichtliche Thatsache heraus, daß die Reformation im Elsaß,
wie in Sachsen und in der Schweiz, nicht ein menschliches Unter=
nehmen, sondern ein Werk aus Gott war. Klein und unscheinbar war
das Senfkorn des Evangeliums gewesen, welches zu Anfang des
sechzehnten Jahrhunderts in die elsässische Erde gesenkt worden war.
Bald aber wuchs das Samenkorn fröhlich auf und entfaltete sich mit
der Zeit zu einem mächtigen Lebensbaum, dessen Zweige und Aeste
weithin sich ausbreiteten, ihren Schatten auf das Land warfen und
reiche Blüthen, einen grünen Blätterschmuck und liebliche Früchte zur
Ehre Gottes und zu der Menschen Heil hervorbrachten. Und wenn
auch am Himmel finstere Wolken sich erhoben, schwere Wetter der
Trübsal ausbrachen und die Stürme der Anfechtung nicht ausblieben,
manche verheißungsvolle Blüthe zerstörten, manchen Zweig knickten
und abrissen, entwurzeln konnten sie den Lebensbaum nicht, denn seine
Wurzel war aus göttlichem Samen entsprossen und seine Krone
reichte bis zum Himmel.

Wir begegnen in der elsässischen Reformationsgeschichte manchen
Wandlungen, sowohl inneren wie äußeren. Während in der ersten
Hälfte des sechzehnten Jahrhunderts der Kampf um die edlen Güter
des Glaubens die Gemüther mit hoher Begeisterung erfüllte und das
Feuer weitherziger christlicher Bruderliebe in den Herzen der Bekenner

---

[1] Louvois, der allmächtige und allgemein gefürchtete Minister Ludwigs XIV.
war in seinen besten Mannesjahren plötzlich am 16. Juli 1691 aus dem
Leben geschieden.

des Evangeliums brannte, trat um die Mitte des Jahrhunderts ein bedenklicher Stillstand der reformatorischen Bewegung ein.

Die Evangelischen schlossen den Kreis ihrer kirchlichen Zusammen= gehörigkeit immer enger und duldeten innerhalb desselben nur Solche, welche in allen Punkten der festgestellten Kirchenlehre mit den Bekennt= nißschriften übereinstimmten. Als dann der große und unheilvolle Religionskrieg ausbrach, welcher dreißig Jahre lang in Deutschlands Gauen wüthete, das vorher so reiche und fruchtbare Land in eine Wüstenei umwandelte und das blühende Reich bis in seinen Funda= menten erschütterte, da vergaßen die Protestanten nicht, daß die höchsten Güter des Glaubens für sie auf dem Spiele standen und daß von des langen Krieges Ausgang auch ihre kirchliche Existenz abhinge. Noch mehr als im sechzehnten Jahrhundert verengerten sich die Kreise. Die evangelische Kirche glich einer festen, wohl verrammelten Burg, deren Zugänge man genau abgesperrt hatte, um jedem äußeren Feinde den Zutritt nach innen zu wehren. Mit ängstlicher Sorgfalt behüteten die Wächter Zions das Heiligthum, das ihnen anvertraut war. Daß unter solchen Umständen von einer weiteren Ausbreitung der Refor= mation keine Rede sein konnte, ist selbstverständlich. Daß auch manche Gegend, wo die Reformation einst einen schönen Anfang gehabt, in Folge der Kriegsnoth und des Herrschaftswechsels für die evangelische Kirche verloren ging, ist gleichfalls begreiflich. Darum begrüßten unsere Väter den Ryßwicker Friedensschluß, durch welchen die Rechte und Freiheiten, sowie der Besitzstand der evangelischen Kirche wie fünfzig Jahre vorher durch den westfälischen Frieden, auf völkerrechtliche Weise anerkannt und bestätigt wurden, als eine unermeßliche Wohlthat.

Auch der G e i s t der Reformation hatte im Elsaß manche Wand= lung erfahren. Bei dem Beginn der großen religiösen Bewegung hatte der von engherzigen Anschauungen weit entfernte Martin Butzer den Geist christlicher Weitherzigkeit der evangelischen Kirche des Elsaß aufgeprägt. Butzer ist der eigentliche Reformator unsers Landes gewesen; er hat nicht nur im Elsaß, sondern in ganz Süddeutschland (Oberdeutschland wie man damals sagte), im ehemaligen Alemannien die Kirchen erneuert und namentlich den Gottesdienst auf die einfachen Cultusformen zurückgeführt, unter welchen er sich bis auf diesen Tag erhalten hat. Man hat ihm dies zum Vorwurf gemacht; denn die s ä c h s i s c h e Kirche, das norddeutsche Lutherthum ist viel reicher an liturgischen Formen in den Handlungen des Cultus als die a l e m a n = n i s c h e, viel einfachere, nüchterne und verstandesmäßige süddeutsche

Kirche. Allein wir dürfen nicht vergessen, daß in den evangelischen Kirchen des sechzehnten Jahrhunderts die Reformation in allen möglichen Abstufungen eingeführt wurde. Es ist ein gewaltiger Abstand z. B. zwischen den gottesdienstlichen Formen der anglikanischen Hochkirche und denjenigen des reformirten Bekenntnisses der Schweiz oder Frankreichs. Und doch gehören alle diese Kirchengemeinschaften e i n e r großen religiösen Familie an. Bei allen lebt das protestantische Bewußtsein, das Gefühl innerer Zusammengehörigkeit.

Und gerade dies ist das Hauptverdienst der Väter und Begründer der elsässischen Reformation gewesen, daß sie von Anfang an diesen Grundsatz aufgestellt haben. Dies ist das hohe, aber leider unerreichte Ziel gewesen, welches der Reformator Martin Butzer, sowie Straßburgs großer Stättmeister Jakob Sturm von Sturmeck, im Einverständniß mit dem einsichtsvollen, weitblickenden Landgrafen Philipp von Hessen, erstrebt haben. Nicht eine U n i o n d. h. eine Verschmelzung beider Confessionen, aber eine C o n f ö d e r a t i o n d. h. eine Verbrüderung und ein festes Zusammenhalten aller evangelischer Christen, lutherischen und reformirten Bekenntnisses, das sahen diese ebenso weitherzigen als weltklugen Männer als die ihnen von Gott zugewiesene Aufgabe an, welcher sie ihre Kräfte widmeten. Nicht was t r e n n t, sondern was e i n i g t, das betonten sie unablässig. Wenn sie gleich, wie ein Jahrhundert später die Kurfürsten von Brandenburg, die dasselbe Ideal verfolgten, durch die Ungunst der Zeiten und Verhältnisse, ihr Ziel nicht erreichten, so stehen doch ihre Friedensbestrebungen in der evangelischen Kirche als edle Denkmale wahrhaft christlicher Weitherzigkeit und warmer brüderlicher Liebe da. Der Gang der Reformation in Deutschland, ja in ganz Europa wäre sicherlich ein anderer geworden, wenn die sächsischen Reformatoren unbeschadet ihres Sonderbekenntnisses i n d i e Bahn eingelenkt hätten, welche Butzer und seine Freunde verfolgten und ihnen so dringend anriethen zu betreten.

In Elsaß gelangte zwar zur Neige des sechzehnten Jahrhunderts und nicht zum wenigsten in Folge politischer Rücksichten, das reine Lutherthum zum Siege, allein dasselbe war keineswegs die dem elsässischen Volksgeiste wirklich entsprechende und zusagende Kirchenform. Die wahren religiösen Vertreter der evangelischen Kirche des Elsaß sind wohl Martin Butzer und Philipp Jakob Spener. In diesen beiden treuen Glaubenszeugen, von denen der eine an der Schwelle der Reformationszeit steht und der andere eine neue Reformation der lutherischen Kirche begonnen hat, spiegelt sich hauptsächlich das reiche Glaubens= und Gemüthsleben des elsässischen Volkes ab. Unerschütterliche Glaubenstreue gegenüber den ewigen Wahrheiten des Wortes Gottes, verbunden mit weitherziger christlicher Liebe, das waren die Grundzüge von Butzers und Speners Wesen. Beide hatten ein „enges Gewissen, aber ein weites Herz". Beide sind leuchtende Vorbilder der evangelischen Kirche des Elsaß. Beide strebten darnach und war's ihre Lebensaufgabe, die Wahrheit des Evangeliums mit der Liebe zu den Brüdern zu vereinigen. In solchem weiten Sinne haben beide Männer gewirkt und diesen milden und versöhnlichen Geist haben sie der evangelischen Kirche ihres Landes aufgeprägt.

Möge das heutige Geschlecht auf diese christlichen Wahrheitszeugen aus vergangenen Zeiten zurückblicken als auf Helden des Glaubens und Apostel der Liebe und mögen Viele ihren Fußstapfen nachfolgen! Dann wird die heute durch Spaltungen aller Art so tief zerrissene evangelische Kirche des Elsaß ihren ihr von Gott verordneten Beruf recht erkennen und treu erfüllen zur Ehre Gottes und zu des Landes Heil und Segen!

Inhaltsverzeichniß.